ESOTERISCHES
WISSEN

Wichtiger Hinweis
Dieses Buch ist ein Nachschlagewerk zu den *Master's* Blütenessenzen. Alle Angaben beruhen auf eigenen Erfahrungen und Mitteilungen von Klienten. Die Informationen sind kein Ersatz für fachkundige ärztliche Behandlung. Weil bei jeder Therapie die Umstände des Einzelfalls berücksichtigt werden müssen, können Autorin und Verlag keinerlei Gewähr für die Richtigkeit und den Erfolg der Anwendungen übernehmen.

Die Autorin
Lila Devi begründete 1977 die *Master's Flower Essences*. Ihre erste Erfahrung mit der Bach-Blütentherapie war so außerordentlich, daß sie sämtliche damals erhältlichen Bücher über Blütentherapie verschlang. Ihre ständige Weiterbildung auf diesem Gebiet verwandelte sich bald in Erfahrung, die dann zur Herstellung der ersten *Master's* Blütenessenzen führte.
Lila Devi ist außerdem Schriftstellerin und Musikerin, sie schreibt Theaterstücke und Lieder. Sie hat die Blütenessenzen durch Musik ergänzt, indem sie die Botschaft der Essenzen kreativ durch Lieder interpretierte. Lila gibt in den USA und in Europa Seminare und Workshops über Blütenessenzen und plant zur Zeit ein Buch über Blütentherapie für Kinder, Familien und Tiere. Sie ist seit zwanzig Jahren Schülerin von Paramahansa Yogananda und lebt seither im Ananda World Brotherhood Village und den angeschlossenen Gemeinden.

Lila Devi

Das Handbuch der Blütenessenz-Heilung

Anwendung und Präparation
der neuen Blütenessenzen

Aus dem Amerikanischen übersetzt
von Annette Charpentier

WILHELM HEYNE VERLAG
MÜNCHEN

HEYNE ESOTERISCHES WISSEN
Herausgegeben von Michael Görden
13/9733

Umwelthinweis:
Dieses Buch wurde auf
chlor- und säurefreiem Papier gedruckt.

Copyright © 1996 by Lila Devi
Die Originalausgabe erschien 1996 unter dem Titel
THE ESSENTIAL FLOWER ESSENCE HANDBOOK
im Verlag Master's Flower Essences, 14618 Tyler Foote Road,
Nevada City, California 95959, USA; Tel. 0 01/5 30/4 78-76 55
Copyright © der deutschsprachigen Ausgabe 1998
by Wilhelm Heyne Verlag GmbH & Co. KG, München
Printed in Germany 1998
Lektorat: Renate Schilling
Umschlaggestaltung: Atelier Adolf Bachmann, Reischach
Umschlagabbildung: Grafica/Mauritius, Mittenwald
Technische Betreuung: Sibylle Hartl
Satz: ew print & medien service gmbh, Würzburg
Druck und Bindung: Ebner Ulm

ISBN 3-453-13018-9

WIDMUNG

Für jede Blüte, die sich dir bot,
für jedes Leben, erfüllt bis zum Tod,
für jeden Freund, Familie und Getier
und jeden Abend, der Morgen gebiert,
für alles dies und noch viel mehr,
für die kleinen Wesen im Blütenmeer,
für das, was wir sind und was wir werden,
blühen Blumen in der Sonne auf Erden.

Setz dich still hin und schließe die Augen. Stell' dir vor, du würdest die Hände ausstrecken, um eine schöne Erinnerung aus deiner Kindheit einzufangen, so, als würde man nach der Schnur eines gasgefüllten Luftballons greifen. Laß' diese Erinnerung in allen Einzelheiten auf dich zutreiben und nur die schönen Aspekte davon an dich herankommen. Vielleicht spürst du Wärme, ein Gefühl von Sicherheit, eine ruhige Zuversicht, daß alles gut ist. Was immer für ein Gefühl es ist, koste es aus.

Laß' dich von Schlichtheit umgeben wie von einer Frühlingsbrise am Nachmittag: einfach, sorglos, vertrauensvoll. Das sind die Eigenschaften, die jede Sorge, Belastung und Bedrücktheit aus deinen Gedanken vertreiben.

Nun entspann' dich noch tiefer. Stell' dir vor, du stehst am Fuß eines kleinen, bewaldeten Hügels. Die sonnenüberfluteten Tannenzweige winken dich heran. Ein paar Schritte weiter rennt ein junges Reh auf den Weg. Ihr erschreckt beide. Es erstarrt. Du hockst dich langsam nieder.

Es reagiert auf deine innere Stimme, die sagt: »Hab' keine Angst. Ich bin ebenso neugierig wie du.« Seine kleinen Ohren spitzen sich furchtsam und staunend. Es ist zu jung, um Angst zu kennen, spürt deine Sanftheit und tritt einen Schritt näher, um deine ausgestreckte Hand zu beschnüffeln. Schau ihm in die Augen, die so frisch in diese Welt blicken. Du erkennst in ihnen die Freude des neuen Lebens: den schlichten Zauber der Kindheit. Nimm diese Erinnerung an die Augen dieses Rehkitzes in dir auf, wiederum so, als würdest du nach einem Ballen greifen. Und denk' immer daran, daß auch du ein Kind in dir birgst.

Inhalt

Einführung 9

Teil I
1 Das Bewußtsein der Blüten 15
2 Die Geschichte der Blütenessenzen 18
3 Seher, Weise, Pflanzenkundler 21
4 Der Ursprung der *Master's* Blütenessenzen 26
5 Ein Blütenessenz-Experiment 30
6 Die Wirkung von Blütenessenzen 38
7 Das Spektrum der Blütenessenzen 46
8 Themen- und Handlungsessenzen 53
9 Wie man die Essenz-Kapitel benutzt 65

Teil II
10 Salat —»Der Ruhestifter« 75
11 Kokosnuß —»Der Muntermacher« 84
12 Kirsche —»Der Gute-Laune-Bringer« 95
13 Spinat —»Der große Vereinfacher« 105
14 Pfirsich —»Die selbstlose Mutter« 115
15 Mais —»Der Energiespender« 125
16 Tomate —»Der zielstrebige Kämpfer« 135
17 Ananas —»Die Zuversichtliche« 145
18 Banane —»Der demütige Diener« 154
19 Feige —»Die Flexible« 164
20 Mandel —»Die Selbstgenügsame« 173

21 Birne —»Der Friedensbringer« 183
22 Avocado —»Die Aufmerksame« 193
23 Apfel —»Der Gesunde« 202
24 Orange —»Die Freudenspenderin« 211
25 Brombeere —»Der große Reiniger« 221
26 Dattel —»Die Zärtlich-Süße« 231
27 Erdbeere —»Die Edle« 241
28 Himbeere —»Die Heilerin« 250
29 Weintraube —»Die große Belohnung« 260

Teil III
30 Herstellung und Einnahme der Essenzen 275
31 Symptom- und Kernbehandlung 286
32 Blütenessenzen für Menopause und Co-Abhängigkeit 292
33 Die Kunst der guten Beratung 300
   Konsultationsblatt 306
   Patientenblatt: Der Weg zu innerem Wohlbefinden 307
   Fragebogen zu den *Master's Flower Essences* 308
34 Blütenessenzen für Kinder 310
35 Blütenessenzen für unsere vierbeinigen Freunde 317
36 Die Suche nach der Essenz des Lebens 322
37 Rezepte, die Spaß machen 325

Register der Blütenessenzen 332
Anmerkungen 344
Literatur 345
Produkte und Programme 347
Bezugsquellen 349
Danksagung 351

Einführung

In diesem Buch geht es darum, das eigene Leben besser in den Griff zu bekommen. Selbstverwirklichung ist mehr als nur ein verschwommenes Ziel, sie ist ein konkreter und erreichbarer Zustand. Aber wie schafft man das? Nun, abgesehen von einer gesunden Lebensweise kann man durch den klugen Einsatz von Blütenessenzen gut das psycho-emotionale Gleichgewicht halten.

Blütenessenzen sind Kräutertinkturen, die uns auf der emotionalen und psychischen Seinsebene stärken und ausgleichen. Man stellt sie her, indem man die Lebenskraft von Blüten mit Sonnenlicht in reinem Quellwasser extrahiert. Blütenessenzen wirken dadurch, daß sie die stärkenden Schwingungen der verschiedenen Qualitäten von Pflanzen in unser Energiefeld bringen: Gelassenheit, Freundlichkeit und bedingungslose Liebe — um nur ein paar davon zu nennen.

Wir können nicht bestimmen, was das Leben uns bringt, aber die Art und Weise, wie wir darauf reagieren. Wie verbringen wir unsere Zeit zwischen dem Klappern unserer Babyrassel und dem Klingeln des Totenglöckchens? Sie haben vielleicht das Gefühl, Ihr Chef habe Sie ungerechtfertigt gerügt. Dann begrüßt Sie Ihr Mann, der selbst überarbeitet ist, nach der Heimkehr aus dem Büro ungeduldig und kurz angebunden. Wie reagieren Sie darauf? Die Bälle, die uns das Leben zuspielt, scheinen uns immer wieder auf dem falschen Fuß anzutreffen. Ausgewogenheit, Harmonie und inneres Wohlbefinden sind Zustände, die wir alle anstreben — doch wie erreichen wir sie?

Es scheint vielleicht, daß Blütenessenzen für unser kompliziertes Leben viel zu schlicht sind. Wie könnte etwas so Subtiles Probleme erleichtern, die uns so schwer bedrängen? Doch noch realer als unsere Probleme ist die vitale Lebenskraft, die in den Essenzen verkörpert ist: der Stoff des Lebens, aus dem wir erschaffen wurden. Versuchen Sie einmal, einen Toten mit lebenserhaltenden Substanzen wie Nahrung, Luft oder Wasser wieder zum Leben zu erwecken. Nichts passiert. Und dann beobachten Sie, was passiert, wenn man die vitale Kraft — die in den Blütenessenzen reichlich vorhanden ist — bei einem Lebewesen anwendet.

Die *Master's Flower Essences* (*Master's* Blütenessenzen) basieren auf der ursprünglichen Interpretation des Lehrmeisters Paramahansa Yogananda. Yogananda selbst hat meines Wissens nie selbst Blütenessenzen hergestellt, aber er legte die psycho-emotionalen Nährwerte der verschiedenen Früchte und Gemüse fest, aus deren Blüten unsere Essenzen entsprechend den Methoden von Edward Bach hergestellt werden. Auf Vorschlag von J. Donald Walters, der ein langjähriger Schüler von Yogananda und mein Freund und Lehrer war, entwickelte ich 1977 die *Master's Flower Essences*, heute das zweitälteste Blütenessenz-System der Welt.

In diesem Buch wird die Kraft und Schönheit dieser Essenzen zum ersten Mal beschrieben. Man könnte es eine Anthologie nennen (griech.: »Blüten sammeln«), auch wenn damit herkömmlicherweise eher eine Sammlung oder Zusammenstellung von Liedern, Geschichten oder Gedichten gemeint ist. Denn diese Essenzen sind Lieder und Gedichte, inspiriert von Mutter Naturs frohem Herzen. Das vorliegende Handbuch der Blütenessenzen lehrt darüber hinaus eine neue und bisher noch nicht entwickelte Sprache für das Verständnis und die Anwendung dieser Heilmittel, den Weg des Menschen zu innerem Wohlbefinden, und zeigt uns dabei unsere göttliche Natur.

Seit nun schon fast zwei Jahrzehnten bekommen wir Berichte und Briefe von Menschen aus aller Welt, denen die Essenzen eindeutig geholfen haben. Diese Essenzen besitzen die Kraft, die Vitalität aller Lebewesen anzuregen: Pflanzen, Tiere und Menschen — sind wir doch selbst lebendige Blüten. So verkündet auch unser Lied (siehe Seite 11):

> *Aus Erde, Wasser und Sonne*
> *wachsen uns Blüten in Fülle.*
> *Sie geben uns den Schlüssel*
> *zu unserer Freiheit.*
> *Frei von allen Sorgen und Ängsten,*
> *wachsen wir als lebendige Blüten.*
> *Durch die freundlichen Blütenessenzen*
> *finden wir die Essenz des Lebens.*

Mit Hilfe der *Master's* Blütenessenzen erreichen wir einen höheren Grad an Selbstbestimmung und Meisterschaft, meistern unser Leben besser und erlangen dadurch innere Freiheit.

Möge dieses Buch Ihnen und anderen helfen, dieses Ziel zu erreichen!

TEIL I

Kapitel eins

Das Bewusstsein der Blüten

»*Mögest du jeden Tag deines Lebens leben.*«
Jonathan Swift

»Leben ist Leiden, Hoheit«, sagt der Schwertkämpfer im Film zur Prinzessin, »und alle, die etwas anderes behaupten, wollen einem etwas verkaufen.« In gewissem Sinne hat er recht — oder? Wir leben tatsächlich in sehr schwierigen Zeiten. Wenn wir keine Erdbeben, Wirbelstürme oder andere Naturkatastrophen erleben, gibt es jede Menge von Menschenhand geschaffener Katastrophen: Kriminalität, Drogen und der zunehmende Zerfall der Familien durch Scheidung und Mißbrauch. Dazu sind wir heutzutage dem Wahnsinn von Terroristen ausgesetzt, die mit hochentwickelten chemischen Waffen herumspielen oder versuchen, die Menschheit mit unbekannten Viren zu vernichten. Unsere heutige Kultur ist geprägt von nervöser Spannung, permanenter Instabilität, massiven politischen Unruhen und zunehmender Gewalt. Ob Kinder oder Erwachsene, wer ist da noch sicher?

Es gibt jedoch Hoffnung, und diese Hoffnung ruht in uns selbst — in unserer Fähigkeit, uns selbst zu ändern und zu transformieren. Und genau das ist unsere Aufgabe im Leben. Blütenessenzen können uns dabei helfen. In den Worten eines modernen Heiligen klingt das so: »Ändere nicht die Umstände deines Lebens, ändere dich selbst.« Auch die zeitlose Botschaft in der Krypta der Westminster Abbey auf dem Grab eines Bischofs aus dem Jahre 1100 gibt uns zu denken: »Als ich noch jung und frei war, kannte meine Phantasie keine Grenzen. Ich träumte davon, die Welt zu ändern. Als ich älter und weiser wurde, entdeckte ich, daß die Welt sich nicht ändern würde, daher senkte ich den Blick und beschloß, nur noch mein Land zu ändern. Aber auch das schien unveränderbar. Als ich mich der Dämmerung meines Lebens näherte, beschloß ich in einem letzten, verzweifelten Versuch, nur meine Familie zu ändern, diejenigen, die mir am nächsten standen, aber ach, sie wollten nichts davon wissen. Und nun, da ich auf dem Sterbebett liege, erkannte ich plötzlich, wenn ich nur mich selbst zuerst geändert hätte, dann hätte mein Beispiel meine Familie geändert. Und mit ihrer Inspiration und Ermutigung hätte ich mein Land verbessern können und, wer weiß, vielleicht sogar letztlich die Welt.«

Wenn also die Herausforderung heißt, sich selbst zu ändern und zu bessern, wo wollen wir anfangen? Welche Hilfsmittel stehen uns zur Verfügung?

Als Kinder gehen wir immer zur Mutter, wenn wir getröstet und geheilt werden wollen. Auch als Erwachsene können wir noch an eine mütterliche Brust zurückkehren, um genährt zu werden und Antworten auf unsere Fragen zu finden — zu Mutter Natur. Dort finden wir die Heilmittel ihres Pflanzenreichs in aller Fülle.

Blumen sind bewußte, intelligente Wesen. Sie wurden uns gegeben, damit wir glücklich und gesund werden. Blütenessenzen — eine einzigartige Form der Kräuterheilkunde — sind die konzentrierte Verkörperung dieser Lebenskraft, und sie steht uns überall zur Verfügung.

Kräuterheilkunde gibt es schon, seit der erste Mensch Tees, Auszüge und Umschläge aus Pflanzen zubereitete, oder sogar schon vorher, als wilde Tiere instinktiv diejenigen Pflanzen verzehrten, die ihre Wunden heilten. Noch heute verläßt man sich auf Pflanzen als Grundsubstanz der Medizin — ein Viertel aller verschreibungspflichtigen Medikamente hat natürliche Pflanzenauszüge als Basis.

Blütenessenzen, Blütenheilmittel oder Blütentropfen, wie sie manchmal genannt werden, könnte man auch als »metaphysische Kräuter« bezeichnen, denn sie wirken auf einer Seinsebene, die über das Körperliche hinausgeht. Denken wir einen Moment an die Kraft und die Schönheit der Blumen, ihre Fähigkeit, uns aufzuheitern, uns anzuregen oder zu trösten. Geburten, Geburtstage, Krankheiten, Hochzeiten oder Begräbnisse — alle diese bedeutsamen Lebensschritte werden traditionellerweise von einem Strauß Blumen oder einem Blütenkorb begleitet. »Betrachte Blumen mit kritischer Aufmerksamkeit«, schlägt Yogananda vor. »Wie könnte sich eine Blume ohne Intelligenz entwickeln?«

Wir können unsere eigene Entwicklung daher beschleunigen und verstärken, indem wir die Hilfsmittel anwenden, die uns die gewissenhafte, fürsorgliche Mutter Natur anbietet: Blumen und deren Essenzen.

Es wurde gesagt, wenn jeder auf der Welt seinem Nächsten den Rücken massieren würde, würden alle Kriege sofort aufhören. Was würde wohl geschehen, wenn jeder seinem Nächsten eine Blütenessenz schenken würde?

Kapitel zwei

Die Geschichte der Blütenessenzen

»Der Mensch ist Teil eines Ganzen, das wir ›Universum‹ nennen, ein Teil, der in Zeit und Raum begrenzt ist. Er erlebt sich selbst, seine Gedanken und Gefühle, als etwas vom Rest Abgelöstes, als eine Art optische Täuschung seines Bewußtseins. Diese Täuschung ist wie ein Gefängnis für uns und beschränkt uns auf die eigenen Wünsche und die Zuneigung zu den uns Nahestehenden. Unsere Aufgabe muß es sein, uns aus diesem Gefängnis zu befreien, indem wir den Kreis unseres Mitgefühls auf alle Lebewesen und die Gesamtheit der Natur in ihrer Schönheit ausweiten.«

Albert Einstein

Eine kurze Geschichte energetischer Heilung

Die Apotheker und Ärzte unseres Zeitalters bieten uns eine große Palette von Heilmethoden an, aus der wir uns etwas aussuchen können, wenn wir es brauchen — oder sogar präventiv, bevor wir es brauchen. Je nach Art der Krankheit und der persönlichen Vorliebe gibt es zahlreiche Möglichkeiten, von der Operation bis zur Farbtherapie, das heißt von physischen bis zu energetischen Behandlungsmethoden. Die herkömmliche Allopathie, ein Beispiel für eine physisch-materielle Behandlungsform, konzentriert sich darauf, bestimmte Krankheiten zu bekämpfen, zum Beispiel durch den Einsatz von Antibiotika bei Infektionen oder von Schleimlösern bei Erkältungen. Die Allopathie behandelt aber auch Organe, wenn deren Funktion gestört ist, etwa durch die Möglichkeiten der Herzchirurgie, die heute schon fast routinemäßig durchgeführt wird.

Was wir als energetische Therapie bezeichnen, befaßt sich hingegen mit der Stärkung und dem Ausgleich unseres gesamten psychophysiologischen Wesens, wobei unsere Lebenskraft direkt aktiviert wird. So gewinnen wir eine größere Immunität gegenüber Krankheiten und eine bessere Lebensqualität.

Diese beiden Wege zur Heilung brauchen sich nicht zu widersprechen. Beide haben im größeren Rahmen des Universums, wie es Einstein beschreibt, ihren Platz.

Betrachten wir nun die Evolution des Bewußtseins in den Heilkünsten vor dem ersten Auftauchen der Blütenessenzen. Hippokrates (470–400 v. Chr.), den man als den Vater der westlichen Heilkunst betrachtet, sagte: »Unsere Natur ist der Arzt jeder Krankheit«. Dieser Satz bildet die Grundlage für die Homöopathie, wie sie Samuel Hahnemann (1755–1843) entwickelte. Homöopathie bedeutet, Gleiches mit Gleichem zu heilen, was heißt, sie beruht auf einem ähnlichen Gesetz von Gleichheit wie die modernen Impfstoffe. Hahnemann gab seinen Patienten eine winzige Menge einer potenzierten Pflanze oder Substanz, die beim gesunden Individuum genau die Krankheit auslösen würde, die er zu heilen versuchte. Die Ergebnisse waren durchweg positiv. Aus diesem Konzept, eine kleine Menge Gift anzuwenden, um das Gift in uns zu heilen, entwickelte sich auch das Konzept der Blütenessenzen, die allerdings mit Gegensätzen arbeiten. Die positive Eigenschaft der Essenz gleicht den negativen Persönlichkeitszustand aus. Auf diese nicht-invasive, schmerzlose Weise verstärken die Blütenessenzen unsere eigenen, angeborenen Qualitäten.

Hahnemann ging außerdem von der Signaturenlehre aus, die auch integraler Bestandteil der Blütenessenz-Therapie ist. Diese Theorie besagt, daß die Kräuter der Natur diejenigen Körperteile heilen, denen sie äußerlich ähneln. Form, Farbe, Geruch, Geschmack und Wachstumsmuster der Pflanze geben uns Hinweise auf ihre Heilwirkung, auch für unser seelisches Wesen.

Am wichtigsten aber war Hahnemanns These, daß der Patient und nicht die Krankheit zu behandeln sei, was Hippokrates' weiser Lehre zufolge eine wahre und dauerhafte Heilung bewirkt. Das bedeutet, die »Idiosynkrasien« zu behandeln, die persönlichen Charakteristika, statt die auftretenden körperlichen Beschwerden. Also das psycho-emotionale Selbst des Patienten auszugleichen, damit seine eigene bewußte Lebenskraft als Heiler wirken kann (»Arzt, heile dich selbst«). Auch dies ist eine der Grundlagen der Blütenessenz-Philosophie.

Ähnlich wie in der Homöopathie wirken die Blütenessenzen nicht auf den Körper oder die Symptome direkt. Sie gleichen vielmehr die geistigen oder emotionalen Störungen aus, die, wenn sie unbehandelt bleiben, schließlich im Boden des physischen Körpers Wurzeln schlagen können. Als bewußte Lebewesen, die diese subtilen Wahrheiten erkennen, können wir so unsere Heilung selbst in die Hand nehmen. Blütenessenzen sind eine Antwort auf die Bedürfnisse einer immer wacher werdenden Menschheit, die Verantwortung für sich selbst übernimmt.

Eine Geheimapotheke

Wenn wir die Geschichte der Heilkunst prüfen, erkennen wir zwei Tendenzen: einmal die allmähliche Abkehr von der Materie zur Energie hin, das heißt von der physischen Medizin zur energetischen Heilung, und zweitens ein immer größeres Verständnis für unsere Selbstheilungskräfte. Blütenessenzen verbinden beide Gedankengänge: Sie wirken, *indem sie uns in einen Zustand von Harmonie und Resonanz mit unserer wahren Essenz versetzen, unserem vollkommenen, inneren, höheren Selbst.*

Die Apotheke von Mutter Natur steht schon lange denjenigen offen, die ihr botanisches Schatzkästlein öffnen konnten. Und denjenigen, die ihre Sprache zu erlernen wünschen — die Sprache der Blumen —, schenkt sie ihre wunderbarsten Geheimnisse für Vitalität und Wohlbefinden.

Kapitel drei

Seher, Weise, Pflanzenkundler

»Hier ist mein Geheimnis. Es ist ganz einfach: man sieht nur mit dem Herzen gut. Das Wesentliche ist für die Augen unsichtbar.«
Antoine de Saint-Exupéry: *Der Kleine Prinz*

Die Pflanzenkundler Bose, Burbank und Carver sind inspirierende Zeugen dafür, daß Pflanzen eine bewußte Intelligenz, Gefühle und die Fähigkeit besitzen, ihre Umwelt wahrzunehmen und darauf zu reagieren. Dr. Carver nannte das Pflanzenreich eine unsichtbare Welt, eine, deren Sprache aber jeder lernen könne — »wenn er nur daran glaubt«. Auch wir können, wenn wir daran glauben, die Geheimnisse des Pflanzenreichs für Gesundheit und Wohlbefinden ergründen.

Ein bengalischer Wissenschaftler

Um die Jahrhundertwende machte der Bengale Jagadis Chandra Bose Entdeckungen über das Pflanzenreich, die ihrer Zeit weit voraus waren. Vielleicht ist seine Bedeutung auch aus genau diesem Grund praktisch unerkannt geblieben. Mit Hilfe eines Crescographen — eines von ihm entwickelten empfindlichen Instruments, das das mikroskopische Wachstum von Lebewesen messen kann — bestätigte er, daß Pflanzen ein Nervensystem besitzen. Er entdeckte, daß sie eine ganze Bandbreite von Emotionen ausdrücken können, von Liebe, Haß und Erregung bis zu Schock, Angst, Schmerz und Lust. Mit hochempfindlichen Instrumenten stellte er fest, daß fleischfressende Pflanzen tierähnliche Verdauungsorgane haben und daß Blätter auf Licht ebenso reagieren wie die Netzhaut von Warmblütern.

Außerdem registrierte er bei erfrorenen Pflanzen ein Erschauern, das den Todeszuckungen bei Tieren ähnelt.

Dr. Bose war auch der erste, der das Phänomen entdeckte, das wir »Materialermüdung« nennen, und bewies damit, daß Metalle ebenso wie Pflanzen und Tiere Opfer von Erschöpfung, Überreizung und Depression sein können. Mit anderen Worten, auch Metalle sind bewußte Lebensformen. In einem Artikel über seine Entdeckungen in einer britischen Publikation wird sein Experiment mit Gemüse erwähnt, und es heißt: »So kann die Wissenschaft die Gefühle selbst eines so gleichmütigen Dings wie der Karotte enthüllen.«[1]

Bose selbst drückt es so aus: »Besteht möglicherweise eine Beziehung zwischen unserem eigenen Wesen und dem der Pflanzenwelt? Und dabei geht es mir nicht um Spekulationen, sondern um einen stichhaltigen wissenschaftlichen Nachweis... Die Frage muß letztlich an die Pflanze selbst ergehen, und es sollte kein Beweis akzeptiert werden, der nicht die Unterschrift der Pflanze selbst trägt.«[2]

Ein Botaniker aus Kalifornien

»Das Geheimnis einer verbesserten Pflanzenzucht, abgesehen von wissenschaftlichen Erkenntnissen, ist Liebe«, sagte Luther Burbank. Burbank, der den Spitznamen »Gartenzauberer« trug, verrät mit dieser Bemerkung die Schlichtheit und Demut, mit der er seine erstaunlichen Entdeckungen machte. Der amerikanische Pflanzenzüchter, 1849 geboren, erklärte, er würde einfach zu seinen Pflanzen sprechen und ihnen eine sichere, liebevolle Umgebung geben. Mit diesen unorthodoxen Methoden konnte er Wüstenkakteen dazu »ermutigen«, ihre Dornen fallen zu lassen. »Du hast hier nichts zu befürchten«, sprach er der Pflanze zu. »Du brauchst hier keine Dornen, um dich zu verteidigen. Ich werde dich beschützen.«

Burbank entwickelte ein tiefes Verständnis für das Pflanzenreich und versenkte sich in diese Welt, um Stauden, Obst und Gemüsepflanzen zu verbessern, indem er unerwünschte Eigenschaften eliminierte. Er entwickelte neue Sorten von Lilien, Rosen, Äpfeln, Pfirsichen, Quitten, Nektarinen, Pflaumen, Beeren, Kartoffeln, Tomaten, Mais, Spargel und anderen Pflanzen. Sein Name, Burbank, wurde zu einem englischen Verb, das die Verbesserung durch selektive Zucht bezeichnet, sei es durch Kreuzung oder Pfropfung. Der Burbank-Garten in Santa Rosa ist bis auf den heutigen Tag erhalten.

Ein Agronom aus Alabama

Ein weiterer amerikanischer Pflanzenkundler, George Washington Carver, kam 1864 als Sohn einer Sklavin zur Welt und veränderte die Geschichte des Ackerbaus durch seine unendlich schlichte und hingebungsvolle Liebe zur Natur. Auch er hatte einen Spitznamen: »Schwarzer Leonardo«. Dr. Carver entdeckte dreihundert neue Nutzungsmöglichkeiten für die Erdnuß, die man bis dahin nur als Schweinefutter verwendet hatte, und einhundertfünfzig Verwendungsmöglichkeiten für die Süßkartoffel, unter anderem als Kaffee, Wagenschmiere, Druckerschwärze und für Kosmetik. Als man ihn einmal fragte, wie er das ungeheure Potential dieser beiden so gewöhnlichen Nahrungsmittel herausgefunden habe, antwortete er: »Man muß sie einfach nur genug lieben. Alles gibt seine Geheimnisse preis, wenn man es nur genügend liebt. Nicht nur die Blume oder die Erdnuß enthüllen im stummen Gespräch ihre Geheimnisse, sondern auch die Menschen — wenn man sie genügend liebt.«[3]

Ein Freund beschrieb einmal einen Spaziergang, den er mit Carver unternahm. Sie kamen »nicht weiter als ein paar hundert Meter. Bei jeder kleinen Blume, auf die wir trafen, kniete er nieder. Er untersuchte sie, streichelte sie, studierte sie und sprach mit ihr. Diese Pflanzenliebe von Dr. Carver hat einen Schwung, eine kreative, lebendige Qualität, die sich nur einstellt, wenn Liebe und Freude sich verbinden. Menschen, die etwas so sehr lieben, daß ihre Liebe in Wirbeln der Ekstase aufbricht, besitzen das Geheimnis der Vollkommenheit. Und auf diese Weise liebt auch Dr. Carver ... mit einer Liebe, die voll reiner Freude ist.«[4]

Die Pflanzen sprechen für sich

Anfang der siebziger Jahre wurde ein außerordentliches Buch veröffentlicht: *Das geheime Leben der Pflanzen* von Peter Tompkins und Christopher Bird. Wenn die dort aufgestellten Thesen nicht durch zahlreiche unangreifbare Experimente belegt wären, läse sich das Werk wohl eher wie ein Zaubermärchen. Unter anderem wird dort die Geschichte einer Kaktuspflanze beschrieben. Mit einem Gerät ähnlich dem, das die japanische Polizei als Lügendetektor einsetzt, produzierte dieser Kaktus liedähnliche Geräusche mit verschiedenen Rhythmen und Tönen. Die Laute wurden durch elektronische

Geräte verstärkt und streckenweise als »warm und fast fröhlich« bezeichnet. Dem gleichen Kaktus brachte man bei, bis zwanzig zu zählen und einfache Additionsaufgaben zu lösen, die man ebenfalls nach seinen Lauten aufzeichnete.

Pflanzen singen nicht nur, sie sind sogar durchaus in der Lage, Musik zu schätzen. Klangwellen scheinen eine wohltuende Wirkung auf Pflanzenzellen zu haben und die Stoffwechselprozesse positiv zu beeinflussen. Ein anderes der faszinierenden Experimente testete die Wirkung von klassischer Musik und Rockmusik auf Kürbisse. Die Testobjekte wurden in große gläserne Behälter gesetzt. Licht, Temperatur, Feuchtigkeit, Bodenbeschaffenheit und Wasserzufuhr wurden genau kontrolliert. Eine Gruppe der Kürbisse setzte man Beethoven, Brahms und anderen klassischen Komponisten aus. Diese Pflanzen wuchsen nicht nur auf die Lautquelle zu — eine wand sich sogar um das Gerät selbst! Die Kürbisse, die stark rhythmischer Rockmusik ausgesetzt wurden, wuchsen hingegen in die entgegengesetzte Richtung und kletterten an den Glaswänden empor, als wollten sie fliehen. Diese Gruppe, die insgesamt ungenügend entwickelte Blätter hatte, blieb entweder im Wachstum zurück oder wuchs zu abnormer Größe heran.

Das erinnert mich an den Bericht einer Frau aus Dallas, in dem sie mir schilderte, wie ihre Pflanzen auf die Kassette »The Essence of Life: Spring and Summer« reagierten, eine musikalische Interpretation von zehn der Master's Blütenessenzen. Diese Lieder vereinen Singstimmen, Instrumentalmusik und Naturgeräusche — und gefielen ihren eingetopften Freunden wohl ausnehmend gut. »Meine Pflanzen blühten auf, als ich die Kassette zu hören begann. Mein Usambaraveilchen hatte seit anderthalb Jahren nicht mehr geblüht. Es bekam sofort kleine Knospen, genauso wie meine Geranie.« Wer weiß, vielleicht blühten die Pflanzen, weil sie sich freuten, daß ihr Reich musikalisch geehrt wurde? (Inzwischen ist auch »The Essence of Life: Autumn and Winter« fertiggestellt; man kann nun alle zwanzig Master's Blütenessenzen »hören«.)

Die Sprache der Blütenessenzen

Im Verlauf der Geschichte haben Pflanzen immer schon die Bühne für das Drama des Lebens gebildet. Der legendäre Medizinmann der Sioux, Black Elk, erklärte einmal: »Der Große Geist schwebt über allem. Er hört alles, was in unseren Köpfen und Herzen vor sich geht, und es ist nicht nötig, mit lauter Stimme zu ihm zu sprechen.«

Ayurveda, eine sechstausend Jahre alte indische Heiltradition, sagt uns: »Die Seher lassen durch das Yoga der Wahrnehmung die Pflanzen zu sich sprechen. Und die Pflanzen geben ihnen ihre Geheimnisse preis — von denen manche viel subtiler sind, als eine chemische Analyse aufdecken könnte. Um zu einem wahren Pflanzenkundler zu werden, muß man ein Seher sein. Das bedeutet, sensibel auf das Wesen der Pflanzen einzugehen und offen und bewußt mit dem Pflanzenlicht des Universums zu kommunizieren. Es heißt, zuhören zu lernen, wenn die Pflanze spricht, zur Pflanze zu reden wie zu einem anderen Menschen und sie wie einen Lehrer zu betrachten.«[5]

Blütenessenzen haben sich im Einklang mit der uralten Tradition dieser Pflanzenkunde, das heißt mit der Kommunikation mit dem Pflanzenreich, als ein natürlicher Ausdruck des Heilens entwickelt — auf einfachste Weise und durch einfachste Mittel. »Es gibt bestimmte Dinge«, sagte Dr. Carver, »oft Kleinigkeiten, wie eine Erdnuß, ein Klümpchen Ton, eine winzige Blume, die dich auffordern, nach innen zu blicken, und dann blickt man in die Seele der Dinge.«[6] Blütenessenzen erlauben uns, in die Seele der Dinge zu blicken: in uns selbst, unsere Welt und alle Lebewesen.

Im nächsten Kapitel betrachten wir das Leben zweier bemerkenswerter Männer, deren Ideen, miteinander gekreuzt, eine neue Variation dieses Themas hervorbrachten. Ihre Version von Mutter Naturs Lied wurde zu den *Master's* Blütenessenzen.

KAPITEL VIER

DER URSPRUNG DER MASTER'S BLÜTENESSENZEN

»Kleine Blume in der Mauerritze,
ich pflücke dich und halte dich
mit allen Wurzeln in der Hand.
Kleine Blume – wenn ich verstünde
was du bist – samt allen Würzelchen,
wüßte ich, was Gott ist, und was der Mensch.«
Alfred Lord Tennyson

Ein Arzt und ein Metaphysiker, die zur gleichen Zeit, aber an entgegengesetzten Enden der Welt lebten und sich vermutlich nicht kannten, gaben die Inspiration zu den lebendigen Wurzeln der *Master's* Blütenessenzen.

DER BLÜTENDOKTOR

Das Leben von Dr. Edward Bach, dem Begründer der Bach-Blütentherapie, umfaßte bloße fünfzig Jahre, von 1886 bis 1936. Bach wurde von vielen Kollegen als Genie betrachtet. Er war Arzt, Homöopath und ein scharfer Beobachter der menschlichen Natur. Man schreibt Bach gewöhnlich zu, als erster die Blütenessenzen entdeckt zu haben. Aber der Schweizer Arzt und Alchemist Paracelsus beschrieb bereits im sechzehnten Jahrhundert, wie er Tau von Blüten sammelte – die Methode, aus der sich die Zubereitung der Blütenessenzen entwickelte – und seinen Patienten als Heilmittel verabreichte.

Bach war ein sehr sensibler Mensch – sowohl dem Leid der Menschen gegenüber wie auch der Fülle von Heilpflanzen in der Natur.

Aufgrund seiner Abscheu vor der Injektionsnadel suchte der passionierte Heiler eine andere Methode, um Leiden zu lindern. Als Bach seine erfolgreiche Londoner Praxis aufgab, um sich der Kunst und Wissenschaft der Blütenessenzen zu widmen, schuf er für uns eine Heilkunst, die schmerzlos und preiswert ist und für alle in Not zur Verfügung steht.

DER METAPHYSIKER

Paramahansa Yogananda kam 1893, sieben Jahre nach der Geburt Bachs, in Gorakhpur im Nordosten Indiens zur Welt. Er war Lehrer und Yogi, Dichter und Wissenschaftler, Mystiker und Erfinder und wanderte 1920 nach Boston aus. Der junge Yogananda war der erste indische Yogi, der sein Leben in Amerika verbrachte und dort lehrte, bis er 1952 starb. Sein spiritueller Klassiker, *Autobiographie eines Yogi*, wurde in über neunzehn Sprachen übersetzt. Yogananda sprach zu kleinen Gruppen wie auch zu großen Massen und lehrte praktisch alles — von Meditationstechniken (Seelennahrung) bis zu richtiger Ernährung (Körpernahrung). In der amerikanischen Seele traf er auf einen großen Hunger nach wissenschaftlich fundierten Methoden der Selbstverwirklichung.

Kurz nach seiner Ankunft in den Staaten befreundete sich Yogananda mit Luther Burbank — dem er in seiner Autobiographie ein ganzes Kapitel wie auch das Buch insgesamt widmete. Beide besaßen die Fähigkeit, das Göttliche in der Natur wahrzunehmen und ihre Weisheit wie ein bequemes Gewand zu tragen. Yogananda beschrieb seinen sanften Freund so: »Ihr seht einen Mann, der keinerlei Falsch kennt. Sein Herz ist unendlich tief und schon seit langem mit Demut, Geduld und Opfermut vertraut. Sein kleines Haus zwischen den Rosen war von bescheidener Schlichtheit; er wußte, wie wertlos Luxus war, wie viel Freude ein geringer Besitzstand macht. Die Bescheidenheit, mit der er seinen wissenschaftlichen Ruhm trug, erinnerte mich an die Bäume, die sich unter der Bürde ihrer reifenden Früchte tief herabbeugen.«[7]

Yogananda sprach ausführlich über viele Themen im Zusammenhang mit Gesundheit und Heilung, darunter auch über das Prinzip des Magnetismus. Der Magnetismus im menschlichen Körper wirkt nach den gleichen Prinzipien wie in der Physik. Stellen wir uns einen Stahlmagneten vor, bei dem alle Moleküle genau auf Nord-Süd-Polarität ausgerichtet sind. So sind auch wir magnetischer, wenn unsere Energie ausgerichtet ist. (Nach diesem Prinzip wirken Blütenessenzen, da sie uns schwingungsmäßig auf die positiven Eigenschaften ausrichten, die wir in uns entwickeln wollen.)

Die Entwicklung der Master's Blütenessenzen

In Übereinstimmung mit den Entdeckungen von Dr. Bose erklärte auch Yogananda, daß unsere Nahrung Bewußtsein hat. Je frischer sie ist, um so kräftiger ist ihr *prana* (ein Sanskritwort für Lebenskraft). Das, das wir zu uns nehmen, beeinflußt daher unseren Geist. Yogananda führte die psychologischen und spirituellen Eigenschaften verschiedener Nahrungsmittel auf. Wenn man sie ißt, nimmt man auch ihre »Schwingungsvitamine« in sich auf: mit Birnen zum Beispiel Frieden, Freude durch Orangen, stille Würde mit der Erdbeere.

Wenn die Kirsche die Schwingung von Fröhlichkeit enthält, kann man sich vorstellen, um wieviel stärker diese Eigenschaft in den Kirschblüten enthalten ist. Botaniker werden bestätigen, daß die Blüten, die ja das Fortpflanzungsorgan der Pflanze darstellen, neunzig Prozent ihrer Lebenskraft enthalten. Statt Rinde, Borke, Stamm und Blätter zu nutzen wie in der traditionellen Kräuterheilkunde, werden die *Master's* Blütenessenzen aus den Blüten der Pflanze hergestellt. Organische Obstplantagen und Gemüsegärten in den Vorbergen der Sierra Nevada liefern uns die Blüten — mit Ausnahme von Kokosnuß, Avocado, Banane, Dattel und Ananas, die von der fruchtbaren Insel Kauai stammen. Diese Essenzen werden auf so schonende Weise zubereitet, mit soviel Respekt vor der lebenden Pflanze, daß diese in dem Prozeß nicht zerstört wird. Die Blüten werden auf dem Höhepunkt ihrer Reife gepflückt, wobei die Pflanze selbst intakt bleibt.

Wir sprechen in unserer Kultur oft über das menschliche Potential. Unsere Buchhandlungen quellen über von Selbsthilfebüchern, und in jeder Ecke stößt man auf einen Workshop zur Selbsterfahrung. Yogananda lobte die Amerikaner für diese Begeisterung und Bereitschaft. Doch er sah auch ihr Zögern: »Irgendwann einmal — warum nicht jetzt?« Das genau ist die Botschaft der *Master's* Blütenessenzen: Warum nicht hier und jetzt unser volles Potential ausleben?

DIE QUALITÄTEN DER MASTER'S BLÜTENESSENZEN

Ananas: Selbstsicherheit
Apfel: Gesundheit
Avocado: Gutes Gedächtnis
Banane: Demut
Birne: Frieden
Brombeere: Reinheit der Gedanken
Dattel: Süße, Zärtlichkeit
Erdbeere: Würde
Feige: Flexibilität
Himbeere: Freundlichkeit
Kirsche: Fröhlichkeit
Kokosnuß: Innerer Auftrieb
Mais: Geistige Vitalität
Mandel: Selbstkontrolle
Orange: Freude
Pfirsich: Selbstlosigkeit
Salat: Ruhe
Spinat: Schlichtheit
Tomate: Kraft und Mut
Weintraube: Liebe und Hingabe

KAPITEL FÜNF

EIN BLÜTENESSENZ-EXPERIMENT

»Die größte Entdeckung jeder Generation besteht darin, daß die Menschen ihr Leben ändern können, indem sie ihre Einstellungen ändern.«
Albert Schweitzer

EIN BIOFEEDBACK-TEST

Im Mai 1996 führte Dr. Jeffrey R. Cram, ein klinischer Psychologe und bekannter Pionier auf dem Gebiet des Biofeedback, Untersuchungen an den Master's Blütenessenzen durch. Ziel des Experiments war, festzustellen, ob Personen, denen man die richtige Essenz verabreicht, eine wissenschaftlich meßbare Reaktion darauf zeigen würden. Diese Pilotstudie war einschienig angelegt, das heißt, daß die Teilnehmer mit sich selbst verglichen wurden und nicht mit einer Kontrollgruppe. Ein solches Experiment ist auch bei wenigen Teilnehmern durchaus aussagekräftig.

Sieben Personen nahmen an dem Experiment teil. Wir benutzten bei fünf Probanden ein A/B-Muster, das heißt, wir beobachteten jede Veränderung von A nach B mit einer Intervention zwischen den beiden Punkten — in diesem Fall die Verabreichung einer Essenz. Wir maßen die Grundwerte im Ruhezustand fünf Minuten lang, verabreichten die angemessene Blütenessenz (die kurz vor dem Experiment mit Hilfe eines kinesiologischen Tests bestimmt worden war) und maßen wiederum fünf Minuten lang die Werte. Bei zwei Teilnehmern fügten wir eine dritte Variable hinzu und legten damit ein A/B/C-Muster an: Ruhewerte, Verabreichung eines alkoholischen Placebos, Aufzeichnung der Reaktion und anschließende Einnahme einer echten Essenz, gefolgt von der Beobachtung der Reaktion darauf (vgl. Grafiken am Ende des Kapitels). Die Teilnehmer wurden angewiesen, während des ganzen Experiments ruhig und entspannt zu bleiben.

Die Reaktionen der Teilnehmer an diesem Experiment wurden mit Elektroden gemessen, die an bestimmten Stellen direkt auf der Haut angebracht wurden. Wir benutzten dazu psycho-physiologische Meßgeräte, die beim Biofeedback verwendet werden. Die Elektroden maßen sechs Signale oder Reaktionsindikatoren des physischen und des metaphysischen Körpers.

Psycho-physiologische Daten

Zwei der Messungen galten Reaktionen des physischen Körpers: Handtemperatur (Blutflußmeßwert) und EDR (elektrodermale Reaktion, eine Hautreaktion, die sich durch stärkere Schweißdrüsenaktivität äußert).

Die Überwachung der Handtemperatur spiegelt den peripheren Blutdruck. Wir sind nämlich innerlich so »verdrahtet«, daß zum Beispiel beim Angriff eines Raubtiers das Blut aus der Haut abgeführt wird, um in die Muskeln zu fließen und sie zu versorgen. Wenn wir im Kampf mit dem Tier verletzt werden, verlieren wir außerdem aufgrund dieser schützenden Überlebensreaktion nicht so viel Blut. Eine Abkühlung der Hauttemperatur während unseres Experiments läßt also den Schluß zu, daß das sympathische Nervensystem Außenreizen ausgesetzt ist.

Die Schweißdrüsenaktivität ist ein komplizierteres Körpersignal und weist auf eine Orientierungsreaktion hin. Wir verstärken diese Aktivität, wenn wir auf etwas Neues stoßen oder auf etwas, das hohen Signalwert für uns hat, zum Beispiel wenn unser Name aufgerufen wird. Sie hilft uns also, uns in der Welt zurechtzufinden. In der Situation mit dem Raubtier würde die verstärkte Schweißdrüsenaktivität außerdem die Feuchtigkeit der Haut verstärken, sie glatter machen und damit die Gefahr einer Verletzung reduzieren. Die Hautempfindlichkeit ist ebenfalls erhöht, was sich in Flucht- und Kampfsituationen günstig auswirkt.

Wenn man also an einen Biofeedback-Monitor angeschlossen ist, eine Essenz verabreicht bekommt und verstärkte Schweißdrüsenaktivität festgestellt werden kann, könnte man sagen, daß die Essenz Aufmerksamkeit erregt hat, so als würde der eigene Name aufgerufen. Man reagiert physiologisch und schwingt mit der Blütenessenz.

Bei allen sieben Teilnehmern unserer Studie war die Schweißdrüsensekretion das empfindlichste Reaktionssystem des Körpers.

Metaphysische Reaktionen

Die übrigen Reaktionsindikatoren wurden in Form der EMG-(Elektromyographie-)Aktivität an vier Chakren gemessen (Chakra ist ein Sanskritwort für die »Räder« oder Energiezentren, die von der astralen Wirbelsäule abstrahlen): dem sogenannten Dritten Auge (zwischen den Augenbrauen), dem Kehlchakra, dem Herzchakra (nicht dem physischen Organ) und dem Nabelchakra oder Solarplexus (ein Punkt auf der Wirbelsäule, gegenüber dem Nabel).

Chakren oder Energiezentren sind jene Stellen unseres nichtkörperlichen Selbst, von denen aus sich Gesundheit oder Krankheit im Körper verbreiten. Jedes Zentrum ist mit bestimmten Organen in der Nähe verbunden. Außerdem entsprechen ihnen bestimmte Eigenschaften und Gefühle: Das Dritte Auge etwa entspricht Freude und Willenskraft, die Kehle hängt mit Gelassenheit und Ausdehnungsdrang zusammen, das Herz mit Liebe und Intuition, und der Nabel oder Solarplexus ist der Sitz des inneren Feuers und der Selbstkontrolle.

Wie ist es möglich, mag man fragen, den metaphysischen oder ätherischen Körper wissenschaftlich zuverlässig zu messen? Vielleicht können wir unser Experiment mit Untersuchungen der neueren Physik vergleichen: Noch nie hat jemand Quarks oder Atome gesehen. Da die Forscher die Teilchen selbst niemals sehen, suchen sie nach den Spuren, die sie hinterlassen. Ebenso mißt unsere Untersuchung die Spuren, die Veränderung in der metaphysischen Energie unserer Objekte. Abgesehen von der Kirlian-Fotografie, die die Aura, das Magnetfeld um den Körper, erfassen kann, können wir unsere metaphysische Energie ja nicht »sehen« — wir erkennen sozusagen nur ihre »Fußabdrücke«.

Die Ergebnisse

Bei allen Teilnehmern beobachteten wir in den ersten drei Minuten nach Verabreichung der Essenz deutliche Veränderungen.
Auf den folgenden Seiten sind die vollständigen Reaktionen von

zwei Teilnehmern abgebildet. Jeder vertikale Streifen entspricht einer Minute. Dies ist eine vereinfachte visuelle Darstellung der Reaktionen von physischem und metaphysischem Körper vor und nach der Verabreichung der Essenzen. Die Wirkung ist eindeutig und unmittelbar erkennbar.

Dr. Cram schloß daraus: »Die Daten dieser Pilotstudie ergeben eindeutig, daß Blütenessenzen eine Wirkung auf die Körperfunktionen haben. Die stärkste Wirkung zeigt sich in der Schweißdrüsenaktivität, die unsere Orientierung in der Welt wiedergibt. Die deutlichen Hautreaktionen – ein ausgezeichneter Maßstab für die Funktion des autonomen Nervensystems – spiegeln die Schaltstelle zwischen dem Körperlichen und dem Nichtkörperlichen oder Ätherischen. Blütenessenzen beeinflussen zudem die altbekannten Stellen der Chakren, besonders das Dritte Auge. Der Solarplexus war bei den meisten Teilnehmern ebenfalls ein starker Indikator. Dieser Teil des ätherischen Körpers ist auch Ursprungspunkt des *chi*, der Lebenskraft in der östlichen Medizin.«

Die zwei Teilnehmer mit A/B/C-Muster zeigten keine Schweißdrüsenreaktion auf das Placebo, aber eine starke Aktivitätszunahme nach Verabreichung der Essenz. (Sie hatten allerdings im Kehlchakra eine ausgeprägte Reaktion auf das alkoholische Placebo, vermutlich aufgrund der Wärme, die der Alkohol in der Speiseröhre erzeugte – daher haben wir dieses Chakra aus unserer Studie schließlich ausgeklammert.)

Von dieser Variablen wie auch von den eindeutigen Reaktionen des Solarplexus oder *chi*-Zentrums leiteten wir den Schluß ab, daß Blütenessenzen tatsächlich die Lebenskraft meßbar anregen und eine Schwingung hervorrufen. Die starke Reaktion der Hautschweißdrüsen legt den Schluß nahe, daß dieses Erwachen der Energie, der »angeborenen inneren Kraft«, wie Luther Burbank sie nennt, tatsächlich bis in den physischen Körper hinein geht, was die Wirkung der Blütenessenzen eindeutig bestätigt. Und die Reaktion des Dritten Auges läßt den Schluß zu, daß Blütenessenzen das verstärken, was wir etwas unwissenschaftlich unsere »Fähigkeit zur Freude« nennen könnten.

Nun, wie wirken also Blütenessenzen? Ganz hervorragend!

Testperson: B. R., A/B-Muster

Drittes Auge:
Stark auffallende
Reaktion*

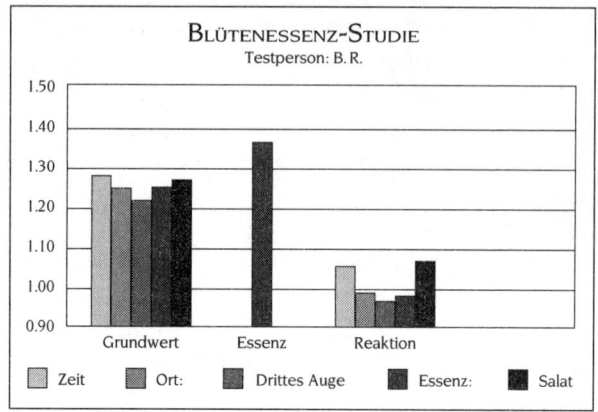

Kehlkopf:
Geringe anfäng-
liche Reaktion
ohne signifikante
Dauer

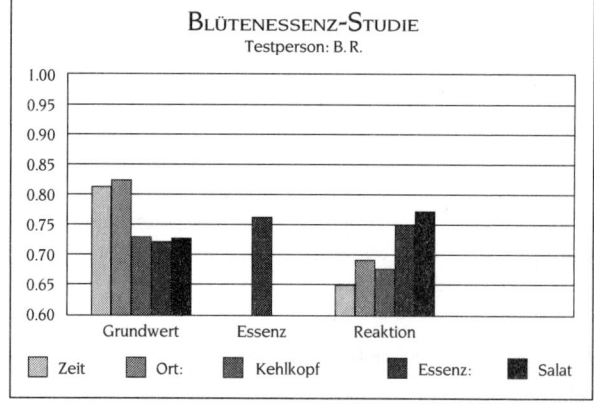

Solarplexus:
Keine deutlich
feststellbare
Reaktion

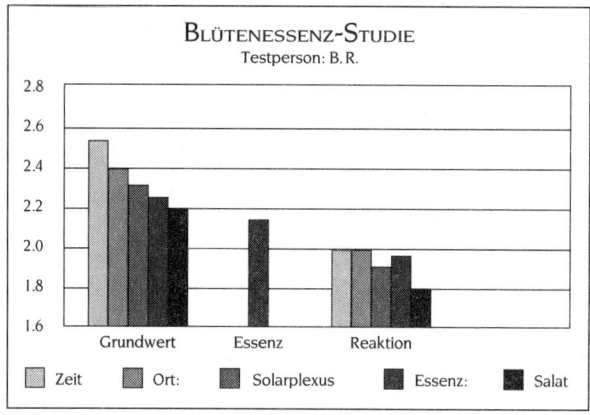

* Starker
experimenteller Effekt

Testperson: B. R., A/B-Muster

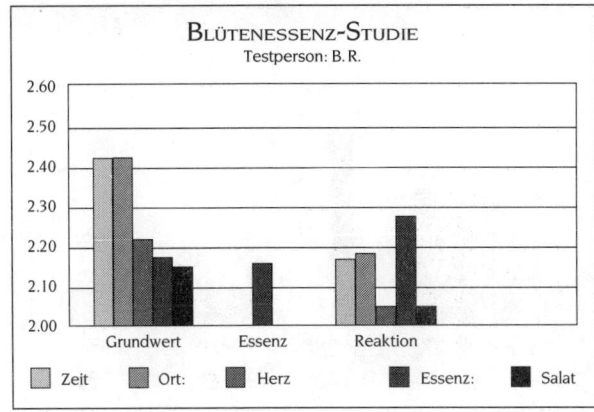

Herz:
Nur an zwei Punkten niedrig, keine einheitliche Veränderung

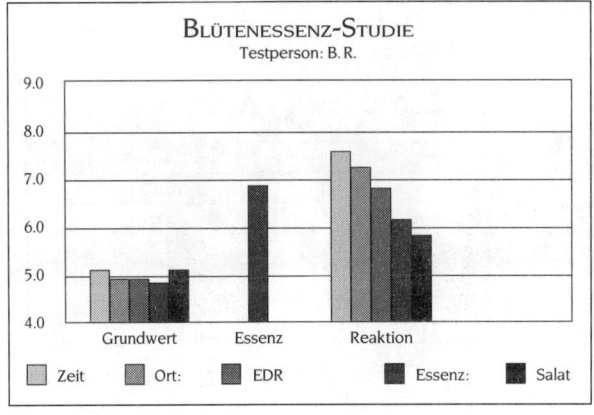

Elektrodermale Reaktion:
Niedriger, stabiler Grundwert, gefolgt von einem starken Anstieg in Reaktion auf die Essenz*

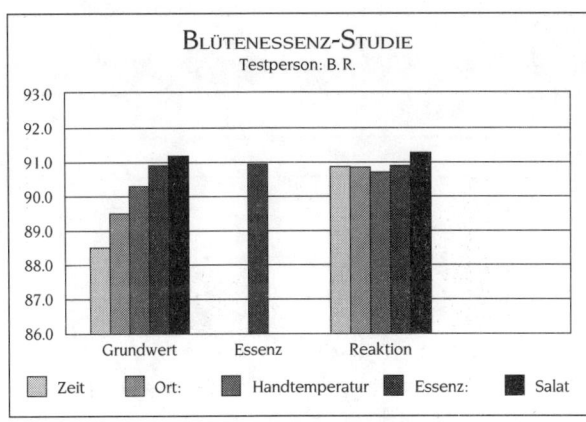

Handtemperatur:
Keine aussagekräftige Reaktion

* Starker experimenteller Effekt

Testperson: R. W., A/B/C-Muster

Drittes Auge:
Abnehmende Reaktion auf Placebo, deutliche Reaktion auf Essenz*

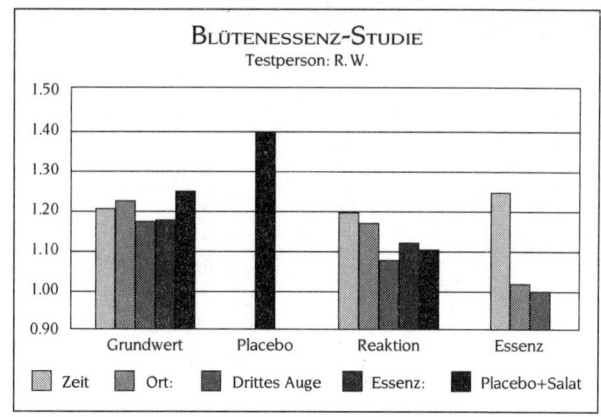

Kehlkopf:
Placebo wie auch Essenz haben eine deutliche Wirkung auf das Kehlkopf-Chakra

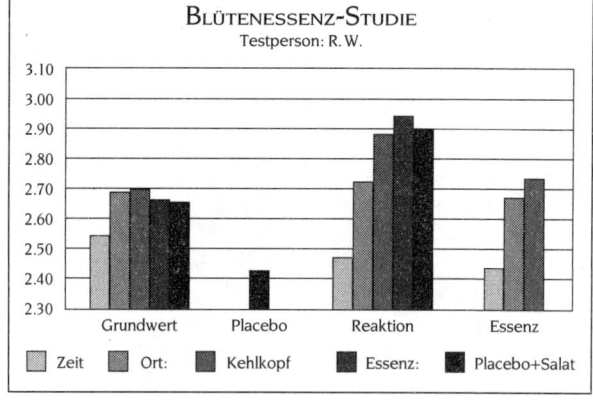

Solarplexus:
Schwache Reaktion auf das Placebo, die Essenz bewirkt starke Aktivierung dieses Zentrums*

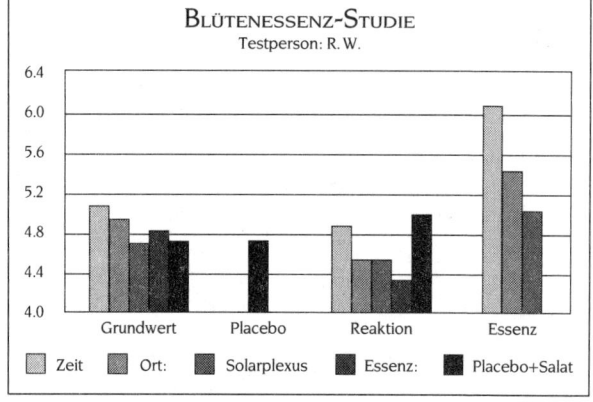

* Starker experimenteller Effekt

Testperson: R. W., A/B/C-Muster

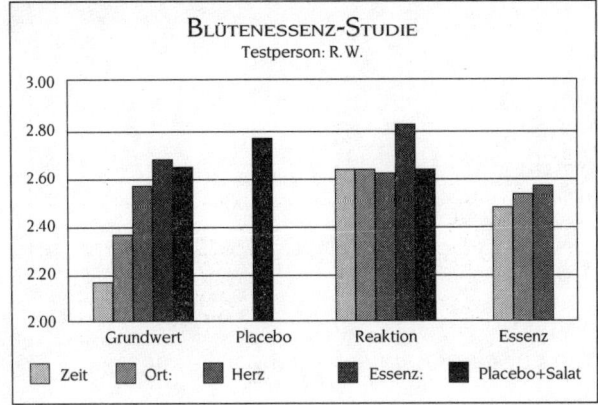

Herz:
Stabile Reaktion auf Placebo, beruhigender Effekt von Essenz

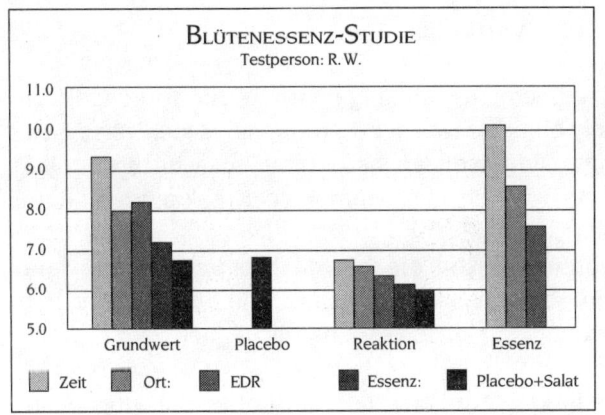

Elektrodermale Reaktion:
Keine Reaktion auf Placebo, dagegen starke Schweißdrüsenaktivität in Reaktion auf Essenz*

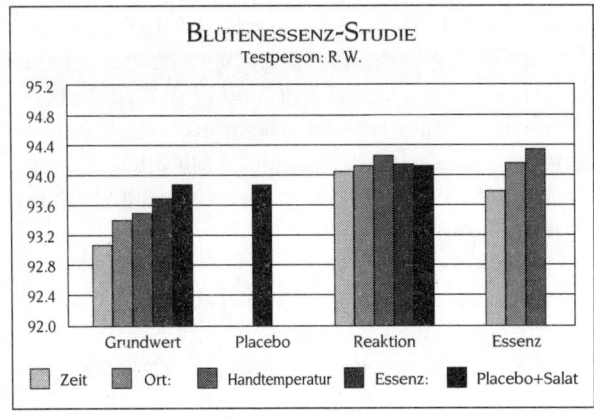

Handtemperatur:
Bleibt stabil, weder nach Placebo noch nach Essenz auffällig

* Starker experimenteller Effekt

KAPITEL SECHS

DIE WIRKUNG VON BLÜTENESSENZEN

»Bete für eine gute Ernte – aber jäte weiter das Unkraut.«
Spruch vor einer Baptistenkirche in Arkansas

DER WIRKSAME BESTANDTEIL

»Ich hatte die ganze Sache monatelang immer wieder durchgekaut«, erzählt Stefan nach einer schwierigen Trennung. »Doch jetzt ist es vorbei und erledigt. Die Essenzen haben mir tatsächlich geholfen, alles loszulassen, an was ich mich immer noch geklammert hatte, und meinen Schmerz aufzulösen.«

Mit Hilfe der Blütenessenzen, die uns mit ihrer Schwingung daran erinnern, wer wir in Wahrheit sind, können wir die fehlgeleitete, hypnotische Konzentration auf unsere menschliche Schwäche durchbrechen.

Blütenessenzen interagieren aufgrund der hohen Schwingungsrate der Blüten, aus denen sie bereitet wurden, mit unserer *Bereitschaft* und unserem *Willen*, uns selbst zu ändern. Bereitschaft und Willen sind gleichbedeutend mit Energie, dem aktiven Bestandteil der Blütenessenz-Therapie. Die Essenzen verstärken und aktivieren unsere Lebenskraft, die wahre Quelle aller Heilung. Sie wirken als Katalysatoren, als Ankurbelung. Aus diesem Grund können wir auch das Verdienst für die Veränderungen beanspruchen, die wir zusammen mit den Essenzen geschaffen haben.

Häufig hört man die Reaktion: »Ich bin nicht sicher, ob sie helfen, aber ich fühle mich einfach besser!« Oder: »Ich fühle mich wieder wie ich selber!« Und da Glück unser Normalzustand ist, ist es nur natürlich, daß wir immer wieder in diesen Zustand zurückkehren wollen.

Energie erzeugt Magnetismus, ein Thema, das ich bereits in Kapitel 4 erwähnte. Ein starker Magnet beeinflußt mit seiner Schwingung einen schwächeren. Wenn zum Beispiel ein sehr negativ eingestellter Mensch einem positiv eingestellten, aber schwachen Menschen die Hand gibt, wird die schwächere Person negativ beeinflußt. (Durch Händeschütteln wird Magnetismus übertragen, da unsere Hände tatsächlich energetische Magneten sind.)

Doch auch das Gegenteil trifft zu. *Blütenessenzen als lebendige Schwingungen besitzen und projizieren Magnetismus.* Ihr Magnetismus, stärker und positiver als unserer, wenn wir uns nicht im Gleichgewicht befinden, zieht uns hoch auf ihre Ebene, sobald wir ihnen »die Hand geben«. Die Essenzen wirken wie ein Freund, der uns inspiriert und innerlich aufrichtet. Wenn wir die Essenzen einnehmen oder äußerlich anwenden, »begegnen« wir ihnen.

Bei der Reise, die wir mit Blütenessenzen unternehmen, werden wir auf eine höhere Schwingungsrate eingestellt. Vielleicht kann ein anderes Bild dies noch besser illustrieren: Eine Blütenessenz kann mit einer Stimmgabel verglichen werden. Indem wir uns darauf einstimmen, kommen wir mehr in Einklang mit unserer einzigartigen Vollkommenheit. Mit der Essenz gleichen wir unsere Persönlichkeit aus und stärken sie dadurch. Und da jeder Mensch anders ist, gibt es kein vorgeschriebenes Muster oder eine bestimmte Abfolge von Essenzen. Jedes Essenzen-Programm ist ebenso einzigartig wie der Mensch, der es anwendet.

»Sind die von den Essenzen herbeigeführten Veränderungen dauerhaft?« werde ich oft gefragt. In den meisten Fällen lautet die Antwort »ja« — obwohl natürlich niemand vor einem Rückschlag sicher sein kann. Es trifft allerdings auch zu, daß wir in der Regel schrittweise heilen und immer höhere Ebenen von Klarheit und Einsicht erreichen, und nicht etwa lebenslange Probleme unmittelbar und ein für allemal ausräumen. Wenn man zum Beispiel Himbeer-Essenz einnimmt, um sich vom Schmerz vergangener emotionaler Wunden zu befreien, erlebt man vielleicht eine Reaktion, wie sie Stefan beschreibt. Die Veränderung ist sehr wahrscheinlich dauerhafter Natur, vorausgesetzt, daß die Gedanken und Handlungen dies auch bestärken. Wenn jemand zum Beispiel Tomaten-Essenz nimmt, um Kraft zu sammeln und seine Willensstärke zu erhöhen, damit er sich aus einer ungesunden Beziehung lösen kann, dann ist es nicht gut für ihn, in diese Situation zurückzukehren. Denn die Umwelt ist stärker als alle Willenskraft.

Eine Essenz für alle?

Gibt es Heilmittel, die für alle gut sind? Ja. Für alle — auch für Pflanzen, Tiere und Kinder. Die Blütenessenzen können grundsätzlich allem und jedem helfen, der Lebenskraft besitzt. Das klingt fast zu gut, um wahr zu sein, nicht wahr?

Und was ist mit der Schwiegermutter mit ihren starken Antidepressiva oder dem einschüchternd aggressiven Kater, die an einer Entfaltung ihres Potentials nicht wirklich interessiert scheinen? Nun, ich würde lieber einmal zu oft eine Essenz verabreichen als zu wenig. Schlimmstenfalls haben die Essenzen überhaupt keine Wirkung, daher können die Schwiegermutter und der Kater es ruhig einmal probieren. Wenn sie sich dann immer noch weigern, ihre Lage zu verbessern — nun, dann kann man das nicht ändern. (Übrigens heißt das nicht, daß Blütenessenzen eine angemessene ärztliche Versorgung und Medikamente ersetzen — dazu sind sie nicht gedacht.)

Und warum kann man es bei allem und jedem versuchen? Weil wir uns nicht einmal eines Wunsches nach Veränderung bewußt zu sein brauchen, damit die Essenzen bei uns wirken. (Aus diesem Grund sind Skeptiker ausgezeichnete Klienten für die Essenz-Therapie: Immerhin haben sie genügend Energie, um alles in Frage zu stellen. Und genau diese Energie aktiviert die Essenzen in uns.) Gehen wir davon aus — und darin liegt kein Risiko —, daß niemand unglücklich sein will, auch Pflanzen und Tiere nicht. Und wenn wir die Schönheit und Wahrheit unseres inneren Selbst nicht ausdrücken können, sind wir nicht glücklich. Doch dem Naturgesetz nach müssen Dunkelheit und negative Eigenschaften weichen. Sie sind nicht wir selbst. Wir sind nicht die negativen Gedankenmuster, die wir manchmal ausdrücken. Diese Muster haben, wie Staub auf einer makellosen Skulptur, keine echte Existenz über die Anerkennung hinaus, die wir ihnen zukommen lassen. Unser bewußter Wunsch, mit Unterstützung der Blütenessenzen in eine positive Richtung zu wachsen, kann sie praktisch ausmerzen. Es liegt an uns — und dient unserer Heilung —, uns nicht mit unseren Fehlern zu identifizieren und sie distanziert zu betrachten.

Eine Essenz für alles?

In einer Szene des Musicals »Anatevka« fragen die Dorfbewohner den Rabbi, ob es für alles ein Gebet gäbe. Als er das bestätigt, fragen sie ihn ungläubig: »Rabbi, gibt es sogar ein Gebet für den Zaren?« Der Rabbiner denkt einen Moment lang nach und antwortet dann aus voller Brust: »Möge Gott den Zaren segnen und bei Gesundheit erhalten... weit, weit weg von uns!« Darauf folgt wilder Applaus.

Oft fragen mich Klienten: »Gibt es für alles eine Essenz?« »Haben Sie eine Essenz gegen die Unentschlossenheit meines Mannes?« »Meine Schwägerin ist so herrschsüchtig — wie kann man sie dazu bringen, sich zu ändern?« »Welche Essenz wirkt gegen Schlaflosigkeit?« »Mein Sohn zahnt gerade — gibt es eine Essenz gegen die Schmerzen?«

Die generelle Antwort lautet: Ja, es gibt eine Essenz für alles, denn unser Wunsch nach Gesundheit und Ausgewogenheit allein ist schon ein Heilmittel. Wahre Suche führt dann immer zu den richtigen Antworten.

Die Wirkungsweise der Blütenessenzen

Kehren wir zu den oben angeführten Fragen zurück: Mais wirkt zwar gegen Unentschlossenheit, und Weintraube funktioniert wunderbar bei Leuten, die einen ständig herumkommandieren, aber das eigentliche Thema sind vielleicht nicht die anderen, sondern wir selbst. (Wenn im folgenden ein Pflanzenname erwähnt wird, ist immer die entsprechende Blütenessenz gemeint.) Unsere Stärke liegt in unserer Fähigkeit, uns mit den eigenen Schwierigkeiten auseinanderzusetzen und die eigenen Probleme anzugehen. Wir haben keine Macht über die anderen, außer, daß wir einen positiven Magnetismus ausstrahlen und sie durch unser Beispiel anregen. Doch welch ein Erfolg, wenn die Fehler der anderen uns nicht mehr negativ beeinflussen! Beträchtliche Ehrlichkeit uns selbst gegenüber ist notwendig, um zu erkennen, daß die Fehler, die uns bei anderen stören, meist ihre Entsprechung in uns selbst haben. Wenn wir jemanden rechthaberisch finden, ist es oft angezeigt, auch in uns selbst nach dieser Neigung zu forschen.

Auch bei den anderen Fragen von oben lautet die Antwort ja. Salat hilft zum Beispiel bei emotionalen Zuständen, die zu Schlaflosigkeit führen, und Orange wirkt in derselben Weise beim Zahnen von Kindern.

Blütenessenzen wirken auf die Energie, die diese Körpersymptome auslöst, und nicht unmittelbar auf den physiologischen Zustand. Wenn der Seelenfrieden wieder hergestellt ist, bleiben die verborgenen Keime der Krankheit ohne Nahrung und können sich daher nicht entwickeln. Manchmal sind Krankheiten für das spirituelle Wachstum allerdings notwendig, weil sie uns wichtige Lehren erteilen. In diesem Fall brauchen wir weder eine Krankheit noch den Tod als Scheitern zu betrachten. *Essenzen befreien uns nicht von unseren Lebensproblemen, sie helfen uns nur, sie zu klären.*

Einfacher gesagt: Alle Blütenessenzen wirken auf die gleiche Weise bei allen Lebewesen. *Sie versetzen uns in einen Zustand der Ausgewogenheit, in dem unsere innere Lebensweisheit aktiviert wird.* Eigentlicher Heiler ist die Lebenskraft — die Energie der Blütenessenzen regt sie lediglich an. Und da die positiven Qualitäten, die den Essenzen zugrunde liegen, unserem wahren Wesen entsprechen, ist es nur natürlich, daß wir mit diesen Qualitäten mitschwingen.

Was Blütenessenzen nicht können

Die Essenzen haben keine biochemische Wirkung wie die Medikamente der Schulmedizin. Schlafmittel beispielsweise können einen für die ganze Nacht ausschalten. Das können Blütenessenzen nicht. Sie erlauben uns, uns zu verändern, doch sie *bewirken* nicht die Veränderung.

Ein wichtiger Punkt: B*lütenessenzen führen uns zu nichts anderem als zu unserem wahren Selbst.* Daher brauchen wir uns keine Sorgen zu machen, daß wir sie mißbrauchen und mit ihnen unser eigenes Verhalten oder das anderer manipulieren könnten. Das ist einfach nicht möglich.

Es gibt einen Witz über einen Mann, der seinen Arm in Gips hat und den Arzt fragt, ob er Klavier spielen kann, wenn er wieder gesund ist. »Natürlich«, antwortet der Arzt. »Gut«, sagt der Mann — »das konnte ich nämlich vorher nicht.«

Das können auch Blütenessenzen nicht bewirken. Sie ermöglichen uns, zu verbessern, wer wir bereits sind, ohne aber unser grundsätzliches Wesen zu verändern.

KRISE ODER FEIER?

Ein paar Worte zu dem Phänomen, das als »Heilkrise« bekannt ist: Oft wird angenommen, daß zur Heilung die Gifte – ob körperlicher oder emotionaler Natur – aus dem Körper gespült werden müssen. Sicher, wenn starke Gefühle oder unterdrückte Erinnerungen an Mißbrauch schließlich an die Oberfläche gelangen dürfen, ergießen sie sich vielleicht wie eine wahre Sturzflut. An diesem Punkt ist die Erfahrung des Therapeuten wichtig, der den Heilprozeß seines Klienten unterstützt, ohne ihn zu unterdrücken oder zu übertreiben, indem er diesen Punkt als Krise bezeichnet. Ein guter Therapeut kann dem Klienten helfen, darauf zu vertrauen, daß die Probleme erst dann auftauchen, wenn er bereit ist, sich ihnen zu stellen, und daß nicht mehr auftaucht, als er verarbeiten kann. Ja, vielleicht werden wir mehr gefordert, als wir glaubten, aushalten zu können. Aber ist das nicht die Art und Weise, wie wir wachsen?

Ich schlage vor, den Begriff »Heilkrise« durch »Bewußtseinsfeier« zu ersetzen, denn die Freisetzung von schmerzhaften vergrabenen Erinnerungen kann von einer noch stärkeren Freude begleitet sein – der Freude über die Befreiung von angestautem Schmerz und über das innere Wachstum, wenn wir erkennen, daß das, was wir sind und immer waren, von diesem Schmerz niemals berührt war.

Blütenessenzen befreien uns nicht von emotionalen Giften – sie machen uns nur bewußter. In den zwanzig Jahren meiner Tätigkeit habe ich bisher nur eine Handvoll Menschen erlebt, die eine »Heilkrise« durchmachten. Und jedesmal war die Person energetisch gesehen zu diesem Zeitpunkt für einen solchen Durchbruch bereit und hätte die Krise ebensogut durch Kaugummikauen auslösen können!

Paradoxerweise gibt es Therapeuten, die aussagen, die meisten ihrer Patienten erlebten die klassische »Heilkrise«. Liegt das nun an den Essenzen, dem Therapeuten oder der Identifikation des Klienten mit einer Krise statt einer Feier? Manche Klienten berichten während ihres Behandlungsprogramms von einem Energiedurchbruch in Form von Einsichten, Klarheit, neuen Erkenntnissen und dem Aufgeben nutzlos gewordener alter Verhaltensmuster. Es liegt an uns, ob wir diesen Prozeß als Krise sehen oder als Befreiung von geistigen und seelischen Blockaden feiern. Ein Therapeut meinte dazu: »Meine Erfahrung ist, daß die Master's Essenzen einen nicht durch sämtliche Emotionen hindurchzerren. Man erlebt kein Drama, sondern die Probleme lösen sich einfach auf.«

DIE ESSENZ DES GANZEN

Auf dem Gebiet der Heilkunst gibt es grundsätzlich zwei Theorien: Die eine besagt, die Heilung dauere ebenso lange wie die Krankheit, und die andere, zu der auch die Blütenessenz-Theorie zählt, daß wir uns in einem einzigen Augenblick ändern können, so, als würde in einem dunklen Zimmer das Licht angeschaltet.

Körperliche und geistige Unausgewogenheiten entspringen Yogananda zufolge nur einer einzigen Ursache: der Unwissenheit über unser wahres Wesen, das vollkommen ist. »Das Leben der Menschen ist so langweilig und uninteressant«, erklärt er, »weil sie ihr Glück im Äußeren suchen, statt sich an die unerschöpfliche Quelle der Freude in ihnen selbst zu wenden.«

Viele Menschen leben freiwillig an der Oberfläche ihres Bewußtseins und berühren die Tiefen ihrer wahren Freude nur hin und wieder. Kürzlich fragte mich der Trainer in meinem Fitneßstudio: »Wie geht's?« »Gut, und Ihnen?« erwiderte ich. »Großartig. Es ist Freitag, und heute abend geht's auf die Party«, erzählte er mir. Seine Worte sprühten vor Energie. Aber Parties haben ein Ende; wahres Glück dagegen, das aus dem Innern kommt, endet niemals.

Wie erreichen wir einen solchen Zustand? Durch eine gesunde, ausgewogene Lebensweise und die sanfte Hilfe der Essenzen, die uns mit ihren Schwingungen an unsere eigene Vollkommenheit erinnern. Indem wir verstärken, wer wir jetzt, in diesem Augenblick, sind, finden wir Zugang zu dieser Freude.

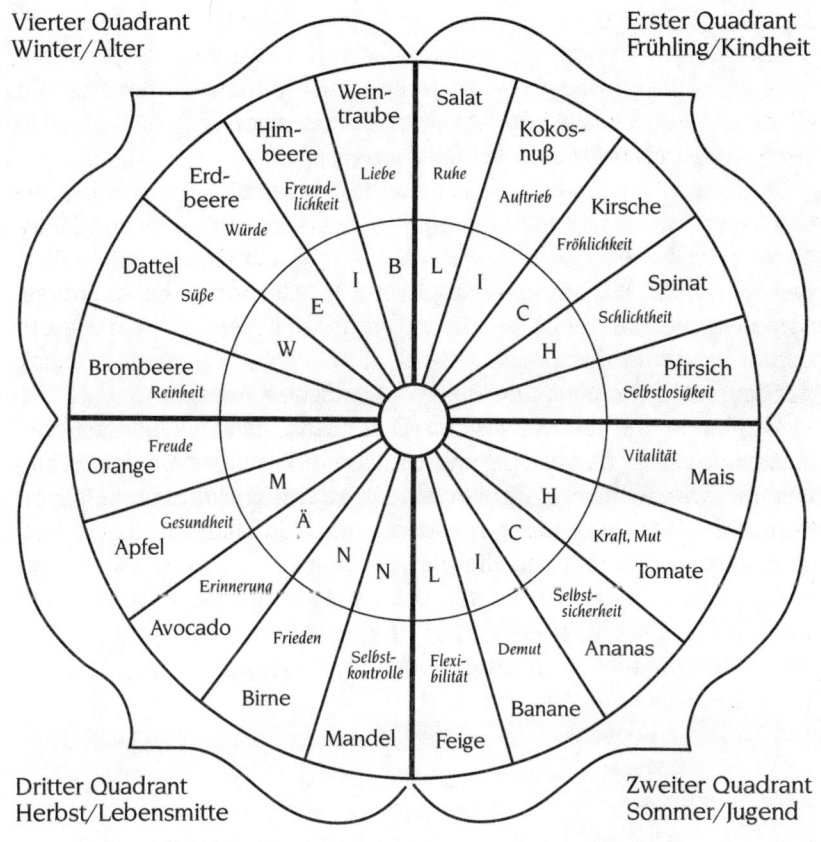

KAPITEL SIEBEN

DAS SPEKTRUM DER BLÜTENESSENZEN

»Wenn ich neben dir gehe, fühle ich mich,
als trüge ich eine Blume im Knopfloch.«
W. M. Thackeray

Der menschliche Geist liebt Graphiken, Tabellen und Klassifikationssysteme. Sie schaffen Klarheit und vermitteln einem einen Zusammenhang. Sonne/Mond/Aszendent in der westlichen Astrologie, Vata/Pitta/Kapha in der ayurvedischen Diagnostik und Kaninchen/Affe/Schlange in der chinesischen Astrologie sind nur einige der Systeme, die wir benutzen, um wenigstens zu versuchen, uns selbst zu verstehen. Aus diesem Grund hoffe ich, daß Sie die nächsten beiden Kapitel genießen, ob Sie nun ein Neuling in der Blütenessenz-Therapie sind oder ein versierter Therapeut. Diese Kapitel sollen die *Master's* Essenzen erklären und klassifizieren, aber keineswegs die Menschheit auf begrenzte Definitionen reduzieren, sie etikettieren oder einschränken.

DAS SPEKTRUM

Ein Spektrum ist eine Folge farbiger Bänder, die entsteht, wenn weißes Licht durch ein Prisma fällt, wobei das Licht entsprechend den verschiedenen Wellenlängen unterschiedlich stark gebrochen wird.

Ich habe diesen Namen für meine Klassifikation gewählt, weil ein Spektrum eine Reihe farbiger Bänder bezeichnet, die man gewöhnlich Regenbogen nennt, ein Symbol für Hoffnung. Und Hoffnung ist die Botschaft jeder Blume, die unsere Erde ziert. Farben haben zudem genau wie die Essenzen Schwingungen. In gewissem Sinne könnte man auch uns selbst als Spektrum betrachten, denn wir sind Wesen aus Licht mit verschiedenen Brechungsfaktoren — genau wie Farben — und zerfallen in die verschiedenen Facetten unserer Persönlichkeit.

Das auf Seite 45 vorgestellte Spektrum bildet also eine thematische Klassifizierung für die *Master's* Blütenessenzen. Es ist aber weder notwendig noch empfehlenswert, sie in dieser bestimmten Reihenfolge einzunehmen. Das heißt auch nicht, daß nur Frauen die weiblichen Essenzen einnehmen können oder nur Kinder diejenigen im ersten Quadranten — es bedeutet nur, daß sie uns helfen, die weibliche Natur in uns zu stärken bzw. unsere kindlichen Eigenschaften zu betonen. Das Spektrum zeigt die Richtung und den Kreislauf der Energien und erklärt, wie die Essenzen uns auf eine Reise der Selbstentdeckung und Entfaltung führen.

Man könnte sagen, daß diese Reise, mit einem Essenz-Schritt nach dem anderen, den Reifeprozeß der Persönlichkeit spiegelt. Wir öffnen uns wie Blüten und lernen die Lektionen unseres Lebens. So wie zwei Blüten einander niemals völlig gleichen, so sind keine zwei Menschen jemals völlig identisch. Unsere Reise ist daher ein Prozeß, der nicht in bestimmten Jahren gemessen werden kann, sondern als Bewußtseinsstrom verläuft. Wir wollen in diesem Kapitel untersuchen, wie sich jede Essenz thematisch aus der vorangehenden entwickelt und in die darauffolgende übergeht. Jede Essenz symbolisiert eine Zunahme von Weisheit, Freude und innerer Freiheit auf unserem Weg zur Realisierung unseres höchsten Potentials als menschliche Wesen.

Man könnte die Essenzen mit den bunten Glasstücken in einem Mosaik vergleichen, jedes von anderer Farbe und Beschaffenheit — undurchsichtig oder klar, glatt oder gerieffelt —, die die Gesamtheit unserer einzigartigen Persönlichkeit bilden. Unser eigener Ausdruck der Erdbeere unterscheidet sich beispielsweise von dem aller anderen. Auch der engste Freund würde die Qualitäten der Himbeere anders ausdrücken als man selbst.

Das Spektrum ist in zwei Hälften aufgeteilt, die vornehmlich männlichen bzw. weiblichen Essenzen entsprechen, und in Quadranten, die die Lebensstadien und Jahreszeiten darstellen. Dieses Diagramm illustriert also den Fluß der natürlichen Kreisläufe und Lebensstufen. Es verkündet, wie alle alten Heilkünste, daß wir Teil des größeren Universums sind, das eine bewußte und liebevolle Schöpfung ist.

Die zwei Hälften

Quadrant I und IV bilden die weibliche Hälfte des Spektrums. Die hier angesiedelten Essenzen haben Eigenschaften, die dem Wesen nach feminin sind: nachgiebig, nach innen gerichtet, inspirierend, empfänglich, nährend und gefühlsorientiert. Die Quadranten II und III stellen die männliche Hälfte dar. Diese zehn Heilmittel haben eher maskuline Eigenschaften: nach außen gerichtet, antreibend, aufbauend, schaffend, leistungs- und vernunftorientiert.

Blütenessenzen haben als lebendige Energien sowohl männliche wie weibliche Eigenschaften, genau wie wir auch. Und wie wir sind sie vornehmlich männlich oder weiblich orientiert. Ananas enthält beispielsweise die weiblichen Eigenschaften der inneren Erkenntnis und wie man andere durch dieses Wissen inspiriert. Sie drückt aber auch nach außen hin die eher männlichen Eigenschaften von Selbstbewußtsein und Kompetenz aus. Da die letzteren Eigenschaften, notwendige Bestandteile für Erfolg in der Arbeitswelt, die Ananas-Essenz beherrschen, ist sie in der männlichen Hälfte des Spektrums angesiedelt.

Die vier Quadranten

Das Spektrum ist in vier Quadranten unterteilt, die je fünf Essenzen enthalten und die Jahreszeiten darstellen: Frühling, Sommer, Herbst und Winter — wie auch die vier Grundstadien des Lebens: Kindheit, Jugend, Lebensmitte und Alter. Jeder Quadrant stellt darüber hinaus in sich einen vollständigen Kreislauf dar. Wenn wir die kindliche Seite in uns stärken möchten, dann sehen wir im ersten Quadranten des Spektrums nach; für eher reife, nach innen gerichtete Eigenschaften studieren wir den vierten Quadranten.

Der erste Quadrant

Im ersten Quadranten finden wir Essenzen, die die Eigenschaften des Frühlings und der Kindheit einfangen: Salat, Kokosnuß, Kirsche, Spinat und Pfirsich. Der Frühling kündet vom Ende des Winters. Alle Lebewesen beginnen wieder zu wachsen. Tiere und Pflanzen, die unter dem Schnee überwintert haben, aalen sich nun in der wärmer werdenden Sonne und ihren lebensspendenden Strahlen. Das Tageslicht verlängert sich in einer Symphonie des wachsenden Grüns, und die Neugeborenen vieler Arten schöpfen zum erstenmal Atem.

Der erste Quadrant symbolisiert außerdem jene Lebensphase, zu der die Geburt, das Säuglingsalter und die Kindheit zählen. Als Neuankömmlinge auf dieser Erde lernen wir unsere Eltern und Geschwister kennen. Wir ringen um immer mehr Körperbeherrschung, indem wir gehen, reden, essen und die Schnürsenkel zubinden lernen, bis wir schließlich die Stützräder von unserem Kinderfahrrad abschrauben. Forscherdrang, Aufregung und Staunen sind im ersten Quadranten angesiedelt. Diese fünf Essenzen liegen außerdem in der weiblichen Hälfte des Spektrums. Sie sind eng mit der Muttergestalt verbunden und repräsentieren die Eigenschaften der Anpassungsfähigkeit, Weichheit, Sanftheit und Empfänglichkeit.

Salat, die erste Essenz in diesem Quadranten, stellt die Persönlichkeit bei der Geburt als unbeschriebenes Blatt dar, voll Ruhe und Gelassenheit. Von diesem Punkt aus sind wir bereit, uns mit Richtung, kreativer Aktivität und Entscheidungen erfüllen zu lassen.

Die Kokosnuß ist die Kreide, mit der wir auf diese leere Tafel schreiben können. Das Kennzeichen der Kokosnuß ist Expansion: Sie vermittelt die Fähigkeit, das ganze Bild zu sehen und in einem überbewußten, lösungsorientierten Geisteszustand zu leben.

In diesem Zustand finden wir uns im Einklang mit einem positiven Energiefluß: mit der Fröhlichkeit, wie sie die Kirsche verkörpert. Kirsche ist ein hüpfendes, springendes Kind, das in jeder Situation immer nur das Beste sieht.

Die gute Laune der Kirsche entwickelt sich zum Spinat: Spielerisch, voller Staunen, unerschütterlich und vertrauensvoll, steht der Spinat für das voll ausgereifte Kind.

Das reift weiter zum fürsorglichen Pfirsich, der letzten Essenz im ersten Quadranten, gleichzeitig der Übergang zum nächsten. Der Pfirsich steht für das Akzeptieren anderer und die Sorge für ihre Bedürfnisse und signalisiert so die Verlagerung vom Selbst zu anderen in Vorbereitung auf den Übergang zum zweiten Quadranten.

Der zweite Quadrant

Der zweite Quadrant enthält Essenzen, die das Feuer von Sommer und Jugend repräsentieren. Der Sommer läßt einen an intensive Sonne denken, an volle Grüntöne, an lange Tage und klare Nachthimmel. Für die Jugend ist es eine Zeit der Partys, des langen Aufbleibens, des Kräftemessens und der Rebellion mit neu entwickelter Willenskraft. Das Ichgefühl wird ausgebildet.

Dieser Quadrant besteht aus Mais, Tomate, Ananas, Banane und Feige. Diese Essenzen liegen in der maskulinen Hälfte des Spektrums und drücken eine vornehmlich männliche Energie aus: Man bewegt sich im Leben vorwärts, ist im Vollbesitz seiner Kräfte und setzt alle Energien ein, um etwas zu leisten.

Mais, der ungebärdige Nachfolger des Pfirsichs, schenkt Energie, die voll roher Kraft strotzt: »Ich kann alles!« bestätigt er. »Ich kann alles, wenn ich nur daran glaube!«

Und wie kann man sich besser durchs Leben drängen als mit der furchtlosen Tomate, die alle Ängste durchbricht. Man nennt sie auch die »Kämpfer-Essenz«.

Die Kraft der Tomate führt uns zur Selbstsicherheit der Ananas. Furchtlos und voller Lebenskraft entwickeln wir Selbsterkenntnis und Vertrauen in unsere innere Weisheit.

Damit man aber nicht überheblich und stolz wird, wird die Ananas nun durch die Demut der Banane gedämpft. Sie wirkt beruhigend durch ihre Gelassenheit und Distanz, die sie aus dem konstanten Auf und Ab des Lebens gelernt hat.

Die Feige dann nimmt sich der Starrheit von Körper und Geist an. Sie sorgt dafür, daß unsere Vorstellungen über uns selbst und die Welt uns nicht begrenzen, verknöchern oder einengen.

DER DRITTE QUADRANT

Flexibel, formbar und gestärkt durch die Lektionen des zweiten Quadranten, gehen wir nun zur dritten Gruppe von Essenzen über: Herbst und Lebensmitte vervollständigen die männliche Hälfte des Spektrums. Hier ernten wir die Weisheit, die wir bisher auf unserer Reise zusammengetragen haben. Vielleicht finden wir uns in der Krise der Lebensmitte und stellen alle Entscheidungen, die wir jemals getroffen haben, in Frage. Vielleicht hat unsere Karriere ihren Höhepunkt erreicht. Vielleicht hat auch »das verflixte siebte Jahr« zu stürmischen Ehekonflikten, Kummer oder Langeweile geführt. Wenn wir Kinder haben, sind diese nun herangewachsen und verlassen das Elternhaus — für uns ein Anlaß, unsere Energie mehr nach innen zu richten und kontemplativer einzusetzen. Im Herbst ernten wir im Garten unserer Charakterstärken, wenn wir ihn sorgfältig angelegt haben.

Die Lebenskräfte der Erde, durch fallende Temperaturen bedrängt, ziehen sich in ihren Kern zurück. Die Blätter, dünn wie Papier und bunt geworden, wirbeln zu Boden, begleitet von kälteren Winden. Die Äste werden brüchig, die Tiere der Wildnis bereiten sich auf den Winter vor — genau wie wir uns auf das Reifestadium unseres Lebens vorbereiten.

Zum dritten Quadranten zählen Mandel, Birne, Avocado, Apfel und Orange.

Mit der Vorbereitung durch die Feige sind wir nun bereit, Selbstkontrolle und Mäßigung zu üben und eher unserer Weisheit zu folgen als einer Laune: Mandel. Eine harmonische Ruhe entsteht dadurch, daß wir uns angemessen um Körper und Seele kümmern.

Aus dem negativen Zustand dieser Ruhe — ungerührt und unbeweglich — folgt der Botschafter des perfekten Friedens, die Birne.

Seelenfrieden, jener so erstrebenswerte Zustand, ist der Ausgangspunkt dafür, daß wir uns an unser Lebensziel erinnern: Avocado, für ein gutes Gedächtnis. »Ah, jetzt weiß ich es wieder«, sagt die Avocado.

Wenn wir uns an unseren Lebenssinn erinnern, begreifen wir, daß wir eigentlich immer heil und gesund waren. Perfekte Gesundheit ist unser Geburtsrecht — und die Botschaft der Apfelessenz.

Die Freiheit des Apfels von Unausgewogenheit und Angst vor Krankheiten führt zur reinen Freude der Orange. Egal wie tiefsitzend unser Kummer auch sein mag, die Orange spült ihn fort und hinterläßt den süßen Geschmack von innerem Frieden.

Der vierte Quadrant

Nun begeben wir uns in den vierten und letzten Quadranten — des Winters und des Alters. Dieser Quadrant kündet von Sanftheit, Entschlossenheit und Vollendung. Die gedämpften, gemäßigten Brauntöne des Herbstes werden nun von einer Federdecke aus Winterweiß überzogen. Schnee und Eis verlangsamen unsere Schritte — genau wie die fortschreitenden Jahre — und zwingen uns, uns warm einzupacken und vorsichtig über die schlafende Erde zu wandeln. Der Rhythmus verlangsamt sich, die Tage schwinden wie abgebrannte Kerzen. Und wir werden in diesen Jahren der Reife wieder zu Kindern und von anderen immer abhängiger. So kehren wir mit einem Schatz an innerer Weisheit in die weibliche Hälfte des Spektrums zurück.

Der vierte Quadrant enthält Brombeere, Dattel, Erdbeere, Himbeere und Weintraube.

Mit einem (durch Orange) fröhlichen Geist wenden wir uns der Brombeere zu. Wie ein reinigender Schneefall erfüllt uns die Botschaft der Brombeere mit klaren Gedanken, Ehrlichkeit und aufrichtiger Selbsteinschätzung. Die Brombeere ermöglicht uns, das Gute in uns und unseren Mitmenschen zu sehen.

Diese Qualitäten führen zu Freundlichkeit und Vorurteilslosigkeit: die Lektion der Dattel. Mit Liebe und Zärtlichkeit ziehen wir Freunde und Verwandte magnetisch an und bereichern so den Winter unseres Lebens.

Allzuoft wird der Winter mit Verfall und Niedergang in Verbindung gebracht, doch er ist nur die dem Frühling vorangehende Phase. In der Erdbeere finden wir die ersten Anzeichen der nahenden Wiedergeburt in Form edler Würde. Reife, die durch die gesammelte Weisheit der Jahre verfeinert und vervollkommnet wurde, verleiht eine gewisse Weichheit, wie die einer völlig reifen Frucht.

Nur wenn wir uns selbst lieben, können wir andere aufrichtig schätzen. So entwickeln sich die Samen der Himbeere zu den wundervollen Herzqualitäten der Empathie, der Sympathie und der wahren Sensibilität gegenüber anderen. Wenn wir denjenigen vergeben, die uns tief verletzt haben, gewinnen wir auch die Fähigkeit, uns selbst zu verzeihen. Wenn unsere emotionalen Wunden geheilt sind, können wir anderen helfen, das gleiche zu erreichen.

Das Spektrum ergießt wie das astrologische Zeichen des Wassermanns seine lebenspendenden Wasser in die letzte Essenz, die Weintraube, und wird zu bedingungsloser Liebe. Weintraube schenkt eine Liebe, die befreit, statt zu binden, eine Liebe, die eher geben will als nehmen, die ihre eigene Erfüllung darstellt. Selbstlose Liebe quillt auf, aber nicht aus einer äußeren Quelle, sondern aus dem Kern des Wesens selbst. Liebe ist der beste Heiler, Liebe ist der Tröster, Liebe ist die Essenz des Lebens.

Der gütige Himmel

Alles hat seine Zeit, heißt es, und alles Vorhaben unter dem Himmel hat seine Stunde. Das Spektrum bietet uns die Zeit und den Ort, wo wir unsere innere Kraft und Schönheit entwickeln können.

Kapitel acht

Themen- und Handlungsessenzen

»Sei dein eigenes Heim und wohne in dir selbst.«
John Donne

In diesem Kapitel wollen wir zwei neue Begriffe aus der Welt der Blütenessenzen vorstellen und erklären: Themen- und Handlungsessenzen, wann man sie anwendet und wie man sie bestimmt.

Blütenessenzen fallen grundsätzlich in zwei Kategorien: Themen- und Handlungsessenzen. Das bedeutet, daß wir (mit seltenen Ausnahmen) alle eine Themenessenz und neunzehn Handlungsessenzen haben (im Kontext der zwanzig Master's Essenzen), die zu verschiedenen Zeiten unseres Lebens angebracht sein können.

Einfacher ausgedrückt könnte man sagen, daß wir den Herausforderungen unseres Lebens immer auf zwei Arten begegnen können:

1. Wir heilen eine negative Eigenschaft, indem wir sie durch das positive Gegenstück ersetzen, oder
2. wir festigen bereits vorhandene Stärken.

Die erste Methode beschreibt die Wirkungsweise der Handlungsessenzen, die zweite die der Themenessenzen.

Josef hatte zum Beispiel einen anstrengenden Arbeitstag hinter sich und nahm anschließend zu Hause Spinat-Essenz ein, den »Spannungslinderer«, als Handlungsessenz. Margarete hatte ebenfalls einen schwierigen Tag gehabt, aber sie beschloß, ihre Themenessenz Pfirsich einzunehmen, weil diese ihr mitfühlendes Wesen stärken würde. Diese Essenz ermöglichte ihr, die Schwierigkeiten des Tages etwas gelassener zu sehen. Beide suchten Essenzen aus, die ihnen halfen, zum Kern ihrer inneren Kraft zurückzukehren und erfolgreicher mit den vielfältigen täglichen Herausforderungen fertig zu werden.

DIE THEMENESSENZ

Es heißt, daß man ein ganzes Menschenleben zu einem zweistündigen Film komprimieren könnte. Stellen Sie sich einmal Ihre Lebensgeschichte als Film auf dem Regal des Videoverleihs nebenan vor. In welche Abteilung würde man ihn wohl einreihen: Komödie, Drama, Musical, Abenteuer- oder Unterhaltungsfilm? Eine interessante Überlegung, nicht wahr? Auf einer tieferen Ebene finden sich hier aber auch die Schlüssel zur Themenessenz.

Den Begriff »Thema« kennen wir aus der Literatur, wo er die Natur des Konflikts bezeichnet, durch den wir uns hindurchkämpfen, um uns selbst zu entdecken: unsere Stärken, unsere Schwächen und die Antwort auf die Frage: »Wer bin ich eigentlich?« Dieser Konflikt kann verschiedene Formen annehmen: ein Mensch gegen einen anderen, ein Mensch gegen die Natur oder auch ein Mensch gegen sich selbst. Denn nur aus diesen Konflikten – die die meisten Menschen reichlich erleben – können wir das Meisterwerk unseres Lebens herausarbeiten.

Die Themenessenz entspricht der beherrschenden positiven Eigenschaft einer Persönlichkeit. Sie verkörpert unsere herausragende Qualität, unsere besondere Stärke, die Wellenlänge, auf der wir schwingen, der wir ähnlich sind. In der klassischen Homöopathie würde man dazu Konstitutionsmittel sagen – in der Blütenessenz-Therapie ist es die Typ- oder Persönlichkeitsessenz. Es ist interessant, daß man in der traditionellen Blütenessenz-Therapie das Typmittel nach der beherrschenden negativen oder unvollständigen Eigenschaft bestimmt (was meiner Definition einer zentralen Handlungsessenz entspricht, wie später erklärt). Ein Weintrauben-Typ wäre also traditionell jemand, der besonders herrschsüchtig und rücksichtslos ist. Doch nach den Themenessenzen ist jemand mit dem Weintrauben-Thema liebevoll und hingebungsvoll.

Unsere Themenessenz ist also eine Essenz, die einem wichtigen, immer wiederkehrenden Thema oder Motiv unseres Lebens entspricht. Wir haben diese Eigenschaft überwiegend gemeistert, aber scheinen ständig an den letzten Feinheiten herumzufeilen. Zum Komplex unserer Themenessenz kehren wir immer wieder zurück, und im Laufe der Zeit bearbeiten wir ihn auf immer tieferen Ebenen. Das heißt, wir ziehen die Probleme an, die wir brauchen, um die entsprechenden Themen zu klären und zu lösen, damit wir endlich darin Perfektion erreichen — zumindest streben wir in diese Richtung.

Schauen wir uns noch einmal das Weintrauben-Thema an. Es könnte beispielsweise den frühen Verlust der Eltern oder eines guten Freundes anziehen. Der Betroffene ist gezwungen, sich nach der Bedeutung dieser Ereignisse zu fragen. Später löst vielleicht eine Scheidung das Bedürfnis aus, die Liebe auf einer noch tieferen Ebene zu begreifen. Vielleicht tritt auch immer wieder Einsamkeit auf. »Was will dieser Schmerz mich lehren?« fragt man sich. Bis diese Frage beantwortet werden kann, wird man mit entsprechenden äußeren Umständen konfrontiert, die einem immer wieder Gelegenheit zum Verstehen bieten. So zieht man wie ein Magnet durch das Bedürfnis, das wahre Wesen der Liebe zu erkennen, bestimmte Konfliktsituationen an. Das ist die Lektion der Weintraube.

Die Vollkommenheit, mit der wir unsere Themenessenz leben, ist ein Maßstab für unsere persönliche Entwicklung. Je mehr wir beispielsweise die Selbstkontrolle der Mandel zeigen, um so stärker drücken wir auch ihre perfekte Ausgewogenheit aus. Je höher unser Bewußtsein entwickelt ist, um so schwieriger wird es aber, eine Themenessenz zu bestimmen. Wir können dann sowohl die bedingungslose Liebe der Weintraube ausstrahlen wie auch den vollkommenen Frieden der Birne. An diesem Punkt verschmelzen alle Essenzen miteinander. Und so reifen wir mit Hilfe der Schwingungen und der Inspiration der Blütenessenzen.

Noch ein Hinweis: Da die Themenessenz mit der Persönlichkeit verbunden ist, wird sie durch persönlichkeitsverändernde Zustände wie Psychosen, Geisteskrankheiten, die Alzheimer-Krankheit oder psychotrope Drogen maskiert.

Beispiel für eine Themenessenz

Betrachten wir das Leben von Helen Keller und ihre Themenessenz. Sie wurde 1880 geboren und im Alter von neunzehn Monaten blind und taub. Mit Hilfe ihrer aufopfernden Lehrerin Anne Sullivan Macy lernte sie die Verbindung zwischen Objekten und Worten verstehen und erzielte mit zehn Jahren einen Durchbruch: Sie konnte sprechen! Mit vierundzwanzig schloß sie sehr erfolgreich ihr Studium ab.

Helen Keller verfaßte sechs Bücher und wurde Gegenstand mehrerer Filme und eines Bühnenstücks. Sie ist außerdem bekannt für ihre bedeutende Arbeit für den amerikanischen Blindenbund als Beraterin für internationale Beziehungen.

Auch ohne Erfahrung mit Themenessenzen kann man leicht erkennen, daß das Leben Helen Kellers von ungebrochener Tapferkeit, Kraft und der Bewältigung von Hindernissen geprägt war. Das sind die Kennzeichen der Tomaten-Essenz. Angesichts der enormen Behinderung ihrer Sinne, Fähigkeiten, die wir normalerweise als gegeben hinnehmen, rang sie immer wieder um die Beherrschung des gesprochenen und geschriebenen Wortes. Schon die Titel ihrer Bücher sprechen von ihrem Mut und ihrer ungebrochenen Willenskraft: »Optimismus« (1903), »Wege aus der Dunkelheit« (1913) und »Die offene Tür« (1957). »Das Leben«, sagte sie einmal, »ist entweder ein aufregendes Abenteuer — oder gar nichts.« Helen Kellers Leben ist tatsächlich das einer Kämpferin, und die Botschaft der Tomate kennzeichnet ihren Lebensweg.

Die Verbindung von Themenessenzen und Nahrungsmitteln

»Ich liebe richtige Kirschen, aber nicht die kandierten«, gestand mir einmal ein Kirsche-Typ. »Ich mag Mandeln und esse sie jeden Morgen zum Frühstück«, gab ein Mandel-Typ zu. »Wenn ich Ananas esse, genieße ich das immer sehr, besonders im Obstsalat — aber geht es nicht jedem so?« fragte mich ein Ananas-Typ.

Wir haben eine besondere Beziehung zu dem Nahrungsmittel, dem unsere Themenessenz entspricht. In meinen fast zwanzig Jahren als Beraterin habe ich mir angewöhnt, meine Klienten zu fragen, wie sie zu ihrer Themenessenz als Nahrungsmittel stehen. Allmählich hat sich ein Muster herausgeschält: Fünfundneunzig Prozent geben an, die Frucht oder das Gemüse, das ihrer Themenessenz entspricht, besonders zu mögen oder sogar heiß und innig zu lieben. Hier ein paar typische Aussagen:

»Oh, Tomaten — die liebe ich, besonders die dicken Fleischtomaten. Ich trage auch gern die Farbe, so ein richtig leuchtendes Tomatenrot.«

»Ich mag Kokosnüsse, auch wenn ich sie nicht oft esse. Aber besonders liebe ich Kokosmilch, vor allem frisch. Das ist total lecker!«

»Ich esse gern getrocknete und eingelegte Feigen — und frische

Feigen sind einfach ein Luxus. Die Feige ist für mich die Frucht der Könige.«
»Ich trage sogar Erdbeerparfüm und benutze Erdbeershampoo.«
»Ich lebe praktisch von Spargel«, meinte einmal jemand in meinem Kursus. »Macht mich das zu einem Spargel-Typ?«
Nun, offensichtlich arbeiten wir hier nur mit zwanzig Essenzen, und die Menschheit paßt sicher nicht in ein so begrenztes System. Doch es ist im Moment das, was wir haben. Daneben müssen wir aber unsere Themenessenz eindeutiger bestimmen als nur durch Heißhunger auf ein bestimmtes Nahrungsmittel. Das ist zweifelsohne ein wichtiger Hinweis, aber wie ein guter Detektiv sollte man mehr Beweise sammeln.

Die Bestimmung der Themenessenz

Manchmal können andere Menschen unsere Themenessenz deutlicher erkennen als wir selbst. Warum? Weil wir uns zu nahe sind. Abstand, Perspektive und Selbstdistanz sind nötig, um das eigene Thema zu entdecken.

Eine Freundin von mir, eine ausgezeichnete Blütentherapeutin, hielt sich immer für einen Brombeer-Typ. Sie empfand ihre Fähigkeit zu analytischem Denken und zu Introspektion als ihr stärkstes Thema. Doch sie joggte auch regelmäßig, war Yogalehrerin und Masseurin und probierte ständig neue Diäten, Fastenkuren und Vitaminpillen aus. Diese Frau, die man schon fast als Gesundheitsapostel bezeichnen konnte, hatte ganz eindeutig Apfel als Themenessenz.

Bei der Bestimmung der eigenen Themenessenz sollte man sich fragen: »Bin ich tatsächlich so besonders friedlich oder so gesundheitsbewußt?« Man kann sich auch Menschen suchen, die dem Typ entsprechen, den man bei sich vermutet, und prüfen, ob man mit ihrer Energie harmoniert.

Vor allem sollte man seiner Intuition vertrauen. Ein Ananas-Typ läßt sich auf einen Kilometer Entfernung von einem Birne-Typ unterscheiden — aber die Unterscheidung zwischen Ananas und Mais ist schon kniffliger. Achten Sie auf die Gefühle, die andere Menschen in Ihnen auslösen, um Ihr Thema zu bestimmen. Es ist eine Frage der Resonanz. Ein Birne-Typ fördert in Ihnen den inneren Frieden, und Ananas bestärkt Ihr angeborenes Selbstbewußtsein. Stimme und Augen geben ausgezeichnete Hinweise auf die Themenessenz, weil sie die innere Schwingung enthalten und nach außen geben.

Machen Sie die folgende Übung, um Ihre Themenessenz festzustellen. Nehmen Sie sich ein wenig Zeit, um (am besten schriftlich) die folgenden Fragen zu beantworten. Seien Sie bei der Beantwortung gleichzeitig gründlich und spontan. Die ersten Einfälle sind vermutlich die zuverlässigsten. Man kann diese Übung auch mit Angehörigen, Freunden und Klienten machen, um deren Themenessenz zu bestimmen.

1. Die Eigenschaften, die ich bei anderen am meisten bewundere
2. Die besonderen Eigenheiten meiner Persönlichkeit
3. Die Eigenschaften, die ich bei mir zu kultivieren versuche
4. Was mich an anderen Menschen wirklich stört
5. Drei Adjektive, mit denen ich meine Energie beschreiben würde
6. Wenn ich mein Leben frei bestimmen könnte, würde ich folgendes ändern
7. Bin ich gelassen? Gutherzig? Fröhlich? (Suchen Sie die Eigenschaft einer Themenessenz heraus, die Ihnen spontan einfällt.)
8. Habe ich manchmal Heißhunger auf Spinat, Weintrauben oder ein anderes Nahrungsmittel, dem eine Themenessenz entsprechen könnte?

Immer noch keine Klarheit gefunden? Hier ein kleines Spiel, das ich gern verwende, um meine detektivischen Fähigkeiten zu schärfen. Wenn Sie an der Supermarktkasse, beim Einchecken auf dem Flughafen oder beim Arzt lange warten müssen, beobachten Sie die anderen Leute. Studieren Sie sie, atmen Sie ihre Aura ein, versetzen Sie sich in sie hinein. Spinat-Typen scheinen ständig nach der Pointe im Leben zu suchen und sind sehr geradeheraus. Ananas-Typen ziehen immer Aufmerksamkeit an — auf sich selbst oder ihr Verhalten. Nehmen Sie sich Zeit — und bald werden Sie zum Experten!

»Ich will aber kein Mais-Typ sein, sondern viel lieber ein Pfirsich!« beschwerte sich ein Klient einmal am Ende einer Sitzung mit der lauten Stimme von Mais. »Ich bin wirklich kein Himbeer-Typ«, verkündete eine andere Frau. »Ich wäre viel lieber eine Erdbeere.« Was tun? Nun, niemand ist unfehlbar, auch der Therapeut nicht. Denken Sie aber daran, daß das Auffinden des eigenen Themas nicht so leicht ist wie bei anderen Menschen. Zweitens ist es völlig in Ordnung, ein Mais-Typ zu sein, denn jede Essenz hat ihre eigene Stärke und Schönheit. Beim Streben nach Vollkommenheit verschwinden die Unterschiede zwischen den einzelnen Definitionen ohnehin allmählich. Und wenn Sie nun wirklich lieber ein Pfirsich- als ein Mais-Typ wären — dann seien Sie doch einer! Themenessenzen sind nicht in Stein gehauen. Wir können jede Qualität anstreben, die wir besonders anziehend finden. Es ist auch völlig in Ordnung, sich einmal zu irren, denn es ist immer noch besser, etwas zu tun und zu scheitern, als es überhaupt nicht zu versuchen!

Zusätzlich zur Themenessenz haben einige Menschen ein Unterthema. Beispiele hierfür finden sich in den Kapiteln über die einzelnen Essenzen unter »Berühmte Persönlichkeiten«. Knapp gesagt ist ein Unterthema ein weniger herausragendes, aber immer noch sehr wichtiges Thema.

Übrigens haben Länder ebenfalls eine Persönlichkeit und daher ein Thema. In gewissem Ausmaß werden wir auch vom Temperament unserer Heimat geprägt. Das fröhliche, kindliche Amerika ist ein echter Spinat-Typ. Deutschland mit seiner Willenskraft ist ein Tomate-Typ, das sorglose Mexiko ein Kirsche-Typ und das hingebungsvoll liebende, leidenschaftliche Italien hat die Weintraube als Thema. Denken Sie bei der Planung Ihres nächsten Urlaubs einmal darüber nach!

(Was die Handlungsessenzen eines Landes angeht — wie wäre es mit Birne, dem Friedensbringer, in Zeiten von Krieg und Naturkatastrophen, Orange bei wirtschaftlicher Rezession, gefolgt von Ananas, um wieder innere Stärke und ein Gefühl von Überfluß herzustellen?)

Die Handlungsessenzen

Und nun zu den Handlungsessenzen. Erinnern Sie sich an den Vergleich mit der Literatur? Die Handlung entspricht dem Weg, den eine Geschichte nimmt, der zahlreiche Windungen aufweisen kann. Da Handlung Aktion, Bewegung und Energie bedeutet, verwenden wir Handlungsessenzen, wenn verschiedene Themen, Probleme oder Prüfungen auftauchen, die unsere ganze Aufmerksamkeit erfordern. Im Gegensatz zur Themenessenz achten wir hier auf die negativen Eigenschaften einer Essenz: Bei Nervosität etwa braucht man Birne, bei Unbescheidenheit Mandel, bei Starrköpfigkeit greift man zur Feige. Der Begriff »negativ« soll aber nichts Dunkles, Schlechtes oder Falsches bezeichnen. Er weist lediglich auf einen

Mangel hin, das Fehlen einer positiven Eigenschaft — wie bei einem Fotonegativ, bei dem Hell und Dunkel vertauscht sind. Handlungsessenzen sind eindeutig. Angst vor Erkältung? Apfel. Überarbeitung? Mandel. Wann immer man sich irgendwie unwohl fühlt, sucht man sich die Essenz aus, die einen in den natürlichen Zustand von Ausgewogenheit zurückbringt.

Handlungsessenzen fallen in zwei Kategorien: zentrale und periphere Essenzen. Eine zentrale Handlungsessenz ist eine Blütenessenz, die man dringend und immer wieder braucht. Unsere zentrale Handlungsessenz erscheint uns vielleicht zuweilen wie unsere Themenessenz, weil sie so stark vorherrscht und wir sie im Leben so oft brauchen. Der Unterschied zwischen den beiden ist, daß die zentrale Handlungsessenz durch das Fehlen der erwünschten Eigenschaft bestimmt wird, während die Themenessenz eine bereits bestehende positive Eigenschaft stärkt. Beide sind häufig und wiederholt angezeigt.

Denken Sie daran, daß auf der Ebene des Magnetismus Gegensätze sich anziehen. Das heißt in unserer neuen Terminologie, daß wir uns zu Freundschaften und Liebesbeziehungen mit Menschen hingezogen fühlen, deren Themenessenz unserer zentralen Handlungsessenz entspricht. Sarah ist zum Beispiel ein liebevoller Weintraube-Typ. Als Mutter von drei Kindern und mit zahlreichen freiwilligen Aufgaben ist ihre zentrale Handlungsessenz der energische Mais — die Themenessenz ihres Mannes. Sarah wird immer wieder von anderen Mais-Typen angezogen, da deren Mais-Energie ihr die fehlenden »Schwingungsvitamine« gibt.

Eine weitere typische Erscheinung ist die Verbindung zwischen zwei Themenessenzen, das Gefühl, »aus einem Holz geschnitzt« zu sein. Wir fühlen uns von Menschen mit der gleichen Themenessenz angezogen: Sie sind uns vertraut, wirken auf uns zugänglich, und wir fühlen uns wohl mit ihnen. Daher ist es stärkend und aufbauend, wenn wir uns mit anderen Menschen verbinden, die die gleiche Themenessenz haben. Dagegen hat es immer eine bestimmte Dynamik, wenn sich die Themenessenz mit der zentralen Handlungsessenz paart.

Nun zu den peripheren Handlungsessenzen: Dazu zählen die übrigen Essenzen, die von Zeit zu Zeit notwendig werden. »Mir ist heute so schwindlig. Ich brauche bestimmt Avocado.« »Ich verwickle mich immer tiefer in diesen Streit. Wo ist die Banane?« Periphere Handlungsessenzen manifestieren sich in der Regel nicht mit der gleichen Dringlichkeit und Eindeutigkeit wie die zentralen Handlungsessenzen. Sie sind mehr an der Oberfläche angesiedelt – peripher für unser Wesen. Der Unterschied zwischen einer zentralen und einer peripheren Essenz kann durch den Grad ihrer Intensität und Häufigkeit leicht erkannt werden. Aber es gibt stets auch Ausnahmen. Eine Birne ist vielleicht bei einem Unfall dringend angesagt, Salat hingegen bei starker emotionaler Erregung.

Beispiel für eine Handlungsessenz

Madeleine arbeitete in einem kleinen Touristenort in einem Souvenirladen. Sie stellte fest, daß sie ihren Kunden gegenüber oft ungeduldig und abschätzig reagierte. Nach einer Woche mit Dattel-Essenz, der Handlungsessenz, die bei unfreundlichen Menschen angesagt ist, berichtete sie, daß sie gereizter sei als jemals zuvor. Madeleine erlebte einen scheinbaren Rückschlag, als hätte die Essenz in die falsche Richtung gewirkt. Wir besprachen diese Wirkung und gelangten zu dem Schluß, daß nicht ihr Problem schlimmer, sondern ihr Bewußtsein schärfer geworden war. Das ist eine häufige Reaktion auf Blütenessenzen.

Zwei Tage später rief mich Madeleine wieder an. Ihr gereiztes, abschätziges Verhalten den Kunden gegenüber war verschwunden, und sie fühlte sich mehr denn je zuvor im reinen mit sich selbst.

Die Verbindung von Handlungsessenzen und Nahrungsmitteln

Sowohl bei den Themen- wie bei den Handlungsessenzen stellen wir eine Verbindung zwischen der Pflanze und entsprechenden Nahrungsmitteln fest. Der Unterschied ist nur, daß sich Handlungsessenzen weniger häufig in der Ernährung manifestieren als Themenessenzen und stärker mit bestimmten Ereignissen verbunden sind.

»In der Woche, als meine Scheidungsverhandlung anfing, habe ich nichts gegessen außer Orangen und Bananen.«

»Als ich in die Großstadt zog, entwickelte ich einen Heißhunger auf Tomaten.«

»Jedesmal, wenn ich im Büro einen anstrengenden Tag habe, geht es mir nach einem Spinatsalat wieder besser.«

»Mir ging das Medikament aus, das ich gegen eine Muskelentzün-

dung einnehmen mußte. Statt dessen aß ich Ananas — eine am Tag. Anschließend fühlte ich mich richtig kräftig, fit und gut drauf.«
»Ich habe Pfirsiche eigentlich nie recht gemocht, aber als meine Ehe in die Brüche ging, fing ich plötzlich an, sie in großen Mengen zu essen. Die ganze Zeit hatte ich immer nur an mich und meine Probleme gedacht, doch dann stellte ich fest, daß ich anfing, mich mehr für andere Menschen zu interessieren und ihnen mehr zuzuhören.«

DIE BESTIMMUNG DER HANDLUNGSESSENZ

Das ist ganz einfach. Vorbedingung ist, daß man in Kontakt mit seinen Gefühlen ist und seine Bedürfnisse zuverlässig einschätzen kann. Vor allem sollte man daran denken, daß wir negative Qualitäten ausfindig machen wollen, ohne uns aber mit ihnen zu identifizieren. Wie bestimmt man also eine Handlungsessenz? Wir beobachten den Unterschied zwischen dem, wie wir sind, und dem, wie wir sein möchten.

DAS GROSSE PARADOX

Da Sie nun mit den Grundlagen vertraut sind, möchte ich Ihnen noch eine kleine Besonderheit vorstellen: den seltenen Menschen, dessen Themen- und Handlungsessenz identisch sind. Das ist jemand, der die Stärken und Schwächen, die mit einer bestimmten Essenz verbunden sind, in gleicher Intensität ausdrückt.

Emma zum Beispiel hat den Apfel als Themenessenz wie auch als zentrale Handlungsessenz. Sie lehrt Hatha-Yoga, befolgt strikt eine ganz bestimmte, ausgewogene Diät und inspiriert andere aktiv, auf ihren psycho-physischen Zustand zu achten. Sie liegt aber auch ständig im Kampf mit irgendwelchen Symptomen, hat Angst, die familientypischen Krankheiten zu bekommen, und ist voller Zweifel, welche Therapie sie zur eigenen Heilung anwenden soll.

Jakob ist offensichtlich ein Feige-Typ, der diese Frucht auch als zentrale Handlungsessenz hat: Gutmütigkeit und Humor sind seine Feige-Themen auf der positiven Seite — und extremer Fanatismus und Starrheit in Gesundheitsdingen auf der negativen. Die Schwingung, die er ausstrahlt, ist in der Tat eine bunte Mischung: Er wirkt inspirierend mit seiner Stärke und Disziplin und stößt andere gleichzeitig eher ab, weil er ihnen damit ihre eigenen Schwächen so deutlich vor Augen führt.

Wenn man also nicht entscheiden kann, welche Themen- oder Handlungsessenz einem Klienten entspricht, handelt es sich vielleicht um ein und dieselbe Essenz.

»Tun« oder »Sein«

Handlungsessenzen werden also durch das Tun symbolisiert, Themenessenzen durch das reine Sein. Unsere Themenessenz ist der Rahmen, in den die Handlungsessenzen eingefügt werden. Die Themenessenz ist das Zuhause, Handlungsessenzen sind der Weg, den wir dorthin zurücklegen müssen.

Kommen wir noch einmal auf Madeleine zurück, ein Kokosnuß-Typ (wie wir im Verlauf der Konsultation herausfanden). Wir stellten fest, daß ihr Leben immer wieder Prüfungen aufwies, zu deren Bewältigung sie unaufhörlich und ständig Energie investieren mußte. Ihr inneres Wachstum beruhte auf den überbewußten Lösungen, die sie dabei fand. Die beharrliche Kokosnuß half ihr also, bei der Dattel als zentraler Handlungsessenz zu bleiben.

Woher wissen wir, welche Essenz wir zu einem bestimmten Zeitpunkt verwenden sollen — Handlungsessenz oder Themenessenz? Allgemein gilt, daß Handlungsessenzen bei negativen Zuständen wirken und Themenessenzen, wenn alles gut läuft, aber nicht gut genug — oder wenn bestimmte Probleme mit dem eigenen Thema auftauchen. Mit der Einnahme unserer Themenessenz gewinnen wir ein besonderes Gefühl von Trost und Vertrautheit, eine Art Heimatgefühl. Im Zweifelsfall sollte man also immer die Themenessenz nehmen.

Unsere Themenessenz ist unsere individuelle Art und Weise, unsere Göttlichkeit auszudrücken. Und durch das Ausdrücken dieser Qualität kehren wir zu unserer Göttlichkeit zurück. Man könnte auch sagen, daß die Blütenessenz die Qualität darstellt, die Themenessenz unser Ausdruck dieser Qualität ist und die Handlungsessenz unser Bedürfnis ausdrückt, diese bestimmte Eigenschaft zu verkörpern.

Doch machen Sie sich um die richtige Wahl der Essenz keine allzu großen Sorgen. Am besten probieren Sie verschiedene aus. Die Auswahl einer Blütenessenz ist längst nicht so schwerwiegend wie die Wahl eines Lebenspartners. Und selbst dabei hat uns Sokrates geraten, es nicht allzu schwer zu nehmen. »Heirate nur — wenn du eine gute Frau bekommst, wirst du glücklich, und mit einer schlechten wirst du zum Philosophen.«

THEMEN- UND HANDLUNGSESSENZEN

Blütenessenz	Positive Schwingungsenergie
Themenessenz	Unser positiver, dominierender Ausdruck dieser Energie
Unterthema	Untergeordneter positiver Ausdruck
Handlungsessenz	Unser Bedürfnis, diese bestimmte Eigenschaft auszudrücken
Zentrale Handlungsessenz	Häufig wiederkehrendes Bedürfnis, diese Eigenschaft auszudrücken
Periphere Handlungsessenz	Ein Bedürfnis, das man gelegentlich in bestimmten Situationen empfindet

KAPITEL NEUN

WIE MAN DIE ESSENZ-KAPITEL BENUTZT

»Wer Phantasie hat, aber nichts weiß, hat Flügel, aber keine Füße.«
Chinesisches Sprichwort

METAPHERN UND MAGIE

Eine Blütenessenz ist wie ein vielfach geschliffener Edelstein, und jede Facette stellt die verschiedenen Unterthemen eines großen Ganzen dar. Die Erdbeer-Essenz steht zum Beispiel für Würde. Probleme mit dem Selbstwertgefühl, der Reife und Haltung sind einige ihrer Facetten. Ich habe in den folgenden Kapiteln versucht, Dimensionen, Farben und Leben einer jeden Essenz einzufangen.

Die Essenz-Kapitel stellten für mich eine große Herausforderung dar, machten mir aber auch sehr viel Freude. Beim Schreiben habe ich mehr gelernt, als ich mit Worten ausdrücken könnte. Ich habe die Essenzen in literarische Form gebracht und zum ersten Mal ausführlich interpretiert. Außerdem habe ich versucht, ihnen sowohl Flügel wie Füße zu geben, damit sie mit dem Aufblühen Ihres eigenen Verständnisses schweben können. Statt sie in definitiven, umfassenden Aussagen darzustellen, die die Essenzen in kleine, begrenzte Schubladen einsperren würden, beschreibe ich sie zuweilen mit Metaphern, Geschichten, berühmten und berüchtigten Zitaten — wie die östliche Literatur es macht —, und lasse dabei Raum für ein weiteres Verständnis.

Chinesische Texte unterscheiden sich stark von denen des Abendlandes. Sie beinhalten stets eine bewußte Ambivalenz — die, so paradox das klingen mag, verdeutlichen soll, nicht verwirren. Statt eine Erfahrung in eine Definition zu übersetzen, gibt einem die östliche Beschreibung einer Heilkunst einen Vergleich, malt ein Bild oder erzählt eine Parabel. Nehmen wir zum Beispiel einen Akupunkturpunkt, dessen Name einen Felsen bezeichnet, der aus einem Fluß ragt und Schutz vor Wind bietet. Dieses Bild ist eine Metapher für einen Wendepunkt im Leben, eine Art Kreuzung, und bezieht sich auf Zeiten, in denen Entscheidungen getroffen werden müssen. Die nun folgenden Informationen sind das Resultat von fast zwei Jahrzehnten der Forschung. Ich hoffe, daß dieses Buch wie der Fels im Fluß einen Wendepunkt für Sie darstellt, den Beginn eines fortdauernden Stroms sich erweiternden Bewußtseins.

Aufbau der Essenz-Kapitel

Pflanze —Frucht —Heilkunde

Hier finden Sie eine Zeichnung der Blüte, den botanischen Namen der Pflanze, Informationen über Wachstum, Vorkommen und Ursprung der Pflanze. Aus allen Zeitaltern sind uns zahlreiche volkstümliche und naturheilkundliche Fakten über Pflanzen überliefert, die von einer Generation an die nächste weitergereicht wurden. Die der Menschheit eigene Weisheit hat diese gar nicht so geheimnisvollen Mythen formuliert und damit die Wahrheit über Bäume, Blumen und Früchte stets genau eingefangen. Hier finden sich auch Informationen über den Nährwert und die therapeutischen Eigenschaften der Pflanze.

Qualität —Botschaft —Disharmonien

Dieser Abschnitt befaßt sich mit der Haupteigenschaft der Essenz, der positiven Botschaft und dem Disharmoniemuster und bietet eine nützliche Zusammenfassung. Ziel ist eine kurze Einführung in die Essenz sowie ein Überblick.
Qualität: Das Grundwesen jeder Essenz in einem oder zwei Worten.
Botschaft: Die positive Wirkung der Essenz, die mit der vorhandenen Qualität in uns schwingt und sie dadurch verstärkt, die Schwingungskraft der Essenz.
Disharmonien: Hinweise auf das Bedürfnis nach einer bestimmten Essenz, negative Angewohnheiten, Schwächen oder Unausgewogenheiten, die immer wieder auftreten.
Die *Botschaft* ist die Qualität der Essenz, die uns mit den eigenen

inneren Quellen der Freude verbindet, während das *Disharmoniemuster* die eingefleischte Gewohnheit ist, die uns von dieser Freude trennt.

Position im Spektrum

Dieser kurze Abschnitt betrachtet die Position der Essenz innerhalb des Spektrums in Beziehung zu den vorangehenden und den folgenden Essenzen. Hier wird sowohl die Eigenheit der Essenz erklärt wie auch deren Verbindung zum größeren Rahmen der Quadranten und Hälften des Spektrums.

Positive Anwendungen

Eine ausführlichere Version der jeweiligen Botschaft einer Essenz. Dieser Abschnitt beschreibt den positiven Zustand der Essenz mit Geschichten, Zitaten und Anekdoten. Die *Botschaft*, die *positiven Anwendungen* und die *positiven Ausdrucksweisen* geben zusammen ein vollständiges Bild des positiven Essenz-Zustands.

Negative Indikationen

Dieser Teil des jeweiligen Kapitels gibt eine erweiterte Erklärung des Disharmoniemusters mit Beispielen, Zitaten und Originalaussagen von Betroffenen.

Die *Disharmonien*, die *negativen Indikationen* und die *negativen Zustände* geben insgesamt ein Bild des Bedürfnisses nach einer bestimmten Essenz von verschiedenen Blickwinkeln aus. Wenn diese Bilder ein wenig zu hart klingen, sollten wir uns in Erinnerung rufen, daß sie in Abstufungen vorkommen: Die Kritiksucht der Dattel kann sich sowohl als tiefste innere Unzufriedenheit wie auch als unfreundlicher Gedanke manifestieren. Denken Sie also daran, daß wir die negativen Eigenschaften identifizieren wollen, statt uns mit ihnen zu identifizieren.

Typische Eigenschaften als Themenessenz

Beim Durchlesen der nächsten drei Abschnitte der Essenz-Kapitel sollten Sie bei Bedarf im Kapitel »Themen- und Handlungsessenzen« nachschlagen. Ich habe in jedem Kapitel den Themenessenzen viel Raum gewidmet, weil das Konzept und die Terminologie für ein positives Typmittel neu und in der Welt der Blütentherapie praktisch unerforscht sind und weil das Verständnis dieser Themen einen wichtigen Teil der Arbeit mit Blütenessenzen ausmacht.

In diesem Abschnitt werden die physischen und psycho-emotionalen Eigenschaften eines jeden Typs beschrieben sowie die Ausstrahlung, die sie auf andere haben. Dabei werden zwar die positiven Eigenschaften erklärt, doch man sollte daran denken, daß wir auch die negative Seite unseres Themas ausdrücken können, wie etwa Herrschsucht bei der Traube oder Geistesabwesenheit bei der Avocado. Das bedeutet einfach nur, daß wir die Qualität unserer Themenessenz noch nicht perfektioniert haben. Die negativen Eigenschaften der Themenessenz sind identisch mit den Handlungsessenz-Indikationen und sind in den Abschnitten über Disharmonien, negative Indikationen und negative Zustände zu finden.

Berühmte Persönlichkeiten

Hier führe ich eine Reihe bekannter Persönlichkeiten auf, die den jeweiligen Typ verkörpern, wobei ich eine Person im Detail beschreibe. Die Liste umfaßt historische Persönlichkeiten, Präsidenten, Wissenschaftler, fiktive Gestalten, Helden, Heldinnen, Heilige, Weise, Filmstars, Rockstars und Sportler. Es war leider nicht möglich, die aufgeführten Menschen zu interviewen – da sie entweder nicht zur Verfügung standen oder schon lange verstorben sind –, daher habe ich ihr Persönlichkeitsprofil aus Literatur von ihnen oder über sie abgeleitet, manchmal auch aus beidem.

Bekenntnisse eines typischen Vertreters

Nach den Berühmtheiten füge ich diesen Abschnitt ein, den ich fast »Menschen wie du und ich« genannt hätte. Mit anderen Worten, wenn eine Essenz eine Stimme hätte, was würde sie sagen? Hier lesen Sie für jeden Essenz-Typ einen Bericht aus erster Hand. Abgesehen von ihrem einzigartigen Charme bringen diese Personen auch ihren eigenen Bewußtseinsstand mit ein. Ihre Berichte werfen ein Licht auf die lebenslange Beschäftigung mit den positiven wie den negativen Aspekten ihrer Themenessenz. Der Ananas-Typ beispielsweise spricht von einem Gefühl der Unsicherheit, obwohl er einen Eindruck von starker Selbsterkenntnis vermittelt. Mit diesen persönlichen Geschichten erhalten wir einen Blick aus der Vogelperspektive auf die Stärken und Ängste dieser Menschen.

Den interviewten Personen wurde erst anschließend mitgeteilt, welche Themenessenz sie haben. Im Verlauf des Interviews wurden ihnen ähnliche Fragen gestellt wie in dem Kapitel über Themen- und Handlungsessenzen unter dem Abschnitt: »Die Bestimmung der Themenessenz«.

ZUSAMMENFASSUNG

Anschließend an diesen Abschnitt folgt eine Zusammenfassung, in der die wichtigsten Punkte noch einmal dargestellt werden. Ich benutze diesen Abschnitt auch, um interessante Märchen und Legenden zu erwähnen oder um die Aussagen der Signaturenlehre zu beschreiben, die sich auf Blüte wie auch Frucht einer Pflanze oder eines Baums beziehen.

Diese Zusammenfassung beschreibt das Schwingungsporträt der Essenz. Wurde sie zuvor auseinandergenommen, so wird sie hier wieder zu einem Ganzen zusammengefügt.

GEGENSATZ- UND BEGLEITESSENZEN

Wenn zwei Menschen sich zusammentun, wird eine dritte Einheit geschaffen, die wir Beziehung nennen. Das ist auch der Fall, wenn zwei Blütenessenzen sich verbinden, und das wird in diesem Abschnitt erklärt. In der Spalte der Gegensatzessenzen werden jene Essenzen aufgeführt, die ähnlich und vergleichbar sind, manchmal sogar völlig identisch erscheinen. Es bestehen allerdings subtile, aber deutliche Unterschiede. Paradoxerweise geben diese Paare auch ausgezeichnete Begleitessenzen ab, wie sich in der zweiten Spalte zeigt. Begleitessenzen sind diejenigen, die sich besonders gut miteinander verbinden. Man könnte sagen, daß sie schwingungsmäßig Arm in Arm miteinander gehen und auch zeitlich in engem Abstand eingenommen werden können. Man kann mit der einen aufhören und gleich mit der nächsten beginnen.

Denken wir etwa an Tomate und Mandel. Diese beiden Essenzen stehen im Gegensatz zueinander. Die Mandel betrifft Selbstkontrolle bei der Bewältigung unbescheidener Gewohnheiten und Verhaltensweisen, während die Tomate hilft, gegen Süchte anzukämpfen und diese im Laufe der Zeit zu überwinden. Die Mandel verfolgt dabei eine völlig andere Strategie als die Tomate: Mandel hat innere Energie und ist nach oben gerichtet, während Tomate direkt und frontal angreift. Die beiden geben daher ausgezeichnete Begleitessenzen ab, denn sie befassen sich mit ähnlichen Themen. Wenn man sie kurz hintereinander nimmt, unterstützen sie sich gegenseitig in der Förderung von psycho-emotionaler Gesundheit und Kraft.

Positive Ausdrucksweisen

Hier finden wir die positiven Eigenschaften der jeweiligen Essenz, die wir aufweisen, wenn wir uns in Harmonie mit ihr verhalten — und damit in Harmonie mit unserem wahren Selbst. Dieser Teil, wie auch der folgende Abschnitt Negative Zustände, führt die Essenz-Eigenschaften als Adjektive auf.

Es fällt vermutlich auf, daß sich die Eigenschaften bei mehreren Essenzen überlappen. Mais wie auch Birne haben zum Beispiel die positive Eigenschaft der Bereitwilligkeit, aber mit leichtem Unterschied: Mais besitzt eine frei fließende, leicht zugängliche Energie, während bei Birne die Bereitwilligkeit aus gelösten Konflikten und/oder Widerständen erwächst.

Negative Zustände

Dieser Abschnitt überschneidet sich mit den Disharmonien zu Beginn des Kapitels. Was dort in Sätzen beschrieben wird, wird unter dieser Überschrift als Adjektive aufgeführt. Letzteres soll als Leitfaden dienen, als Mini-Register (ein vollständiges Register finden Sie am Ende des Buches).

Hier und im vorangegangenen Abschnitt gibt es einige Überlappungen mit den Beschreibungen unter Qualität, Botschaft und Disharmonien. Dort gebe ich vor allem einen Überblick über die Essenz als Einführung in das Kapitel, während die »negativen Zustände« und »positiven Ausdrucksweisen« für eine rasche Orientierung sorgen sollen.

Das Kapitel über die Weintraube beispielsweise führt zahlreiche negative Indikationen auf — die man aber in einem Buch dieses Umfangs nicht in allen Einzelheiten beschreiben kann. Einige Essenzen nehmen weniger Raum ein als andere, doch das ist kein Zeichen für ihre Bedeutung, sondern sie lassen sich einfach in weniger Worten beschreiben. Behalten wir auch im Auge, daß schon eine einzige Disharmonie Grund genug ist, die Essenz anzuwenden.

Verstärkung

Dieser Abschnitt zielt auf zwei Dinge ab: erstens unterstützende Maßnahmen für die Essenz aufzuführen und zweitens den Betroffenen selbst so ganzheitlich wie möglich zu unterstützen.

Statt nur die Essenzen viermal am Tag einzunehmen, sollte man mit den hier angegebenen Möglichkeiten experimentieren. Sie können einem helfen, besser auf die Themen zu achten, an denen man arbeitet. Handlungen wirken gleichzeitig auf Bewußtsein und Unterbewußtsein. Wir finden beispielsweise bei Pfirsich den Vorschlag, ehrenamtliche Aufgaben zu übernehmen oder sich um Kinder und Tiere zu kümmern. Je bewußter man mit den Essenzen arbeitet – statt zu erwarten, daß sie für einen oder statt einem arbeiten –, um so rascher und dramatischer stellen sich die Resultate ein.

Manche Menschen verwenden auch in ihrer Kleidung die Farbe der Essenz, die sie gerade verwenden, zum Beispiel Gelb für Banane und Blauviolett für Brombeere. Ebenso können Sie zur laufenden Erinnerung und Einstimmung das entsprechende Nahrungsmittel öfter verwenden. In Kapitel 37 sind dafür einige leckere Rezepte aufgeführt.

Zusätzlich sollten Sie vielleicht auch Zeit mit Themenessenz-Typen verbringen, die die von Ihnen genommene Essenz stark verkörpern. Diese lebendigen Verkörperungen einer bestimmten Essenz geben uns Beispiele für deren Botschaft. In Gegenwart eines Mais-Typs nehmen wir deren ungebrochene Energie in uns auf; die Freundlichkeit und Akzeptanz von Dattel-Typen wirkt ansteckend.

Außerdem sollten wir uns von unserem gesunden Menschenverstand leiten lassen. Einige Maßnahmen können ständig und in jedem Fall angewendet werden: ausgewogene Ernährung, ausreichend Ruhe und Bewegung für den Körper, eine positive Umgebung und ein Anti-Streß-Programm für die Seele, Meditation für den Geist. Diese Aktivitäten können alle Essenzen verstärken und sind daher nicht extra aufgeführt, es sei denn, sie wirken ganz besonders bei einer bestimmten Essenz.

Sie sollten außerdem regelmäßig die Kapitel derjenigen Essenzen lesen und studieren, die Sie gerade einnehmen, denn die Kapitel selbst sind mit der Schwingung der jeweiligen Essenz geschrieben. Wenn man zum Beispiel über die Kirsche nachliest, wird man tatsächlich fröhlicher, während das Avocado-Kapitel als geistiger Anspitzer wirkt.

Visualisierung

Visualisierungen nutzen die Fähigkeiten unserer Vorstellungskraft. Einige Menschen können das besser als andere, vielleicht weil sie stärker visuell orientiert sind. Dieser Abschnitt, eine Art visueller Affirmation, beschwört ein geistiges Bild herauf, das so lebendig und dramatisch wie möglich beschrieben wird. Es soll uns von den reinen Gedanken wegführen und helfen, ein Gefühl für die Essenz zu entwickeln.

Affirmation

Jede Essenz wird als eine Affirmation gedeutet. Versuchen Sie, diese zu sagen, wenn Sie die Tropfen einnehmen.

Das geheime Herz

Ich habe versucht, die folgenden zwanzig Kapitel aus dem geheimen Herzen einer jeden Essenz heraus zu schreiben. Wie ein Dolmetscher habe ich ihre einzigartigen Schwingungen ins Medium der Worte zu übertragen versucht. Zweifellos werden Sie in ihnen ein wenig von sich selbst entdecken, von Ihrer Familie, von Freunden und Klienten. Dabei sollten Sie sich aber nicht von Unzulänglichkeiten entmutigen lassen. Wir befinden uns alle auf dem Weg zur Selbstverwirklichung. In verschiedenen Stadien unseres Lebens treten verschiedene Essenzen in den Vordergrund. Mit der Zeit werden wir fähig sein, ihre strahlendschönen Qualitäten auszudrücken, und in diesem Prozeß selbst zu lebendigen Blüten werden.

Teil II

Kapitel zehn

Salat —
»Der Ruhestifter«

Lactuca compositae
(»Korbblütler, milchig«)

»Ich möchte mich herzlich für die Salat-Essenz bedanken. Bei meinen letzten Präsentationen war ich immer viel gelassener.«

J. H., Ft. Collins

»Ich habe die Salat-Essenz am Tag meiner Rede stündlich eingenommen und dann noch einmal kurz davor. Selbst vor einem Publikum von vierzig Personen blieb ich völlig gelassen. Ich war überrascht, wie entspannt ich war.«

S. W., North San Juan

»Meine Tochter weinte jede Nacht wegen ihrer Neurodermitis. Nach einem Tropfen Salat-Essenz schlief sie aber sofort wieder ein. Ich selbst habe einen Tropfen Salat-Essenz vor einem unangenehmen Arztbesuch genommen und fühlte mich sofort ruhiger.«

M. S., San Leandro

»Ich nehme Salat-Essenz, um mich vor dem Einschlafen zu entspannen, denn nach der Meditation abends bin ich oft zu aufgekratzt, um gleich einschlafen zu können. Ich benutze Salat auch, wenn sich aufregende Dinge bei anderen Menschen in meiner Umgebung ereignen.«

R. B., Bend

»Mein Sohn wird nachts immer noch oft wach, aber mit Salat-Essenz komme ich viel besser damit zurecht. Ich rege mich nicht mehr so auf wie früher.«

R. S., San Francisco

»Salat-Essenz gibt mir inneren Frieden — ein zentriertes Gefühl. Wenn man krank ist, geht einem rasch die Energie aus. Ich konnte meine Kräfte so besser zentrieren, und das hat mir bei der Trigeminus-Neuralgie sehr geholfen.«

C. S., Colfax

»Der Sturm ist vorbei, der Himmel klar,
und das Meer wie durch Zauber so ruhig und still,
daß keine Welle den glatten Spiegel durchbricht.«

Dryden

Pflanze – Frucht – Heilkunde

Salat ist wohl eines der ältesten Gemüse, denn man kannte ihn schon in der Antike. Angeblich stammt er entweder aus dem Nahen Osten, aus Sibirien oder dem Mittelmeerraum. Alle kultivierten Sorten leiten sich vermutlich von dem wilden, stacheligen Salat ab, einem asiatischen Unkraut. Salat gehört zur Familie der Korbblütler (Compositae). Wenn er schießt, produziert er einen blütentragenden Stengel mit kleinen hellgelben Blüten. Blattsalat ist nahrhafter als Kopfsalat, weil die Sonne jedes Blatt bescheinen kann. Er ist reich an Vitamin A und mit fünfundneunzig Prozent Wassergehalt sehr kalorienarm, daher gut zum Abnehmen. Salatsaft fördert guten Schlaf.

Qualität: Ruhe
Botschaft: Innere Gelassenheit, deutliche Kommunikationsfähigkeiten, freie kreative Ausdrucksfähigkeit, Erfolg, Entschiedenheit, Fähigkeit, die Wahrheit zu sagen, Konzentration.
Disharmonien: Unruhe, zu viele Gedanken auf einmal, Konzentrationsunfähigkeit, Erregbarkeit, Angstgefühle, Aufregung, Neigung zu Wut, Nervosität, Entscheidungsunfähigkeit, Verdrängungen, emotionale Blockaden, wiederholt sich häufig in Unterhaltungen.

Position im Spektrum

Salat hat seinen Platz im ersten Haus des ersten Quadranten. Er umfaßt die Eigenschaften des Frühlings und der Kindheit, den jugendlichen Überschwang und die Kälte des Winters, der in die Jahreszeit des Pflanzens und der Wiedergeburt übergeht. Es ist eine Zeit des Neuanfangs. Er ist auf der weiblichen Seite des Spektrums angesiedelt und besitzt eine gewisse Weichheit und Zartheit, eine Leichtigkeit und stille Innerlichkeit. (Man findet bei allen fünf Essenzen im ersten Quadranten eine gewisse Schlichtheit des Ausdrucks – einfach, ehrlich und offen.)

Positive Anwendungen

Der positive Salat-Zustand ist ein erfreulicher Anblick. Hier sehen wir das Segelboot der Persönlichkeit mit voller Kraft voraus auf kreative Projekte zusteuern, sei es Schreiben, Malen, Töpfern oder Kalligraphie. Bei den darstellenden Künsten führt der positive Salatzustand über die feine Grenze zwischen dem tatsächlichen kreativen Prozeß und der Vorstellung vor einem Publikum. So beobachten wir das Verschwinden des schlimmsten Dilemmas eines darstellenden Künstlers — des Lampenfiebers. »Ob ich den Leuten gefalle? Wird meine Arbeit, die den Kern meines Selbst repräsentiert, akzeptiert?«

Salat bietet aber auch das Gegenmittel für Unentschlossenheit — innere Sicherheit. Ohne Angst, Furcht und Abhängigkeit vom Ergebnis einer Entscheidung wird man zu einem Menschen mit sechstem Sinn und dem Wissen — oder der Fähigkeit, dieses zu erlangen —, mit dem sich fast alle Probleme lösen lassen.

Auf einer anderen Ebene manifestiert sich die höchste Stufe des Salats als ein ruhiger Geist. Ein großer Heiliger Südindiens, Thayumanavar, drückte dies sehr poetisch aus:

> *Man kann einen verrückten Elefanten unter Kontrolle bringen*
> *und das Maul eines Bären oder Tigers stopfen,*
> *den Löwen reiten und mit der Kobra spielen,*
> *und mit Alchemie sein Brot verdienen.*
> *Man kann inkognito durchs Universum wandeln*
> *und die Götter zu Vasallen machen, auf immer jung sein,*
> *auf Wasser gehen und in Feuer leben.*
> *Aber den Geist zu beherrschen ist besser – und viel schwieriger.*[8]

Im positiven Salat-Zustand können wir für uns selbst einstehen, wenn wir uns schlecht behandelt fühlen, statt es hinunterzuschlucken. Allzuoft schafft die Verdrängung Groll und Wut, die sich dann später in einem Ausbruch Luft schaffen. Verdrängung ist auch die Ursache für schneidende Bemerkungen bei scheinbar geringfügigen Anlässen. Es ist besser, frei heraus zu reagieren und Probleme im positiven Salat-Zustand durch einfache, klare Kommunikation im Keim zu ersticken. »Du weißt, Sohn, daß es besser ist, zu fragen, ehe du das Auto nimmst, weil deine Mutter oder ich es vielleicht brauchen.« »Deine Bemerkung über meine Haare hat mich richtig verletzt. Kannst du mir sagen, wie du das gemeint hast?«

Negative Indikationen

Der negative Salat-Zustand manifestiert sich ähnlich wie Pferde, die durchgehen: als ein Verstand voller widersprüchlicher Gedanken, die gleichzeitig in völlig verschiedene Richtungen drängen, oder voller Emotionen, die uns schaden, besonders Wut. Wut ist vermutlich die destruktivste aller menschlichen Emotionen. Sie soll tatsächlich Gehirnzellen zerstören, ganz zu schweigen von der starken Erregung in jedem Organ. Ein wütender Mensch atmet verkrampft, und jeder Versuch, dem Körper Sauerstoff zuzuführen, scheitert. Wenn man wütend ist, sollte man besser nichts essen, denn der Stoffwechsel ist mit schädlichen Giften belastet, die Verdauungsbeschwerden verursachen.

»Ich bin überzeugt, daß Salat meine Ehe gerettet hat«, schrieb Simon. »Ich war drauf und dran, meine Frau zu schlagen, aber dann habe ich Salat-Essenz eingenommen und mich sofort wieder beruhigt.«

Unruhige Gedanken und Gefühle kann man mit dem Bodensatz vergleichen, den man in einem Teich aufwühlt. In einem solchen Zustand ist es unmöglich, Entscheidungen zu treffen. Menschen im negativen Salat-Zustand können, auch wenn sie viel wissen und intuitiv sind, kaum die einfachsten Entscheidungen treffen. Aus diesem Grund suchen sie Rat bei anderen und machen vielleicht eine teure Therapie. Vielleicht stellen sie auch die Geduld ihrer Freunde auf die Probe, indem sie ständig zwischen zwei Entscheidungen schwanken und schließlich kraftlos erschlaffen, während die Fragen immer noch ungelöst sind.

Was kann man mit einem Verstand anfangen, der einem nicht mehr zu gehorchen scheint? Im negativen Salat-Zustand, der durch erregte Gedanken und Gefühle gekennzeichnet ist, ist Erfolg praktisch unmöglich. Ohne Konzentration lassen sich auch die leichtesten Ziele nicht verwirklichen, und Konzentration ist eine Folge von Gelassenheit.

Salat als Themenessenz

Salat-Typen haben oft eine sanfte Stimme mit einem in sich gekehrten Tonfall, so als würde jemand aus weiter Ferne sprechen — fast wie mit einem leisen Echo. Sie wirken innerlich zentriert und zurückgezogen. Diese Menschen sprechen ihre Wahrheit aus, wenn auch nicht mit der Unverblümtheit der Brombeere.

Wie der Wind berühren Salat-Typen das Leben vieler Menschen und sind von daher sehr einflußreich, wenn auch auf kaum bemerkbare Art und Weise. Sie besitzen große Charakterstärke. Sie treten für ihre Überzeugungen ein und drücken sie deutlich aus. Auf ihre eigene stille Weise schaffen sie es, daß sich Menschen in ihrer Gegenwart wohl fühlen. In ihrem Magnetfeld fühlt man sich entspannt, ruhig und voller Energie.

BERÜHMTE SALAT-PERSÖNLICHKEITEN:

Henry David Thoreau
Ben Kingsley
Denzel Washington
Madeleine L' Engle
Walt Whitman
Stephen Foster
Johanna von Orléans
Albert Schweitzer
Kabir
Lao-Tse

Henry David Thoreau (1817–1862) war der Sohn eines Bleistiftherstellers und Gärtner seines einflußreichen Freundes Ralph Waldo Emerson. Thoreaus berühmte Abhandlung über zivilen Ungehorsam zeigt einen Salat-Typ, der seine Wahrheit ausspricht. Diese Arbeit brachte in unruhigen Zeiten Ruhe in ein problematisches Gebiet: ungerechte Gesetze, die individuelle Rechte verletzen, wie zum Beispiel die Sklaverei. Am bekanntesten ist sein Buch »Walden«, in dem er über das Göttliche in der Natur schreibt, das dem menschlichen Geist Frieden schenken kann. Er verbrachte zwei Jahre am Walden Pond in Massachusetts und labte sich am beruhigenden Einfluß der Natur als ein Mann, der bewußt »das Mark des Lebens aussaugen« wollte. Sein Leben war ein Zeugnis für die stille Erfüllung des Salat-Typs. Im Einklang mit seinen eigenen Schriften schuf er für sich ein Leben in Harmonie mit den universalen Naturgesetzen. Sein Beispiel und seine Arbeit haben andere Reformer wie Gandhi, Tolstoi und Martin Luther King jr. beeinflußt.

BEKENNTNISSE EINES SALAT-TYPS: ROSALYN

»Meine Kindheit war recht traditionell — Mittlerer Westen, Mittelklasse, Mama und Papa, vier Kinder. Wir fuhren jedes Jahr in Urlaub, aber wir standen einander nicht richtig nahe. Es war durchschnittlich, würde ich sagen. Ich war eigentlich ganz glücklich. Wenn ich darauf zurückblicke, hatten wir ein Leben, in dem nichts Besonderes vorkam. Es war eine ganz herkömmliche Familie.

Ich leite ein kleines Gesundheitszentrum. Mir gefällt meine Arbeit, weil ich ein ziemlich intellektueller Mensch mit viel geistiger Energie bin, der immer denkt. Und ich gebe mir Mühe, meine Gedanken zu beruhigen.

Ich bin nicht sehr emotional, eigentlich ziemlich stabil. Wenn ich emotional werde, neige ich dazu, es in mir zu verschließen. Dann bin ich innerlich total sauer, lasse es aber nicht heraus. Ob ich ruhig bin? Im allgemeinen ja.

Ich mag Salat sehr gern, besonders im Sandwich — das schmeckt so schön knackig. Ich mag kein Sandwich ohne Salat und esse alle möglichen Salate gern, solange sie nur knackig sind.«

ZUSAMMENFASSUNG

Salat bietet uns die Erfahrung von Kraft, Ganzheit und Ausgewogenheit durch die schlichte Eigenschaft der Ruhe. Als das Thema der Ruhe einmal in einem meiner Kurse auftauchte, warf ein älterer Herr dazwischen: »Entschuldigen Sie, aber das verstehe ich nicht. Wie kann man gleichzeitig ruhig sein und Energie haben?« Hier heißt es aufpassen, denn Ruhe ist nicht gleichbedeutend mit Faulheit. Faulheit deutet auf einen Mangel an Energie hin, während echte Gelassenheit auf reichlich Energie hinweist. Reine Energie ist immer ruhig, wenn sie konzentriert wird.

Mit dieser Gelassenheit des Geistes und damit auch des Körpers können wir uns allen Herausforderungen des Lebens stellen, den kleinen wie den großen, erfüllende Beziehungen durch klare Kommunikation erschaffen und unser kreatives Potential in unserer einzigartigen Weise ausdrücken.

Gegensatz- und Begleitessenzen

Salat	Gegensatz	Begleiter
Mandel	für Ruhe durch Beherrschung der Sinne	Selbstzentriert, kennt die Bedingungen für Ausgewogenheit
Banane	für Ruhe durch Distanz zu Problemen	Beobachter des eigenen Lebens, sich nicht in negativen Emotionen verfangen
Brombeere	bei negativen, kritischen Gedanken	klare Unterscheidungsfähigkeit eines gelassenen Verstandes
Birne	für allgemeines Wohlbefinden	um die Ruhe auf tieferen Ebenen zu verstärken
Tomate	für Ängste bekannten und unbekannten Ursprungs (mit Ausnahme von Lampenfieber)	für »Ruhe in der Schlacht«

Positive Ausdrucksweisen

Klar
Kreativ
Sicher
Klare Kommunikation
Ruhig
Zurückhaltend
Erfolgreich
Entschieden
Fähig, die eigene Wahrheit zu sagen
Konzentriert
Gesunde zwischenmenschliche Beziehungen
Vertrauen auf innere Führung
Emotional belastbar und stabil
Geduldig
Tolerant

Negative Zustände

Unruhig
Emotional blockiert
Ratsuchend
Zerstreut
Schwankend
Unentschieden
Konzentrationsunfähig
Wiederholt Fehler
Leicht erregbar
Beunruhigende Gefühle
Wütend
Nervös
Neigung zu Lampenfieber
Unterdrückte Gefühle
Verwirrt

Verstärkung

Machen Sie folgende Übung: Einatmen, den Atem anhalten und ausatmen, dabei jedesmal bis zehn zählen. Allmählich bis auf fünfundzwanzig steigern.
Meditieren Sie.
Verbringen Sie einige Zeit alleine.
Schaffen Sie abends eine friedliche, einladende Atmosphäre, zum Beispiel mit leiser Musik, Kerzen, einem anregenden Buch mit Zitaten oder Sprüchen.
Nehmen Sie sich Zeit, eine kreative Tätigkeit zu beginnen, die Sie immer schon gerne aufnehmen wollten.

Visualisierung

Stell dir vor, du bist in einer Umgebung, die reine Gelassenheit ausstrahlt. Es ist ein ruhiger, sonniger Frühlingsmorgen, und du sitzt auf einer Bank an einem stillen Teich. Das Wasser, ein Spiegelbild absoluter Ruhe, ist weder trüb noch klar. Als erstes fällt die völlige Windstille auf, wodurch die wilden Blumen und die klaren Umrisse des nahen Wiesenhangs wie ein Stilleben erscheinen. Überall ist Farbe, die sich in Tausenden von Grüntönen unter den nackten Füßen bricht.

Nun verschmilzt du mit dieser Szene, dein Körper löst sich auf und fließt in die Umgebung ein. Durch einen kreativen Willensakt bringst du nun Bewegung in dieses pastellfarbene Stilleben, wie ein Komponist verschiedene Bewegungen in eine Symphonie einbringen würde — doch gleichzeitig behalte das Gefühl von absoluter Ruhe bei. Ein Vogel schwebt am Himmel, der leise Schlag seiner Flügel durchschwirrt die Luft. Ein kleiner Fisch steckt seinen Kopf aus der ruhigen Wasserfläche, so daß sie sich nun vielfach kräuselt.

Bewegung ohne Unruhe ist ein Lied ohne eine einzige überflüssige Note. Das ist dein Selbstporträt, gemalt mit den Pinselstrichen der Gelassenheit.

AFFIRMATION

Ich bin ruhig, ich bin frei. In ungestörter Stille finde ich mein wahres Zuhause.

Kapitel elf

Kokosnuss —
»Der Muntermacher«

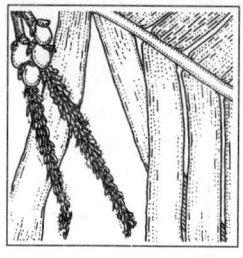

Cocos nucifera
(»Der nußtragende
Affe«)

»Ich wurde heute morgen wach und sagte mir: ›Jetzt reicht's. Kein Streß mehr. Geh nicht zur Arbeit.‹ Ich habe mich krank gemeldet. Dann nahm ich Kokosnuß-Essenz und spürte, wie sich meine Laune besserte. Vorher hatte ich das Gefühl, mein Job und die ganze Welt seien einfach zuviel für mich. Kokosnuß-Essenz half mir aus der Verzweiflung heraus, die sich durch Überarbeitung eingestellt hatte. Ich gewann ein Gefühl von Gelassenheit, ein Vertrauen, daß das Leben sich um mich kümmert.«

K. A., *Palo Alto*

»Ich nahm einen Tropfen Kokosnuß-Essenz am Küchentisch ein. Als ich zum Kühlschrank ging, fühlte ich mich viel größer. Das ist kaum zu glauben, denn ich bin bereits ein Meter fünfundachtzig. Die nächsten drei Wochen lang fühlte ich mich geradezu euphorisch.«

C. H., *Los Altos*

»Mit Kokosnuß-Essenz wurden die Hindernisse in meinem Leben zu Spielen, die ich leicht gewinnen konnte.«

S. N., *Charlotte*

»Die Kokosnuß war wirklich erstaunlich. Wenn ein Mittel bei mir wirkt, dann spüre ich das sofort. Mein Rückgrat richtete sich auf. Es stellte sich ein Gefühl ein, daß mich nichts mehr schrecken könnte. Ich merkte, wie meine Stimme im Gegensatz zu meiner normalen Furchtsamkeit viel kräftiger klang. Jetzt reagiere ich immer frei heraus, statt Themen zu meiden. Ich fühle mich irgendwie größer.«

N. L., *London*

»Mein Mann ist ein anderer Mensch geworden, seit er Kokosnuß-Essenz nimmt. Er befaßt sich tatsächlich mit seinen Problemen — und er nimmt seine Tropfen gern ein.«

G. R., *Medford*

»Unsere Menschlichkeit wäre armselig ohne die Göttlichkeit,
die sich in uns regt.«

Bacon

Pflanze – Frucht – Heilkunde

Der »nußtragende Affe« heißt vermutlich so, weil die reife Kokosnuß einem Affenkopf ähnelt. Die Kokospalme stammt vermutlich vom malayischen Archipel. Heute wächst sie an den Stränden vieler tropischer Länder. Sie wird bis zu dreißig Meter hoch und trägt an die achtzig Jahre lang ihre Früchte. Kokospalmen brauchen andere zur Befruchtung, denn die männlichen und weiblichen Blüten reifen nicht zur gleichen Zeit. Die Kokosnuß ist eine große, einsamige Frucht. Eine Faserhülle umschließt die braune, harte Schale. Kokospüree enthält siebzig Prozent Fett und ist reich an Eisen und Kalium. In der chemischen Zusammensetzung ist sie der Muttermilch ähnlich und stellt von daher eine vollständige Eiweißnahrung dar. Kokospüree wird zur Behandlung von grauem Star und Pilzinfektionen verwendet.

Qualität: Innerer Auftrieb
Botschaft: Ausdauer, Beharrlichkeit, starke, stetige Energie, Entschlossenheit trotz Rückschlägen; Aufgaben zu Ende führen, lösungsorientiert handeln; Herausforderungen begrüßen, bereit sein, den nächsten Schritt zu tun; sein Potential voll ausleben
Disharmonien: Mangel an Ausdauer, sprunghaftes, ausweichendes Verhalten; problemorientiertes Handeln; ist leicht zu erschüttern und greift nach jedem rettenden Strohhalm; ist unfähig, seine ganze Energie in die Dinge zu stecken, und sucht ständig Vorwände

Position im Spektrum

Die Kokosnuß, die im zweiten Haus des ersten Quadranten ihren Platz hat, ist der natürliche Nachfolger des Salats. Salat gibt uns einen klaren Geist, der von seiner Unruhe und erregten Emotionen befreit ist. Nun bringen wir den Geist eine Oktave höher, zum Überbewußten, das »oberhalb des Bewußtseins« angesiedelt ist. Probleme existieren auf der Ebene des Bewußtseins, ihre Lösungen auf der des Überbewußten.

Kokosnuß repräsentiert die milchige Weichheit der weiblichen Hälfte des Spektrums wie auch die Frische des ersten Quadranten.

POSITIVE ANWENDUNGEN

Die Kokospalme braucht etwa zwanzig Jahre, um zur vollen Fruchtbarkeit heranzuwachsen — ein perfektes Symbol für die Qualität der Ausdauer bei dieser Essenz. »Mit Geduld und Ausdauer erreicht man alles«, meinte die heilige Theresa von Avila. Kokosnuß hilft uns, Entschlüsse zu fassen und uns daran zu halten und an Lösungen zu glauben.

Der positive Kokosnuß-Zustand ist perfekt, um eine Sache abzuschließen. Wir leben in einem Zeitalter, in dem ein Versprechen nicht mehr viel gilt. Wir machen immer wieder Zusagen und brechen sie. Wir fangen ein Projekt an und brechen es kurz darauf ab. In einem neueren Broadway-Stück gesteht die Heldin ihrem Freund, sie sei schon einmal verheiratet gewesen. »Wie lange?« fragt dieser. »Ich weiß es nicht«, erwidert sie, »aber es kam mir vor wie endlose Wochen.« Das ist natürlich ein Scherz, aber ein trauriger, der einen Mangel an Bereitschaft zu Verpflichtung verrät — und auf die ausgesprochene Notwendigkeit von Kokosnuß-Essenz hindeutet.

Ein Mensch, der die positive Botschaft der Kokosnuß lebt, steht Herausforderungen immer bis zum Ende durch, gleichgültig, wie unbequem oder schwierig der Weg auch sein mag. Der Dichter Robert Frost formulierte das so: »Der beste Weg hinaus führt immer mitten hindurch.« Wenn man Verantwortung für seine Worte und Taten übernimmt, entwickelt man damit große Charakterstärke.

Ich hatte vor einigen Jahren einmal die Gelegenheit, die volle Wirkung der Kokosnuß persönlich zu erfahren. Ich saß beim Zahnarzt und wartete auf eine Wurzelbehandlung. Da ich schon einmal eine solche Behandlung erlebt hatte, wußte ich, was mir bevorstand: ziemliche Schmerzen und etwa eine Woche Unannehmlichkeiten bei der Heilung — oder noch schlimmer. In Erinnerung an die vorige Behandlung sammelten sich Schweißtropfen auf meiner Oberlippe. »Ich kann doch einfach aufstehen und gehen«, dachte ich plötzlich fröhlich und feige. Aber nein, ich saß in der Falle. Es gab keinen Ausweg aus dieser mißlichen Lage, außer, wie es eine Freundin einmal formulierte, »durch die unangenehme Mitte«.

Dann fiel mir das Fläschchen Kokosnuß-Essenz in meiner Handtasche ein, und ich nahm einen Tropfen davon unter die Zunge. Mein Zustand änderte sich sofort. Ja, Angst hatte ich immer noch — aber ich war auch noch da. Etwas hatte sich subtil verändert: Ich hatte mich besser im Griff. Es war, als hätte ich mich an den Schultern gerüttelt und gesagt: »Du mußt da jetzt einfach durch. Du weißt vom letzten Mal, daß es vermutlich weh tut. Aber du weißt auch, daß das wieder aufhört.«

Kokosnuß ist die Antwort, wenn wir wanken und uns einer Verpflichtung entziehen wollen. Diese Essenz wird am besten durch einen Athleten repräsentiert, der niemals aufgibt und sich nach jeder Niederlage wieder aufrappelt. Er versucht es immer und immer wieder. »Nicht nur sportliches Talent macht einen Menschen zum Sieger«, schrieb John Anderson in einem Artikel mit dem Titel: »Wie wird man zum Olympiasieger?«[9] Als Antwort auf seine Frage führt Anderson mehrere Eigenschaften auf: Man braucht eine Vision, starke Willenskraft und Energie, die Fähigkeit, immer wieder neu anzufangen und trotz Rückschlägen nie aufzugeben, den Glauben, seines Glückes eigener Schmied zu sein und nach den Sternen greifen zu können, und Alternativen bei Niederlagen und in erfolglosen Zeiten. Kurz gesagt, die Qualitäten der Kokosnuß.

Olympiasieger werden nicht nur zu Siegern, weil sie sportlich begabt sind, sondern wegen ihrer großen inneren Kraft. Echte Gewinner im Sport, im Geschäftsleben und in der Schule sind Menschen, bei denen ein Scheitern nur den Wunsch bestärkt, weiterzumachen. Trotz aller Rückschläge bei einer Sache zu bleiben lehrt uns, wie wichtig Ausdauer ist. Eine Art innerer Dynamo hält die Olympioniken bei der Stange, nicht einfach nur die Aussicht auf eine Medaille, sondern die Befriedigung, gegen alle Chancen etwas Schwieriges zu schaffen. Es ist immer die gleiche Anstrengung, ob es sich nun um ein Wettrennen handelt, eine Mathematikaufgabe oder einen Firmenbericht.

Die folgenden inspirierenden Worte von Olympiateilnehmern fassen den positiven Kokosnuß-Zustand gut zusammen:

»*Natürlich haben wir eine Menge Druck, aber das macht einen nur stärker.*«
Espen Bredesen, norwegischer Skispringer

»*Diesmal ist es etwas, das ich schaffen kann, nicht weil ich es muß. Es ist einfach meine Natur, immer nur Gold anzustreben.*«
Cathy Turner, amerikanische Eisschnelläuferin

Wenn wir die Kokosnuß symbolisch betrachten — mit ihrer harten Schale als dem Körper, dem festen Fleisch als dem Geist und der süßen Milch als der Seele —, finden wir eine perfekte Metapher für die Schwingungsbotschaft des positiven Kokosnuß-Zustandes: Integration. »Eine harte Nuß« — doch die Kokosnuß belohnt unsere Anstrengungen mit dem Überbewußtsein.

Negative Indikationen

Defätismus ist die stärkste negative Eigenschaft der Kokosnuß. Ihre Lösung dafür lautet schlicht und einfach: Nicht aufgeben. Bei dieser Essenz geht es nicht um den Selbstzweifel der Erdbeere oder den Mangel an Selbstvertrauen der Ananas, sondern um einen Mangel an zielgerichteter Energie. Die bewußte Entscheidung, einfach aufzugeben oder, schlimmer noch, gar nicht erst anzufangen, zeigt den negativen Kokosnuß-Zustand. W. C. Fields riet einmal scherzhaft: »Wenn man beim ersten Mal keinen Erfolg hat, versucht man es noch einmal. Dann gibt man auf. Es hat keinen Sinn, sich zum Narren zu machen.« Das ist eindeutig ein Fall für die Kokosnuß.

Der negative Kokosnuß-Zustand manifestiert sich im Aufschieben, in Vorwänden, in Lustlosigkeit oder in anderen Ausflüchten, um etwas nicht zu erledigen. »Mein Mann hatte die Reparatur unserer Möbel so lange schon hinausgeschoben (etwa ein Jahr lang), daß ich es schließlich aufgab, ihn zu bitten«, schrieb Darlene. »Dann fiel mir die Kokosnuß ein. Sie sollten jetzt mal unser Wohnzimmer sehen! Ich bin so stolz darauf, daß ich es jedem zeige.«

Kokosnuß sagt uns, daß jede Frage eine Antwort hat, jedes Problem eine Lösung und daß am Ende eines jeden Regenbogens ein Topf Gold vergraben ist. Aber erst aus dem Kleingedruckten erfahren wir, daß man das Gold nicht ganz so leicht findet, wie wir vielleicht denken — nicht wie bei einem Lottogewinn! Glück »bis ans Ende aller Tage« bezieht sich nicht auf die äußere Wirklichkeit, sondern auf den inneren Kokosnuß-Zustand der Selbstverwandlung.

Kokosnuss als Themenessenz

Kokosnuß-Typen zeigen bei der Bewältigung von Herausforderungen große Geduld und Ausdauer. Sie bleiben an einer Arbeitsstelle, auch wenn die Bedingungen ungünstig sind, wenn sie kein echtes Interesse an der Arbeit haben, wenn Kollegen oder Vorgesetzte schwierig sind, das Einkommen ungenügend oder die Arbeitsbedingungen schlecht sind. Aufgrund dieser Eigenschaft, eine Sache bis zum Ende durchzustehen, wirken sie inspirierend auf andere, denn sie sind entschlossen, immer alles zu lösen.

Kokosnuß-Typen sind mehr als nur geborene Optimisten: Jede Zelle ihres Körpers ist einer höheren Wahrheit verpflichtet. Sie wissen instinktiv, daß es auch für anscheinend unlösbare Probleme jede Menge Lösungen gibt. Dieses innere Wissen bildet den Hintergrund für ihre erstaunliche Ausdauer.

Eine typische körperliche Eigenart der Kokosnuß-Typen ist ihr kräftiger Knochenbau, ganz unabhängig von ihrem Körpergewicht. Geistig ist die Eigenschaft der Ausdauer vorherrschend. Ihre Wirkung auf andere besteht oft aus einer Mischung aus Ermutigung und Hartnäckigkeit, die uns wortlos ermuntert: »Wenn ich es kann, kannst du es auch.«

Berühmte Kokosnuss-Persönlichkeiten

Arthur Ashe
Cathy Turner
Espen Bredesen
Jacques Cousteau
Larry Bird
Ludwig van Beethoven
Marcus Tullius Cicero
Sri Ramakrishna
Plotinus

Arthur Ashe ist ein beeindruckender Vertreter des Kokosnuß-Typs. Er war der erste schwarze Wimbledon-Sieger, aber das war nur eine seiner geringeren Leistungen. Er setzte sich für mehr Gerechtigkeit für seine schwarzen Mitbürger ein und stellte sich aktiv gegen die Apartheid in Südafrika. Anfang der neunziger Jahre nahm er an einer Demonstration teil, mit der gegen die Behandlung von politischen Flüchtlingen aus Haiti durch die Regierung protestiert wurde. Seine Versuche, die psychologischen Folgen der Sklaverei auszulöschen, zeigen Hartnäckigkeit und Ausdauer, die typischen Fähigkeiten der

Kokosnuß. Denn die Sklaverei ist zwar offiziell schon lange Zeit abgeschafft, doch die rassischen Vorurteile haben sich bis auf den heutigen Tag gehalten.

Seine schwerste Prüfung war wohl seine Entscheidung, mit der Nachricht an die Öffentlichkeit zu treten, daß er sich bei einer Bluttransfusion während einer Herzoperation den HIV-Virus zugezogen hatte. Ashe war immer eine Verkörperung von Kraft — in seinem Kampf gegen AIDS wie auch gegen seine Gegner auf dem Tennisplatz. Er fragte nie:»Warum gerade ich?« Für ihn waren die Leiden der Krankheit wie auch die Probleme auf dem Tennisplatz nur Gelegenheiten für spirituelles Wachstum. Arthur Ashe, ein Held im wahrsten Sinne des Wortes, inspirierte seine Familie, Freunde und zahllose Fans mit seinem Leben wie mit seinem Tod. Er starb 1993, kaum Mitte Vierzig.

Bekenntnisse eines Kokosnuss-Typs: Lorena

»Ich hatte wirklich eine sehr erlebnisreiche Kindheit, und ich habe schon einmal daran gedacht, darüber zu schreiben. Meine Eltern lebten bei meiner Geburt bereits getrennt. Sie wurden geschieden, als ich zwei war, und ich habe meinen Vater erst mit fünfundzwanzig kennengelernt. Das war ziemlich interessant und wunderbar, als wir uns endlich begegneten. Meine Mutter war dreimal verheiratet. Meine Familie war sehr künstlerisch veranlagt. Von früh an lernte ich die verschiedenen Künste kennen und wurde tagtäglich damit konfrontiert. Vermutlich bin ich daher Musikerin und Geigenlehrerin geworden.

Meine Mutter war ziemlich chaotisch — sie war Alkoholikerin —, so daß ich einen Großteil meiner Kindheit allein verbrachte, mich um mich selbst kümmerte und körperlich und emotional auf mich achten lernte. Ich habe gelernt, mit meinen emotionalen Wunden viel Geduld und Ausdauer zu haben. Hartnäckig habe ich immer daran gearbeitet, etwas Besseres aus meinem Leben zu machen und mich nicht von meinen Erfahrungen in die Knie zwingen zu lassen. Das war wie die Besteigung eines hohen Berges, aber es war auch sehr befriedigend.

In gewisser Hinsicht habe ich wirklich ungeahnte Ausdauer. Ich bin eine gute Langstreckenläuferin, aber nicht besonders schnell. Ich kann lange rennen, ohne außer Atem zu geraten. Das beschreibt meine Energie sehr gut. Manchmal allerdings mache ich tagsüber schlapp. Aber mit ein bißchen Zeit für mich und etwas Schlaf bin ich kurze Zeit später wieder topfit.

Ich würde sagen, daß ich ein sehr positiver Mensch bin, und diese Eigenschaft suche ich auch bei anderen. Ich gebe den Menschen in meinem Leben eine Menge Unterstützung und Feedback – ganz besonders meinen Schülern und den Leuten, mit denen ich zusammenarbeite. Manchmal fühle ich mich, als sei ich nur dazu da, andere wieder aufzurichten.

Kokosnüsse habe ich eigentlich nie besonders gemocht. Aber Makronen liebe ich! Neulich hat mir meine Freundin einen Lippenbalsam mit Kokosgeschmack geschenkt, den ich sehr angenehm fand.«

ZUSAMMENFASSUNG

Ein Sprichwort sagt, daß jemand, der eine Kokospalme pflanzt, Schüsseln und Kleider, Essen und Trinken pflanzt, eine Wohnung für sich und ein Erbe für seine Kinder. Welche andere Köstlichkeit aus dem Pflanzenreich kann das schon von sich behaupten? Die Qualität der positiven Aufrichtung, die uns die winzige Kokosblüte bietet, ist genauso umfassend. Die Kokosnuß, die an die dreißig Meter hoch wird, ist an sich schon ein Symbol für aufrichtende, erhöhende Eigenschaften. Kokosnuß-Essenz zeigt uns einen Weg aus dem Leiden zur Freude, durch den dunklen Wald der Prüfungen ins Licht der Freiheit.

Kokosnuß gibt uns ein Beispiel für starke, stetige Energie. Sie spricht in ihren Schwingungen von einem Leben, das man voll im Augenblick lebt, in dem man bereit ist, Risiken einzugehen und zu tun, was man für richtig hält, ob es angenehm ist oder nicht. Die Belohnung für diese Ausdauer ist eine höhere Bewußtseinsebene, auf die wir durch die eigenen Anstrengungen gelangen. Die Botschaft der Kokosnuß lautet, die »Göttlichkeit, die sich in uns regt«, zu achten.

Gegensatz- und Begleitessenzen

Kokosnuss	Gegensatz	Begleiter
Mais	für Neuanfänge, weniger für Durchhaltevermögen	für die Energie, etwas zu beginnen und vollständig abzuschließen
Orange	Ausdauer, besonders in Phasen der Depression	für schwere Prüfungen, die an den Gefühlen zehren
Birne	Ausgewogenheit im Notfall, bei spezifischen Problemen	Ausdauer in besonders schweren Prüfungen, auch in Notfällen
Tomate	um Ängste oder Süchte zu bekämpfen	für langwierige Prüfungen ohne Aussicht auf ein Ende

Positive Ausdrucksweisen

Bereitwillig
Realistisch
Beharrlich
Ausdauernd
Geduldig
Aufrichtend
Stetig
Standhaft
Lösungsorientiert
Entschlossen
Pflichtbewußt
Bereit, sich Schwierigkeiten zu stellen
Ausdehnung
Verstärkte Bewußtheit
Aufgaben abschließen
Versprechen einlösen
Herausforderungen begrüßen

Negative Zustände

Defätistisch
Wenig Energie
Zögerlich
Aufschiebend
Vorwände suchend
Unwillig
Eskapistisch
Problemorientiert
Schwankend
Pflichtscheu
Gefangen im begrenzten Verstand
Feige

Verstärkung

Greifen Sie eine Sportart oder ein Hobby auf, das Sie physisch oder psychisch über Ihre bisherigen Grenzen führt.
    Analysieren Sie Ihr gegenwärtiges Leben. Führen Sie in einer Spalte die Probleme auf, in der anderen die Lösungen. Denken Sie über beide Spalten nach, und nehmen Sie die notwendigen Veränderungen und Verbesserungen vor.
    Beenden Sie eines nach dem anderen Projekte, die Sie liegengelassen haben.
    Wiederholen Sie die vorgeschlagene Affirmation mehrere Male täglich.

Visualisierung

Du bist gerade zu einem letzten Training vor dem Wettbewerb aufs Eis getreten. Wie viele Menschen im Zuschauerraum wissen schon, wie viele Jahre des intensiven Trainings in diese vier Minuten der Kür einfließen? Wer von ihnen hat je deine Liebe zum Eislauf erlebt — die unvergleichliche Freiheit von Schnelligkeit und Kraft auf dem Eis, das Gefühl, mit perfekter Körperkontrolle zu fliegen?
    Die Musik setzt ein. Du läßt dich hineinfallen. Verschwunden sind die Stunden, die Jahre des Trainings, verschwunden sogar der Drang

zu siegen. Nur du und das Eis existieren nun, verbunden durch die Musik. »An der schönen blauen Donau« klingt durch die Lautsprecher, aber für dich scheint die Musik aus dem Eis unter den Kufen aufzusteigen. Du brauchst ihr nur zu folgen.

Du schwingst Arme und Beine, um schneller zu werden, springst hoch und wirbelst herum. Der Wind weht vertraut durch dein Haar, und die Kälte an den Ohren spornt dich an. Eislaufen ist immer gleichzeitig befreiend und kraftvoll für dich. Wieder ein Sprung, und du schleuderst dich hoch über das Eis, als würdest du dich aus ihm emporheben. Jahre von Tanzstunden, Gymnastikübungen und Yogapositionen machen solche Momente möglich. Das Fließen mit der Musik und das Gefühl für den Rhythmus hast du durch zahllose Stunden der Disziplin erreicht.

Die Musik wird zur Bewegung, die Bewegung zur Anmut. Jetzt bist du bereit für den Wettkampf.

Affirmation

Ich heiße alle Hindernisse als Gelegenheiten zu höherem Bewußtsein willkommen.

KAPITEL ZWÖLF

KIRSCHE —
»DER GUTE-LAUNE-
BRINGER«

Prunus avium
(»Süße Pflaume
der Vögel«)

»Ich habe meinen Mann auf Kirsche-Essenz gesetzt. Jetzt verhält er sich völlig anders. Er ist entspannter und lächelt viel öfter. Letzte Woche hat er sogar gekocht — und es hat ihm Spaß gemacht.«

R. J., *Evanston*

»Wenn meine Frau Kirsche-Essenz nimmt, trällert sie nur noch so vor sich hin.«

T. M., *Ontario*

»Ich gewann durch die Kirsche-Essenz viel positive Energie — richtig fröhlich.«

R. L., *Denton*

»Es wirkte fast unmittelbar — so, als würde eine schwere Last von mir genommen.«

S. R., *Boise*

»Eine Klientin von mir schluchzte bei der Massage einmal unaufhörlich. Ich hatte aber nicht das Gefühl, daß sie das befreite, sondern daß sie sich immer mehr aufregte. Da habe ich zwei Tropfen Kirsche-Essenz in das Massageöl gegeben, und sie beruhigte sich sofort.«

N. B., *Nevada City*

»Schon als wir am Telefon miteinander sprachen und Sie Kirsche vorschlugen, hatte ich ein unmittelbares Gefühl von Freude. Wenn man schwanger ist, fühlt man sich oft erschöpft und niedergeschlagen. Mir ging es sofort besser, und ich hatte viel mehr Energie.«

M. B., *Tempoe*

»Du kannst nicht vermeiden, daß die Vögel der Trauer über dich hinwegfliegen, aber du kannst verhindern, daß sie Nester in deinen Haaren bauen.«
Chinesisches Sprichwort

PFLANZE – FRUCHT – HEILKUNDE

Es gibt Süßkirschen und Sauerkirschen. Süßkirschenbäume sind empfindlich und brauchen viel Platz, damit die Sonne die Früchte reifen lassen kann. Sauerkirschen dagegen (*Prunus cerasus*) zählen zu den unempfindlichsten Obstbäumen: Sie vertragen Kälte und werden kaum von Schädlingen und Krankheiten heimgesucht. Die Süßkirsche stammt vermutlich aus Kleinasien, und schon zu Zeiten Roms gab es viele Sorten. Man hat sogar in prähistorischen Höhlenwohnungen Kirschkerne gefunden. Die weißen Blüten wachsen in Büscheln an langen Stengeln und produzieren jeweils eine einzige glänzende Frucht mit einem Kern. Kirschen sind stark eisenhaltig, wirken abführend und blutbildend. Sie entgiften den Körper und regen das Drüsensystem an. Der Saft ist ein ausgezeichnetes Stärkungsmittel bei Gicht und hartnäckigem Husten und hilft auch bei Fischvergiftung.

Qualität: Fröhlichkeit
Botschaft: Leichtherzig, hoffnungsvoll, optimistisch, positiv, ausgeglichen; wirkt inspirierend auf andere, ist fähig, in allem das Gute zu sehen und die Dinge leicht zu nehmen; voll echtem, ansteckendem Lachen
Disharmonien: Launisch, knurrig, nörgelig, widersprüchlich, übellaunig; emotional mehr oder weniger außer Kontrolle, »mit dem falschen Bein zuerst aufgestanden«; versinkt leicht in schwarzen Löchern und kann sich nur schwer wieder daraus befreien

POSITION IM SPEKTRUM

Die Kirsche hat ihren Platz im dritten Haus, in der Mitte des ersten Quadranten. Hier finden wir die Leichtigkeit, die im sorglosen Geist der Kirsche ihren Höhepunkt erreicht. Aus der Botschaft der Kokosnuß, sich innerlich aufzurichten, Verpflichtungen zu übernehmen und unser Leben selbst zu bestimmen, entwickelt sich die Kirsche. Ihre kindliche Fröhlichkeit mit einem Hauch zarter Weiblichkeit ist ein notwendiger Baustein für ein glückliches und gesundes Selbstgefühl.

Positive Anwendungen

Wie als Symbol für die Fähigkeit der Kirsche, oberflächliche Launen zu vertreiben, hat der Kirschbaum selbst flache Wurzeln, die nur knapp sechzig Zentimeter in die Erde reichen. Genau wie das menschliche Temperament produziert er entweder süße oder saure Früchte.

Kirsche hat eine fröhliche Ausstrahlung, die an Kinderlieder und -geschichten erinnert: an Mary Poppins, wie sie »Mir 'nem Teelöffel Zucker« singt, an die Lieder von Cinderella und natürlich die von den Sieben Zwergen, wenn sie zur Arbeit gehen. Sind diese Lieder nun reine Fiktion und Phantasie? Hoffentlich nicht. Wir Erwachsenen können aus ihrer schlichten Weisheit eine Menge lernen. Das englische Sprichwort, das Leben sei wie eine Schale Kirschen, kann für jeden von uns gelten, wenn wir nur eine kleine Änderung in unserer Einstellung vornehmen.

Im positiven Kirsch-Zustand sehen wir immer nur das Gute in den Menschen und Dingen. Wir lächeln öfter. Unser Schritt wird federnder. Wir schwingen mit der Botschaft: »Don't worry, be happy.« Unser natürlicher Zustand ist ein ausgeglichenes Temperament, ohne trübe Launen, die uns den Tag verderben.

Die zweite Qualität der Kirsche ist eben diese Ausgeglichenheit, die mit einer gewissen Distanziertheit einhergeht. Wer immer mit engen Erwartungshaltungen an das Leben herangeht, braucht sich nicht zu wundern, wenn er öfter in schlechte Laune verfällt. Und tun wir das nicht manchmal sogar ganz bewußt? Doch was hilft uns, wenn wir nicht gewinnen? Im positiven Kirsch-Zustand wird man zum guten Verlierer — sein Sieg ist eine gesunde Gleichgültigkeit.

Negative Indikationen

Der negative Kirsche-Zustand repräsentiert unsere bewußte Entscheidung, negativ, pessimistisch oder schlichtweg unglücklich zu sein. Man macht aus einer Mücke einen Elefanten, und aus kleinen Pflichten werden große Belastungen. Dann gibt es auch kein richtiges Bein mehr, mit dem man zuerst aus dem Bett steigen könnte. Das meint auch die ironische Definition eines Pessimisten als »jemand, der sich über den Krach beschwert, wenn das Glück an die Tür klopft«. Menschen im negativen Kirsche-Zustand betrachten das Leben als eine Enttäuschung, die jeden Moment wahr werden kann – und das passiert natürlich auch unweigerlich, genau wie sie es vorhergesagt haben.

Um es präzise auszudrücken: Wenn man sich entschließt, glücklich zu sein, kann einen nichts in der Welt unglücklich machen. Umgekehrt gilt, daß einen nichts aufheitern kann, wenn man sich entschließt, unglücklich zu sein. Es ist wohl offensichtlich, daß es hier um die freie Wahl geht. Wir treffen in jedem Augenblick unseres Lebens Entscheidungen. Über äußere Ereignisse haben wir natürlich keine Kontrolle, wenn etwa die Vögel der Trauer über unseren Kopf hinwegfliegen, aber wir haben Einfluß darauf, wie wir auf sie reagieren, indem wir verhindern, daß sie sich in unseren Haaren einnisten.

Typisch für den negativen Kirsche-Zustand ist auch eine Aussage der legendären Katherine Hepburn: »Ich weiß nicht, was andere mit ›glücklich‹ meinen. Ich bin nur sporadisch glücklich. Wenn ich Schokolade esse, bin ich glücklich. Wenn die Schachtel leer ist, bin ich unglücklich. Dann kaufe ich mir eine neue Schachtel und bin wieder glücklich.« Sollten wir uns wirklich nach einem solchen Glückszustand sehnen, der auf eine bloße Laune hin kommt und geht?

Wenn wir zulassen, daß der negative Kirsche-Zustand von uns Besitz ergreift, wird unsere schlechte Laune wie eine Lawine bald alles mit sich reißen. Dann wird es irgendwann unmöglich, unser emotionales Unbehagen zu seinem Ursprung zurückzuverfolgen. Wir wissen nur noch, daß wir nicht glücklich sind. In diesem Zustand übernimmt die Laune die Kontrolle über uns, und alles wirkt düster. Wir betrachten dann die Welt ausschließlich aus ihrem Blickwinkel heraus. »Wind auf den Bergen klingt einsam, wenn man traurig ist«, meint Donald Walters, »frei, wenn man frei ist, und fröhlich, wenn man froh ist.«

KIRSCHE ALS THEMENESSENZ

Das Hauptkennzeichen des Kirsche-Typs ist seine vibrierende Fröhlichkeit. Oft finden wir hier Menschen mit einer schwierigen Kindheit, die aber ohne emotionale Narben davonkamen. Selbst in einer

Familie mit Drogenabhängigkeit, schweren Krankheiten, Scheidungen oder unglücklichen Beziehungen geht ihr optimistisches Wesen nicht unter.

Kirsche-Typen scheinen von den Illusionen der Welt nicht beeinflußt zu werden. Ihre frühen Jahre verschwinden wie ein schlimmer Traum, als hätten sie nie existiert. Diese Menschen haben einen besonders leichten Schritt und einen federnden Gang. Oft, aber nicht immer, haben sie rosige Wangen, ähnlich wie die Himbeer-Typen. Der Optimismus der Kirsche ist ansteckend. Kirsche-Typen heitern uns auf. Sie bringen uns zum Lachen.

Berühmte Kirsche-Persönlichkeiten

Mary Poppins
Shirley Temple Black
Goldie Hawn
Johnny Carson
Happy (einer der Sieben Zwerge)
Benjamin Franklin
Soupy Sales
Kathy Najimy
Ellen De Generes
Whoopi Goldberg

Mary Poppins ist das sagenhafte Kindermädchen, das auf dem Ostwind herbeigeflogen kommt, sich um die Banks-Kinder kümmert und sie regelmäßig bezaubert. Die Banks wohnen — welche Überraschung — in der Kirschbaumstraße Nr. 17. Mary Poppins wirkt zwar nach außen hin etwas streng und läßt auch nicht mit sich spaßen, aber alle Menschen in ihrer Umgebung werden unweigerlich fröhlicher. Sie verwandelt Medizin in Limonade und das Leben in einen Karneval. Und in den Kinderherzen wohnt sie noch lange Zeit, nachdem die Winde sie bereits wieder fortgeblasen haben.

Die Mary Poppins der Literatur ist etwas steifer dargestellt als im Film. Die literarische Version, streng und ordentlich, läßt an Feige als starkes Unterthema denken. Mary Poppins ist aus diesem Grund viel komplexer, als sie scheint. Wir geraten vielleicht in Versuchung, sie zu einem Feige-Typ mit Unterthema Kirsche zu machen — gäbe es nicht einen sehr bezeichnenden Hinweis: die ansteckende, kindliche Freude, die ihre Gegenwart bei anderen auslöst. (Die Ausstrahlung – wie die Energie eines Menschen andere beeinflußt – ist ein guter Hinweis auf den Typ.) Hier wird gehorcht, befiehlt Mary Poppins streng, doch dabei haben wir mehr Spaß, als wir uns je vorgestellt hatten.

BEKENNTNISSE EINES KIRSCHE-TYPS: LISA

»Ich würde sagen, am auffallendsten bei mir ist, daß ich zwar Menschen seelisch berate und auch sehr mitfühlend bin, aber manchmal auch richtig über deren Macken lachen kann. Manchmal fange ich mitten in einer Beratung an zu kichern, auch wenn den Klienten die Tränen in den Augen stehen. Ich finde, das Leben ist insgesamt ziemlich lächerlich und absurd – doch das kann man natürlich nur schwer erkennen, wenn man mitten in einer schwierigen Phase steckt. Manche Sachen finde ich einfach zum Brüllen komisch.

Ich hatte in mancher Hinsicht eine ziemlich düstere Kindheit. Ich bin in einer großen Familie aufgewachsen und war oft einsam, obwohl so viele Kinder da waren. Mein Vater war sehr streng, und das fand ich schwer zu ertragen. Die Schule war unglaublich langweilig, doch sie bot mir auch Sicherheit, daher war das in Ordnung. Sobald es ging, bin ich ausgezogen. Ich dachte, wenn ich hier nicht bald rauskomme, sterbe ich. Ich hatte ein starkes Gefühl, seelisch zu sterben – ich war sehr einsam, weil keiner so dachte wie ich. Aber ich habe da eine Menge über Muster gelernt und wie wichtig es ist, die Vergangenheit zu überwinden.

Meine Gefühle gehe ich eher intellektuell an – aber immerhin befasse ich mich mit ihnen. Seit drei Jahren spielen meine Hormone völlig verrückt. Erst war ich schwanger, dann habe ich gestillt, und nun habe ich Hitzewallungen und all das. Man hat mir gesagt, bei mir sei immer alles ganz klar: Wenn ich aufgeregt bin, sieht man mir das sofort am Gesicht an. Wenn ich traurig oder gerührt bin, weine ich. Wenn ich glücklich bin, kommt es auch gleich heraus. Ich kann nichts verdrängen.

Ich kann nicht begreifen, wie manche Menschen ohne einen Sinn für Humor auskommen. Ich sehe absolut keinen Grund, irgend etwas in dieser Welt ständig ernst zu nehmen. Lachen setzt für mich die Energie frei, mit der wir uns vorwärtsbewegen und die physische Ebene überschreiten. Ich war mir absolut sicher, daß meine

Ehe klappen würde, weil mein Mann mich zum Lachen bringen kann und einen ausgeprägten Sinn für Humor hat, egal was passiert. Wir können fast über alles lachen. Das war für mich immer sehr, sehr wichtig. Und es hat mir oft geholfen.« (Sie kichert.)
»Oh, Kirschen liebe ich. Ich könnte sie Tag und Nacht essen. Jederzeit!«

ZUSAMMENFASSUNG

Vor einigen Jahren hatte ich das Glück, einen Urlaub in der Hütte eines Freundes direkt am Meer zu verbringen. In dem rustikalen Holzhäuschen gab es weder Strom noch Telefon. Es war genau das richtige Versteck, nach dem ich mich gesehnt hatte. Das einzige Problem war, daß ich immer stärker an dem Haus hing. Bald muß ich wieder abreisen, dachte ich, und dabei verdüsterte sich meine gute Laune sofort. Widerstrebend packte ich schließlich meine Sachen zur Abreise. Und dann kam der Knüller: Mein Auto sprang nicht an. Ich saß in einer Falle, die mir vor wenigen Momenten noch wie ein Paradies erschienen war. Das Haus hatte sich überhaupt nicht verändert, ich war nur in den negativen Kirsche-Zustand geraten.

Die Botschaft der Kirsche heißt also, daß das Leben das ist, was wir daraus machen. Und darin liegt die größte Hoffnung. Was dem einen zusagt, läßt den anderen kalt. Doch das hängt von unserer Wahrnehmung ab, nicht von der Sache an sich. Die Kirsche hilft uns auf ihre besondere, leichtherzige Weise bei der Entscheidung. »Ich und mürrisch? Niemals!« ist das Motto dieser Essenz.

Gegensatz- und Begleitessenzen

Kirsche	Gegensatz	Begleiter
Brombeere	bei Negativität aufgrund eines kritischen Wesens	für reines Glück
Weintraube	für die Fähigkeit, das größere Bild gelassen zu betrachten	für ein spielerisches, liebevolles Wesen, das Erfüllung in sich selbst findet
Orange	bei tiefsitzender Depression und der Unfähigkeit, sich davon zu befreien	für das tiefe Verständnis, daß Freude auf allen Ebenen unser wahres Wesen ausmacht
Himbeere	für Freundlichkeit zu anderen und nicht nur zu sich selbst	um Leichtigkeit mit tiefer Einsicht und Empathie zu verbinden
Spinat	für Freude aus kindlichem Vertrauen und Schlichtheit	um unser inneres Kind zu wecken und zu nähren

Positive Ausdrucksweisen

Leichtherzig
Kindlich
Fröhlich
Sprudelnd
Locker
Glücklich
Spontan
Ausgeglichen
Optimistisch
Positiv
Emotional stabil
Ungerührt von Schwierigkeiten
Zufrieden

Negative Zustände

Negativ
Pessimistisch
Unglücklich
Traurig
Wehleidig und voller Selbstmitleid
Düster
Launisch
Entschlossen, schlecht gelaunt zu bleiben
Sich in seinem Trübsinn vergraben
Grüblerisch
Niedergeschlagen
Knurrig
Mürrisch

Verstärkung

Suchen Sie die Gesellschaft von Kindern und versuchen Sie, deren Realität durch gemeinsame Aktivitäten kennenzulernen.
 Ersticken Sie schlechte Laune im Keim. Wenn Sie die Laune nicht sofort ändern können, verändern Sie die Umgebung. Machen Sie einen Spaziergang, gehen Sie aus zum Essen oder ins Kino.
 Lesen Sie Ihren Kindern Märchen oder Abenteuergeschichten vor.
 Singen Sie, tanzen Sie, seien Sie einfach ein bißchen albern.
 Pfeifen Sie öfter — und wenn Sie nicht pfeifen können, lernen Sie es.

Visualisierung

Setz dich hin und schließ die Augen. Stell dir vor, daß du in einem Kirschbaum mitten in einem Obstgarten hockst, hoch oben im größten Baum, voller reifer Kirschen. Du bist noch so klein, daß du dein Alter an den Fingern abzählen mußt, und betrachtest dabei deine kleinen, mit Kirschsaft verschmierten Finger.
 Ja, du hast dich versteckt, um dich mit den süßen Früchten vollzustopfen — und wer könnte dir das schon zum Vorwurf machen? Oh-

ne daß jemand etwas zu sagen braucht, stopfst du die fröhliche Verspieltheit der Kirschen in dich hinein — das, was sie so süß macht.

Eine sanfte Brise streicht durch den Obstgarten und füllt deine Nase mit einem süßen Duft. Eine vereinzelte Wolke huscht über den Himmel, als befürchte sie, genau wie du, erwischt zu werden, weil sie etwas Unerlaubtes tut. Umgeben von Zweigen mit reifen Kirschen, hoch über dem Boden, fühlt sich alles ein wenig unwirklich an. In dieser Höhe kann man sich leicht entrückt fühlen. Aus diesem Gefühl von Entrücktheit entsteht eine angenehme, leichte Fröhlichkeit, die wie süßer Duft durch die Baumwipfel weht.

In dieser Brise lösen sich alle Sorgen auf. Laß alle Mühsal und Launen fortfliegen. Und die süße, weiche Freude wird zu einem Glitzern in deinen Augen.

Affirmation

Ich bin fröhlich und voll guter Laune. Ich schwimme in einem Meer des Glücks.

KAPITEL DREIZEHN

SPINAT —
»DER GROSSE
VEREINFACHER«

Spinacea oleracea
(»Aromatisches, stachel-
samiges süßes Kraut«)

»Am zweiten oder dritten Tag mit Spinat-Essenz schien ich mich insgesamt zu entspannen und verspielter zu werden. Da ich in der letzten Zeit als Flugzeugingenieur viel Druck hatte und mitten in einer Scheidung stecke, hilft mir Spinat, meine kindlichen Eigenschaften zu verstärken.«

J. N., *Mountain View*

»Ich liebe Spinat und glaube, daß das meine Themenessenz ist. Immer wenn ich sie einnehme, fühle ich mich danach sehr meditativ, und später locker und euphorisch.«

J. S., *North San Juan*

»Ich habe Spinat-Essenz eingenommen, um besser über den Tod eines guten Freundes hinwegzukommen. Ich fühlte mich belastet, ständig gereizt, depressiv. Am zweiten Tag merkte ich bereits, wie meine Kreativität zunahm, meine Träume heilsamer wurden und ich meine Situation aus einer anderen Perspektive sehen konnte.«

M. G., *Palo Alto*

»Ich habe einer Klientin, einer ziemlichen Skeptikerin, Spinat-Essenz gegeben. Sie vertraute mir an, daß sie sich beim Aufwachen am nächsten Morgen wie ein kleines Kind fühlte.«

J. S., *Sacramento*

»Wenn ich Spinat-Essenz einnehme, fallen mir Dinge ein, die mir als Kind immer Spaß gemacht haben. Sogar mein Mann sagte neulich: ›Du bist wie ein kleines Mädchen.‹«

L. D., *Salt Lake City*

> »Das Kind ist der Vater des Mannes.«
> Wordsworth

Pflanze – Frucht – Heilkunde

Der Iran und seine Nachbarländer werden als die Heimat des Spinats betrachtet. Um 1800 fand dieses Gemüse seinen Weg nach Amerika. Spinat ist eine schnell wachsende grüne Blattpflanze, die man ausschließlich der Blätter wegen zieht, ist einjährig und gehört zur Familie der Gänsefußgewächse – die Blätter haben die Form von Gänsefüßen. Wenn Spinat »schießt«, bilden sich kleine, gelblich-weiße Blüten in Büscheln, während die grünen männlichen Blüten an dem bis zu sechzig Zentimeter hohen Stengel sitzen. Spinat ist besonders reich an Vitamin A, C und Eisen. Als dunkelgrünes Blattgemüse verhindert es krebsartige Zellwucherungen, und mit seinem hohen Mangangehalt ist es besonders für Diabetiker empfehlenswert. Spinat hat zahlreiche therapeutische Eigenschaften: Er stärkt das Lymphsystem, das Ausscheidungssystem und die Verdauung.

Qualität: Schlichtheit
Botschaft: Kindliche Freude, Staunen, Ehrfurcht; Verspieltheit, Freiheit, Abenteuerlust, Sorglosigkeit; Fähigkeit, sich freuen zu können
Disharmonien: Streß durch Überlastung; leichtes Mißtrauen bis Paranoia; bei unglücklicher und gestörter Kindheit; »Sorgenmacher«

Position im Spektrum

Der Spinat im vierten Haus des ersten Quadranten spricht von Schlichtheit und Verspieltheit. Diese Essenz hat die Fröhlichkeit der Kirsche und fügt dem noch einen Schuß Entzücken bei. Während die Kirsche Tanz und Lieder symbolisiert, steht der Spinat für Spaß und Spiele. Dieses Gemüse, das durch den Seemann Popeye weltberühmt wurde, erlaubt dem inneren Kind, sich zu zeigen und zu spielen.

Obwohl die Essenzen im ersten Quadranten alle kindlich und »frühlingshaft« sind – auf der leichteren Seite des Spektrums –, fehlt es dem Spinat nicht an Tiefe und Bedeutung innerhalb des ganzen

Spektrumrahmens. Sein sanftes, weibliches Wesen drückt eine grundlegende Empfänglichkeit gegenüber allem Lebendigen aus. Der Spinat legt die notwendigen Fundamente für das geliebte Kind, damit es sich zu einem liebevollen Erwachsenen entwickeln kann. Der vergnügungslustige Spinat paßt gut in diesen Quadranten und ist der notwendige Vorgänger für den Pfirsich.

Positive Anwendungen

Es gibt ein Sprichwort, daß Engel nur fliegen, weil sie sich selbst sehr leicht nehmen. Das beschreibt den positiven Spinat-Zustand: sorglos, aber nicht achtlos, leichtfüßig, aber nicht leichtsinnig. Spinat ist das reine Kind unseres Spektrums, der Spaßmacher, der Narr, der unverbesserliche Humorist. Spinat bringt uns, ähnlich wie die Kirsche, zum Lachen. Und Lachen ist ja bekanntlich die beste Medizin. Außerdem sind hundert herzhafte Lacher soviel wie zehn Minuten Rudern. So kann man zwei Fliegen mit einer Klappe schlagen!

Wir können alle dann und wann im Leben Spinat gebrauchen. Spinat ist die Essenz, die alle Bürden besser erträglich macht. Er verbindet Verantwortung mit Verspieltheit und fügt bloßem Akzeptieren das Staunen hinzu. Um diese Essenz besser zu begreifen, sollte man Kindern beim Spielen zusehen. Im positiven Spinat-Zustand ist das Leben ein Kinderspiel — und alles macht Spaß.

Schauen Sie Kindern in die Augen, um die Spinat-Essenz zu begreifen. Selbst die Augen eines kleinen Tieres zeigen uns Unschuld, Vertrauen und Verspieltheit. Wir können sogar einen kleinen Elefanten, der ein Vielfaches von uns wiegt, niedlich nennen. Menschen im positiven Spinat-Zustand sind wie Kinder. Sie nehmen alles in ihrer Umgebung und auch den eigenen Körper so wahr, als würden sie sagen: »Wow, das ist aber toll! Sehen wir mal, was wir damit anfangen können!«

Negative Indikationen

Lord Byron sagte im neunzehnten Jahrhundert: »Ach, die glücklichen Jahre! Wer wollte nicht noch einmal ein Junge sein!« Um diese rhetorische Frage zu beantworten: ein Mensch, bei dem sich der negative Spinat-Zustand manifestiert. Die Schönheit der Jugend, die so viele

Dichter besingen, wird von Menschen im negativen Spinat-Zustand als ausgesprochen unerwünscht betrachtet. Diese armen Seelen sind viel zu beschäftigt, zu wichtig, zu besorgt, um die kostbare Lebensstufe der Kindheit zu schätzen.

Eines der »Berufsrisiken« des Erwachsenendaseins ist in unserem Zeitalter der Streß. Streß wird meist als Druck oder Belastung definiert, besonders wenn diese überanstrengen oder deformieren. Kennen Sie jemanden, der nicht verspannte Schultermuskeln hat? Irgend jemanden, der nicht Spannung auf irgendeine körperliche Weise ausdrückt, wie durch Nervosität, Kopfschmerzen, Verdauungsbeschwerden oder sogar ernsthaftere Probleme? Die durch Streß hervorgerufenen psychologischen Verformungen wie ständige Besorgtheit und Nervosität verseuchen unseren Körper tatsächlich mit toxischen Stoffen, die das Gehirn ausschüttet. Höchste Zeit für Spinat-Essenz!

Gegen Ende des ersten Tages einer Gesundheitsmesse vor ein paar Jahren tauchte Eleonore mit rasenden Kopfschmerzen an unserem Stand auf, hervorgerufen durch die visuelle Belastung, die solche Veranstaltungen mit sich bringen. Wir wechselten ein paar Worte, und ich erwähnte Spinat-Essenz — nicht gegen die Kopfschmerzen, sondern gegen das Gefühl der Überlastung. (Ich habe ja bereits erwähnt, daß Blütenessenzen nicht direkt gegen das körperliche Symptom wirken.) Am nächsten Tag kam sie wieder und sagte, was viele Leute in Reaktion auf die Essenzen sagen: »Mit der Spinat-Essenz fühlte ich mich wieder wie ich selbst.« Eleonore erzählte, wie sie sich an diesem Morgen entschieden hatte, zur Kongreßhalle zu laufen statt zu fahren. Als sie ein Schild sah, mit dem die Benutzer des Parkplatzes vor den im Boden angebrachten Metallspitzen gewarnt wurden, die man dort als Absperrung eingerichtet hatte: »Nicht zurücksetzen: Reifenschäden«, dachte sie: »Ich frage mich, wie scharf die Dinger wohl sind« und trat ganz vorsichtig darauf. Das ist typisch für Spinat!

Heutzutage wird dem »inneren Kind« und der Qualität der tatsächlich erlebten Kindheit viel Aufmerksamkeit geschenkt. Bei einer gestörten Kindheit wurden die psychischen und physiologischen Bedürfnisse nicht auf gesunde Weise erfüllt und genährt, und es ist schwierig, zu einem funktionierenden Erwachsenen heranzuwachsen und normale, gesunde Beziehungen zu leben. Spinat antwortet auf solche unerfüllten Bedürfnisse aus der Kindheit, die sich sonst früher oder später als Störung zeigen würden.

Spinat als Themenessenz

Ein Spinat-Typ liebt die Fröhlichkeit. Man erkennt ihn leicht an der Verspieltheit in den Augen und dem ansteckenden, leicht schelmischen Lächeln. Diese Essenz wirkt ganz eindeutig kindlich – und manchmal sogar närrisch oder komödiantisch. Ein Spinat-Typ neigt dazu, auch in anderen das Kind zu erwecken, und schließt schnell Freundschaften. Letzten Sommer nahm ich mit einer Freundin, einem Spinat-Typ, an einem Picknick teil. Obwohl sie schon Anfang Vierzig ist, hatte sie sich in einen Kinderwettbewerb hineingeschmuggelt, bei dem man Melonenkerne so weit wie möglich spucken mußte. Die anderen Kinder hatten kaum eine Chance gegen sie.

Spinat-Typen lieben Rollenspiele und Verkleidungen. Ähnlich wie die Kirsche-Typen kitzeln sie gern die Seele. Ihr Humor ist köstlich, aber nicht immer sehr tiefgehend. Sie lachen gewöhnlich als erste über die eigenen Witze – die nicht unbedingt komisch sein müssen. Sie wirken schwerelos, wie alt sie auch sind, und ihr Körper behält auch im Alter seine jugendliche Ausstrahlung. Der Spinat-Typ hat Spaß an den schlichten Dingen des Lebens und scheut vor Extravaganz zurück, hat aber eine grenzenlose Fähigkeit, sich zu freuen. In ihrer Gegenwart fühlt man sich stets wunderbar erfrischt – und jünger.

Berühmte Spinat-Persönlichkeiten

Pu der Bär
Robin Williams
P. G. Wodehouse
Kevin Kline
Peter Pan
Tom Sawyer
Ed Wynn
Dick und Doof
Victor Borge

Wen anders als Pu den Bären könnten wir wohl als ausgesprochenen Spinat-Typ vorstellen – Christopher Robins zerzauster Freund, der überzeugt ist, Honig sei nur aus einem einzigen Grund erschaffen worden: für ihn. Pu personifiziert die Schlichtheit des Spinats auf charmanteste Weise.»Wir gehen jetzt los und besuchen jemanden«, sagt er. »Denn wenn wir meilenweit gegen den Wind gehen und plötzlich das Haus von jemandem betreten, und der sagt: ›Hallo, Pu, du kommst gerade richtig für eine kleine Leckerei‹, dann würde ich das einen netten Tag nennen.«

In einer Geschichte besucht der unschuldige, kindliche Pu seine Freundin, die Eule, um ihr einen Glücklichen Donnerstag zu wünschen — eine perfekte Spinat-Begrüßung! Da der Wind im Hundert-Morgen-Wald an diesem Tag besonders frisch weht, macht sich Piglet Sorgen, daß ein Baum auf sie stürzen könne. Pu reagiert darauf mit seinem ungetrübten Spinat-Vertrauen: »Nehmen wir an, daß es nicht passiert.« Seine Antwort zeigt den unkomplizierten Verstand eines wahren Spinat-Typs — zu schlicht sogar für ein Unterthema!

Bekenntnisse eines Spinat-Typs: Rhoda

»Irgendwelche Macken? Nun, vermutlich mein Spaß an Witzen und an Komik. Ich sehe die Dinge anders als die meisten anderen Leute. Ich meine, ich gehe zum Einkaufen und sehe mir an, wie das Gemüse so aussieht, und dann fallen mir alle möglichen kleinen Geschichten dazu ein. Das macht mir Laune und amüsiert mich. Ich habe Freude an schönen Dingen und bin sehr visuell orientiert. So sehe ich nun mal die Welt. Ich habe Spaß. Ich meine, man darf sich selbst und alles, was einem so begegnet, nicht so ernst nehmen. Wenn man sich nicht allzu ernst nimmt, kann man mit den Traumata, die einem so zustoßen, viel besser fertig werden.

Ich hatte eine schöne Kindheit mit zwei sehr liebevollen Eltern. Ich hatte Erfolg in der Schule und viele gute Freunde. Ein Leben wie aus dem Bilderbuch, auch wenn das komisch klingt. Ich bin in den fünfziger und sechziger Jahren groß geworden, bevor die Probleme mit Drogen und Streß begannen. Man hat mich sehr stark zu Verantwortung angeleitet. Das ist zwar eine gute Sache, kann einen aber ebenso wie Leichtsinn das ganze Leben lang verfolgen.

Ich würde sagen, daß ich sehr vertrauensvoll bin. Ich vermeide Streß, indem ich mir keine Grenzen setze. Damit kann ich viel mehr leisten. Ich kenne Leute, die kommen in den Laden und sind sofort völlig gestreßt. Sie sagen: ›Mann, bin ich heute müde‹, oder ›Das schaffe ich heute nicht‹. Bald haben sie dann überhaupt keine Energie mehr. Wir sabotieren oft unsere Kräfte. Und das ist auch noch gesellschaftlich akzeptiert. Es ist so leicht, sich zu beklagen: ›Oh, wie schwer ich arbeiten muß!‹ Ich finde, so vielbeschäftigt, wie wir immer denken, sind wir gar nicht. Es ist nur eine Frage der Prioritäten.

Ja, Spinat mag ich sehr gern, aber nicht aus der Dose. Manchmal habe ich richtig Appetit darauf. Wir hatten Spinat auch schon mal im Garten. Ein schönes Blattgemüse – gute Farbe, guter Geschmack.«

ZUSAMMENFASSUNG

Spinat ist eine einfache und unkomplizierte Pflanze, die in knapp vierzig Tagen erntereif ist. Er wächst auch in kühlerem Klima. Doch trotz aller Schlichtheit liefert uns Spinat sehr viele Vitamine und Mineralien. Zusätzlich zu seinem Wert für den Körper hat er auch als Essenz viele nährende Eigenschaften. Seine Stärke liegt in dem Bewußtsein, wie wichtig es ist, sich selbst nicht so ernst zu nehmen, zu lachen und alle Phasen unseres Lebens zu genießen.

»Nenn niemanden unglücklich, der – bei allem Übel – ein Kind zu lieben hat«, schrieb der Dichter Southey. Und wenn dieses Kind glücklich in uns selbst lebt, um so besser. Spinat könnte man als »konservierte« Kindheit beschreiben. Er gibt uns die Gelegenheit, die Verspieltheit des Lebens zurückzugewinnen und uns daran zu freuen. Spinat zeigt ein Bewußtsein von Schlichtheit in Form eines heilen Kindes, das in uns erscheint.

Gegensatz- und Begleitessenzen

Spinat	Gegensatz	Begleiter
Mandel	bei Streß aufgrund von Überarbeitung	für eine spannungsfreie, fröhliche Haltung
Kirsche	Fröhlichkeit, weil man nicht unter schwierigen Launen und Stimmungen leidet	um unser inneres Kind zu wecken und zu nähren
Orange	bei physischem und emotionalem Mißbrauch in der Kindheit	um die Nachwirkungen einer gestörten Kindheit auszulöschen
Pfirsich	für die bedingungslos liebende Mutter	gesunde Eltern, gesundes Kind – in einer Person

POSITIVE AUSDRUCKSWEISEN

Schlicht
Vertrauensvoll
Schwungvoll
Respekt gegenüber dem Leben
Im Einklang mit der Natur
Dankbar
Begeistert
Ehrlich
Unschuldig
Überschwenglich
Voller Forscherdrang
Neugierig
Freundlich
Interessiert
Rein
Spielerisch
Ohne List und Tücke
Aufrichtig
Sich beschränken können
Mit einfachen Dingen zufrieden
Tierlieb
Humorvoll

Negative Zustände

Überintellektuell
Unzufrieden
Streßanfällig
Angst vor dem Alter
Sorgenvoll
Sich selbst zu ernst nehmend
Überlastet
Überanalytisch
Unglückliche Kindheit
Gestörte Kindheit
Mutwillig
Schadenfroh
Widerspenstig
Humorlos

Verstärkung

Spielen Sie mit Kindern.
Verbringen Sie viel Zeit in der Sonne (aber immer mit Sonnencreme!).
Besuchen Sie den Zoo oder eine Tierhandlung.
Gehen Sie zelten oder wandern.
Gehen Sie zum Eislaufen, Rollschuhfahren oder in eine Kindervorstellung — jedenfalls dorthin, wo viele Kinder sind.
Schauen Sie sich einen Zauberkünstler an, machen Sie eine Ballonfahrt, besuchen Sie einen Zirkus, einen Vergnügungspark oder eine Dult.

Visualisierung

Setze dich still und mit geschlossenen Augen hin. Stell dir vor, daß du in die Luft greifst und dir eine angenehme Erinnerung aus der Kindheit schnappst, so als würde man nach der Schnur eines heliumgefüllten Ballons greifen. Egal, wie die Erinnerung aussieht, laß zu, daß die Einzelheiten herbeischweben. Behalte nur die angenehmen Aspekte dieser Erinnerung. Vielleicht empfindest du Wärme, ein Gefühl von Sicherheit oder ein ruhiges Vertrauen. Egal wie das Gefühl ist, bade dich darin.

Laß dich in die Schlichtheit ringsum fallen wie in eine Frühlingsbrise am Nachmittag. Einfach, sorglos und vertrauensvoll – die Eigenschaften der Kindheit, die dich von allen Gedanken an Streß und Sorgen befreien.

Nun entspann dich noch tiefer. Sieh dich am Fuß eines kleinen bewaldeten Hügels. Die sonnenbeschienenen Kiefernzweige winken dich herbei. Ein paar Meter vor dir springt ein kleines, getupftes Rehkitz auf den Weg, und ihr erschreckt beide. Es erstarrt. Du duckst dich langsam. Das Rehkitz reagiert auf deine innere Stimme, die sagt: »Keine Angst, ich bin genauso neugierig wie du.« Es spitzt scheu und staunend die winzigen Ohren. Es ist zu jung, um Angst zu kennen, und spürt deine Sanftheit. Dann tritt es einen Schritt vor und schnüffelt an deiner ausgestreckten Hand. Dabei blickt es dir in die Augen, die für seine Welt so neu sind. Du siehst darin die unschuldige Freude und den schlichten Zauber der Kindheit.

Greife nach der Erinnerung an die Rehaugen, als würdest du nach einem Ballon greifen. Und denk daran, daß in dir ein Kind lebt.

AFFIRMATION

Ich lebe im Licht und bin optimistisch und vertrauensvoll. Ich akzeptiere alles, was mir zustößt, als etwas, das mir letztendlich guttut.

Kapitel vierzehn

Pfirsich —
»Die selbstlose Mutter«

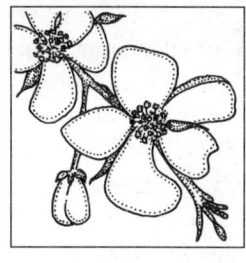

Prunus persica
(»Der Pfirsichpflaumen-
baum«)

»Ich bin Krankenschwester in einem kleinen Hospital an der Ostküste und habe gerade mit der Pfirsich-Essenz angefangen. Eines Abends letzte Woche kam einer der Ärzte zu mir. Sonst bittet er mich gewöhnlich immer um etwas, das eigentlich in seinen Verantwortungsbereich fällt und das ich überhaupt nicht tun will. Ich bin bei ihm deshalb immer kurz angebunden und nicht so gefällig wie bei den anderen. Diesmal habe ich aber fröhlich gesagt: »Hallo Doktor, was kann ich für Sie tun?« und staunte selbst über meine Reaktion. Der Arzt meinte, es sei schon alles erledigt, und er wollte nur mit mir einen Kaffee trinken.«

S. P., *Bristol*

»Ich möchte Ihnen erzählen, daß ich schon wenige Stunden nach der Einnahme die wunderbare Wirkung der Pfirsich-Tropfen gespürt habe. Ich wurde zu einem anderen Menschen, der nicht mehr so viel an sich selbst denkt, und das half mir, mich auf viele andere Dinge zu konzentrieren. Was für ein wunderbares Gefühl!«

M. R., *Scottsdale*

»Ich habe die Pfirsich-Essenz nur widerstrebend eingenommen und keine Veränderungen bemerkt, aber mein Chef sagte schon am nächsten Tag, er sei mit meiner Arbeit viel zufriedener.«

M. G., *Boulder*

»Mit Pfirsich-Essenz ist mir aufgefallen, daß ich viel nettere Briefe an meine Freunde schreibe und auch sonst viel besser kommuniziere.«

R. H., *Santa Fe*

»Ich habe die Pfirsich-Essenz vor zwei Tagen um halb acht Uhr morgens eingenommen und fühlte mich sofort sehr gelassen. Ich nahm den Zug zur Arbeit, setzte mich neben einen anderen Passagier und begann ein Gespräch. Ich vertraute ihm ganz persönliche Dinge an — so bin ich eigentlich sonst nicht. Von der Arbeit aus rief ich meine Eltern an, um ihnen einfach nur guten Tag zu sagen. Danach sprach ich mit einem Geschäftsfreund, mit dem ich seit Monaten keinen Kontakt mehr gehabt hatte, und dann rief ich sogar meine geschiedene Frau an! Es ist so, als wollte ich mich in andere Menschen hineinversetzen und sehen, wie sie sich fühlen.«

L. K., *Seattle*

»In nichts ähnelt der Mensch den Göttern so sehr,
wie wenn er seinen Mitmenschen etwas Gutes tut.«
Cicero

PFLANZE – FRUCHT – HEILKUNDE

Der Pfirsich ist schon an die viertausend Jahre alt. Seine Heimat ist China, wo er als Frucht der Unsterblichkeit verehrt wurde. Konfuzius schreibt schon im fünften Jahrhundert vor Christus über den *tao*, chinesisch für Pfirsich. Der Baum ist kleinwüchsig und sommergrün, hat keine lange Lebensdauer und wächst in warm-gemäßigten Zonen. Pfirsichblüten sind entweder klein und tiefrosa oder größer und hellrosa. Die Frucht selbst ist sehr unterschiedlich in Größe und Färbung. Pfirsiche sind reich an Vitamin A und werden vom Körper leicht verdaut. Sie wirken entsäuernd auf das Blut, regen die Verdauung an und sorgen für gute Hautfeuchtigkeit.

Qualität: Selbstlosigkeit
Botschaft: Sorge um das Wohlergehen anderer, Nähren und Bemuttern; Reife, Rücksicht, Empathie, Einfühlungsvermögen; auf die Bedürfnisse anderer eingehen, Schenken aus der Fülle heraus statt aus Bedürftigkeit
Disharmonien: Selbstsucht, Egozentrik, Gedankenlosigkeit; ausbeuterisch, anstrengend, andere aussaugend; Tendenz, andere an die Wand zu drücken und sich nach vorn zu drängeln; unfähig, die Welt mit den Augen anderer zu sehen; unfähig, Liebe anzunehmen

POSITION IM SPEKTRUM

Pfirsich mit seiner Position im fünften und letzten Haus des ersten Quadranten repräsentiert mit seiner frühen Blüte die Eigenschaften des Staunens, der Neuartigkeit und der unerschöpflichen Energie. Während sein Vorgänger Spinat das Kind verkörpert, dessen Bedürfnisse geachtet und erfüllt werden, richtet der Pfirsich diese Energie nun aus dem eigenen Gefühl der Fülle heraus nach außen, um andere zu nähren, und wird daher die »mütterliche Essenz« genannt.

Die »Pfirsich-Mutter« hat eine leichte Hand und eine erfrischende Energie, so wie eine Brise im Frühling, typisch für die jugendliche

Qualität des ersten Quadranten. Pfirsich zeigt keine ungeschickte Schwerfälligkeit. Er ist zudem die letzte weibliche Essenz und gebiert in gewissem Sinne die männliche Hälfte des Spektrums und den zweiten Quadranten, der mit dem Mais beginnt.

Positive Anwendungen

Umfassende Liebe und die Fähigkeit, die Bedürfnisse anderer vor die eigenen zu stellen, sind die Kennzeichen des Pfirsichs. Wir haben hier eine Mutter vor uns, die erst ihre Kinder füttert, ehe sie sich an den Tisch setzt, um selbst zu essen. Sie bezieht ihre Nahrung aus der Versorgung anderer. Im positiven Pfirsichzustand entdecken wir eine Liebe, die frei und bedingungslos geschenkt wird.

Vor einigen Jahren kam John zu mir in die Beratung, ein junger Mann, der gerade einen Schmuckladen eröffnet hatte. Er erzählte mir, wie schwierig seine Finanzlage sei und wie frustriert er durch die verschiedenen Probleme als Selbständiger mit seinem neuen Geschäft war. Es schien, als müsse er besseren Zugang zu den wahren Motiven für seine selbstgewählte Arbeit finden, daher schlug ich Pfirsich-Essenz vor. Eine Woche später kam John wieder vorbei, um mir zu sagen, daß sein Geschäft Aufschwung genommen habe, zusammen mit seinem Interesse, die Kunden auch gut zu bedienen.

Pfirsich ist ausgezeichnet für Lehrer mit Schülern aller Altersstufen, für Menschen, die mit Kindern arbeiten, und für Mütter. Die Essenz hilft auch Menschen, die eine Firma gründen, Selbständigen und jenen in Spitzenpositionen in Management oder Politik. Gute Verkäufer haben eine Menge positiver Pfirsich-Qualitäten. Sie wissen, daß ihr Erfolg davon abhängt, daß sie ihre Kunden zufriedenstellen und ihre Bedürfnisse erfüllen.

Negative Indikationen

Der negative Pfirsich-Zustand drückt sich als unangenehmes Verhalten ohne Ausstrahlung aus. Er verbindet das Geben mit selbstsüchtigen, niederen Motiven und verdirbt damit ansonsten reine Energie. Ein Mensch mit negativen Pfirsich-Qualitäten denkt mehr an das, was für ihn »dabei herausspringt«, statt gute Arbeit zu leisten und anderen wirklich zu helfen. Egozentrik und Selbstsucht sind

Symptome für den negativen Pfirsich-Zustand. Diese unangenehmen Eigenschaften stoßen andere Menschen ab und führen so zu Einsamkeit aufgrund der Unfähigkeit, Freundschaften einzugehen und aufrechtzuerhalten.

Depression ist die Folge von Selbstmitleid, einer negativen Pfirsich-Qualität. Wenn man sich nur auf die eigenen unerfüllten Bedürfnisse konzentriert und das größere Umfeld aus den Augen verliert, führt das garantiert zu Unglücklichsein. »Ich war traurig, weil ich keine neuen Schuhe hatte«, heißt es in einer Geschichte, »bis ich jemanden ohne Beine sah.«

Pfirsich als Themenessenz

Gestern habe ich mich mit Tara unterhalten, einem Pfirsich-Typ. Als ich sie bat, mir etwas über sich zu erzählen, das ihr wichtig erschien, sagte sie, daß ihre beiden Kinder einen wichtigen Teil ihres Lebens ausmachten und daß sie sie nicht gestillt hätte. (»Warum habe ich das bloß erwähnt?« bemerkte sie später. Vermutlich, weil es einen Hinweis auf ihre Themenessenz darstellte.)

Tara ist eine Lehrerin, die besonderen Wert darauf legt, in ihrer Klasse eine herzliche, natürliche Atmosphäre zu schaffen. Sie hat sich entschieden, ihre Schüler intellektuell zu fördern, statt ihr eigenes Wissen zu demonstrieren. Nachdem ihre Kinder groß waren, räumte sie ihr Zimmer um und strich es in einem hellen — was sonst? — Pfirsichton. Tara liebt Pfirsiche, aber entsprechend ihrem Typ nur die weiße Sorte, wenn sie voll ausgereift ist.

Pfirsich-Typen erkennt man leicht an ihrem sanften Lächeln und einer bestimmten Geschmeidigkeit in Gang und Bewegungen. Ihre Körpersprache ist anmutig, und sie bewegen sich in einem langsamen Rhythmus. Mit ihrer Gelassenheit und Sanftheit scheint ihre Energie ständig zu fragen: »Was kann ich für dich tun?« Ihre Gegenwart verleiht einem ein Gefühl von Wohlbehagen, Akzeptanz und echter Fürsorge. Sie rufen in uns den Wunsch wach, die Bedürfnisse anderer vor die eigenen zu stellen.

So hilft uns der Pfirsich, das eigene Bewußtsein auszudehnen. Wenn man sich in ein Problem verstrickt hat oder wenn das Leben nicht so läuft, wie man es gerne hätte, sollte man einen Pfirsich-Typ aufsuchen. Sie geben einem das Gefühl, daß alle Probleme nur geringfügig und vorübergehend sind.

Berühmte Pfirsich-Persönlichkeiten

Aschenputtel
Audrey Hepburn
Mutter Teresa
John Denver
Florence Nightingale
J. Donald Walters
Paul Newman
Sally Struthers
Jimmy Carter

Aschenputtel aus dem beliebten Märchen verdeutlicht am besten den perfekten Pfirsich-Typ. Diese sanfte Frau besaß eine innere Schönheit, die aus selbstloser Liebe entsteht — und die auch von der Asche, in der sie schlafen mußte, stets unberührt blieb. Sie strahlt auch das Pfirsichthema aus, mit der Natur eins zu sein und von allen Tieren und Pflanzen geliebt zu werden. In der ursprünglichen Fassung des Märchens von den Brüdern Grimm waren es »weiße Tauben und alle Vögel unter dem Himmel«, die ihr halfen, mit den unzähligen Pflichten fertig zu werden, die ihre Stiefmutter ihr immer wieder auftrug und die sie abhalten sollten, auf den Ball des Prinzen zu gehen. Es war auch nicht eine gute Fee, sondern ein weißer Vogel, der ihr die schönen Kleider für den Abend erschuf.

Sie schenkte ihre selbstlose Liebe sogar der grausamen Stieffamilie, und man kann leicht sehen, warum sie mit einem schönen Prinzen belohnt wird. (Obendrein gab es noch ein paar Designer-Schuhe für sie.) Die Moral der Geschichte lautet: Wenn wir lieben, kehrt diese Liebe auf magische Weise immer zu uns zurück.

Man könnte Aschenputtel möglicherweise auch Himbeere als Unterthema zuschreiben, weil sie keine bitteren oder rachsüchtigen Gefühle für diejenigen hegte, die sie so schlecht behandelt hatten. Mit ihrer selbstlosen Liebe und der bedingungslosen Vergebung der Himbeere verdeutlicht uns dieser Märchencharakter die schönsten menschlichen Eigenschaften.

Bekenntnisse eines Pfirsich-Typs: Georgia

»Ich wollte nie Kinder haben, nicht im geringsten. Mit Puppen habe ich auch nie gespielt. Das war einfach nicht meine Sache. Aber ich mag Kinder sehr. Ich hatte als Kind immer ganz enge Freundinnen und bin sehr treu. Mir liegt viel am Wohlergehen anderer Menschen. Sehr viel. Ich glaube, ich reagiere sehr empfindlich darauf, wenn andere Menschen verletzt werden; dann tut mir das genauso weh. Ich möchte gern ihre Leiden lindern, egal wie. Das nimmt bei mir die Form von Beratung, Mitgefühl und Sympathie an. Ich bin sehr mütterlich. Ich versorge andere gerne. Aber es geht weiter, als nur Mutter zu sein – ich fühle mich eher wie eine Weltmutter. Ich habe immer dieses Gefühl, daß so viele Kinder Hilfe brauchen.

Ich versuche ständig, meine Selbstlosigkeit zu kultivieren. Das finde ich gut. Abgesehen von meiner Meditation ist der Dienst an anderen das Wichtigste in meinem Leben.

Ich liebe Tiere und die Natur im allgemeinen. Zu Pflanzen habe ich auch eine besondere Beziehung. Von den Pflanzen und Tieren rings um mich her gewinne ich die Energie, die ich brauche. Das heilt mich geradezu. Wenn ich in meinem Kräutergarten arbeite, spreche ich mit den Pflanzen. Das gibt mir sehr viel. Ich habe für mich entdeckt, daß ich viel glücklicher bin, wenn ich einen Kräutergarten habe. Das gibt mir ein Gefühl von Ruhe, von Gelassenheit und von Bodenständigkeit. In meinem Garten gibt es eine Stelle, wo ich mich mitten zwischen meinen Kräutern einfach auf den Boden legen kann – das ist für mich reine Energie.

Ich liebe Pfirsiche. Aber ich habe in Kalifornien noch nie die richtige Sorte gefunden, die so wie die Pfirsiche zu Hause in Tennessee sind. Meine Mutter schälte sie immer und fütterte mich damit. Sie waren sehr saftig. Von Pfirsichen kann ich gar nicht genug bekommen. Neulich noch dachte ich, wie schade es ist, daß es im Winter keine Pfirsiche gibt, sondern immer nur Äpfel, Bananen und Orangen. Pfirsiche sind köstlich und saftig, Pfirsiche sind schön.«

Zusammenfassung

Wir sind uns wohl alle einig, daß wir in schweren Zeiten leben – wirtschaftlich gesehen, umweltmäßig und politisch. Unsere Welt leidet ganz offensichtlich. Mehr als je zuvor spüren wir das Bedürfnis nach der fürsorglichen Liebe der archetypischen Mutter. Sind wir nicht alle aufgerufen, diese Eigenschaft auszustrahlen? »Schenken bereichert«, lautet die Essenz des Pfirsichs. Durch Teilen stiften wir Frieden.

Ich habe das Glück, in einer spirituellen Gemeinschaft zu leben, die ein Pfirsich-Typ wäre, wenn wir sie typenmäßig einordnen würden. Die USA wurden auf den Prinzipien der Freiheit und Gleichheit gegründet. Das Ananda World Brotherhood Village beruft sich darüber hinaus auf innere Freiheit und Befreiung. Dieser Geist fördert unter den Mitgliedern den Wunsch, anderen zu helfen. Indem wir Pfirsich-Ideale verfolgen, teilen wir mit den anderen die Freude, die wir tagtäglich in unserem Leben finden, das dem Mitgefühl, der Kooperation und dem Dienst am Nächsten gewidmet ist.

Gegensatz- und Begleitessenzen

Pfirsich	Gegensatz	Begleiter
Dattel	bei kritischer Beurteilung anderer	für Sensibilität anderen gegenüber
Weintraube	für bedingungslose Liebe	für selbstlose Liebe und liebevollen Dienst
Himbeere	für Mitgefühl, Mitleid, anderen das Leben nicht schwermachen	für Menschen in Not dasein
Spinat	für das gesunde Kind	für die gesunde Versorgung unserer Kinder und von uns selbst
Erdbeere	für ein gesundes Selbstbild	für Integrität, die sich durch Geben entwickelt, bewußte Fürsorge mit gesunden Grenzen

Positive Ausdrucksweisen

Selbstlos
Aufrichtig an anderen interessiert
Selbstsicher

Verständnisvoll
Sensibel
Gut zuhören können
Einfühlsam
Fürsorglich
Nährend
Altruistisch
Human
Großzügig
Hilfsbereit
Bedingungslos liebend
Zuverlässig
Rein
Sanft
Freundlich
Unterstützend
Freudvoll

Negative Zustände

Erstickend
Egozentrisch
Selbstsüchtig
Streitsüchtig
Engstirnig
Märtyrerhaft
Einsam
Gierig
Einmischend
Desinteressiert
Rücksichtslos
Unsensibel
Grob
Achtlos
Depressiv
Egoistisch
Ausbeuterisch
Manipulativ
Bedürftig

Unsicher
Anspruchsvoll
Stellt Bedingungen
Vermittelt Schuldgefühle

VERSTÄRKUNG

Übernehmen Sie eine ehrenamtliche Aufgabe. Helfen Sie Menschen, die weniger privilegiert sind als Sie selbst.
Arbeiten Sie mit Kindern. Wenn Sie Alleinerziehende als Freundinnen haben, bieten Sie ihnen an, ihre Kinder zu hüten.
Spenden Sie Geld für wohltätige Zwecke, etwa zehn Prozent jeden Monat.
Schaffen Sie sich ein Haustier an und lernen Sie, es angemessen zu versorgen.
Machen Sie Ihrer Familie und Ihren Freunden Geschenke, nicht nur an Fest- und Geburtstagen.
Schenken Sie um des Schenkens willen, so viel Sie können.

VISUALISIERUNG

Der Frühling ist nur einen einzigen Tag – nein, einen einzigen Hauch – davon entfernt, in den Sommer überzugehen. Du stehst mitten in einem lichten Wald, und Sonnenstrahlen fallen durch das Unterholz.
Achte auf deinen Atem. Werde selbst zu jedem Atemzug. Beim Einatmen fühlst du, wie du wächst. Beim Ausatmen werden deine Füße zu Wurzeln und ziehen die nahrhaften Stoffe aus dem regenfeuchten Boden. Deine Hände sind nun zahlreiche Zweige, in denen Vögel und Eichhörnchen wohnen. Stell dir deinen Körper als einen stämmigen und wohlgeformten Baum vor.
Die Erde, die Sonne und der Regen haben dich gut behandelt. Wie kannst du es ihnen danken? Indem du zu einem liebevollen, fürsorglichen Baum wirst. Alle Rehe können hier Schutz vor dem Wind suchen, wenn sie sich an dem dicken Stamm niederkauern. Alle Vögel, die auf dir nisten, finden Schutz in deinen belaubten Armen. Und die Sonne selbst reserviert sich einen Platz in den höchsten Zweigen, wenn sie in der Abenddämmerung müde wird.

Atme diese Haltung selbstloser Liebe tief ein, die liebevolle Sorge für andere. Und nun wiederholst du die folgende Affirmation.

AFFIRMATION

Mit den Armen des Mitgefühls umschließe ich die Menschheit. Meine größte Freude liegt im Dienst an anderen.

Kapitel fünfzehn

Mais —
»Der Energiespender«

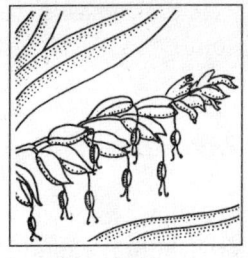

Zea mays
(»Zerealie, Gras oder Korn«)

»Ich muß Ihnen schnell ein paar Zeilen schreiben, um Ihnen zu sagen, wie wunderbar die Mais-Essenz ist. Nach dem Erdbeben in San Francisco von 1989 war ich ziemlich erschüttert — entsetzlich ausgelaugt und depressiv. Ich hatte gerade eine Woche zuvor eine neue Stelle angetreten. Ein paar Tage, nachdem ich mit der Mais-Essenz angefangen hatte, fühlte ich mich schon wie ein neuer Mensch — und das hat bis heute angehalten. Dazu halte ich eine ziemlich strenge Diät und habe schon zehn Pfund abgenommen. Ich habe jetzt viel mehr Energie, so daß ich mich stets positiv und klar fühle.«

S. G., *Mountain View*

»Ich hatte seit einer Woche Mais-Essenz eingenommen, als ich beschloß, aus meinem alten Wohnwagen in ein neues Haus umzuziehen. Die Essenz hat mir bei diesem Wechsel sehr geholfen. Und zwar rasch!«

B. M., *Nevada City*

»Ich machte eine Menge Veränderungen durch — eine Scheidung und Probleme mit meinem sechsjährigen Sohn. Ich nahm Mais, um die positiven Veränderungen zu verstärken, und es hat mir sehr geholfen.«

B. C., *Nevada City*

»Die Mais-Essenz scheint besser zu wirken, als ich jemals gedacht hätte. Ich brauche mich jetzt morgens nicht mehr mühsam aus dem Bett zu quälen — das ist absolut erstaunlich für mich.«

J. D., *Flagstaff*

»Meine Frau wechselt gerade die Arbeitsstelle, und normalerweise wäre sie jetzt unsicher und ängstlich, wie es wohl weitergeht. Sie ist sonst leicht bedrückt und denkt immer nur an das Schlimmste. Sie nahm zweimal Mais-Essenz und meint nun, es hätte großartig gewirkt. Sie hat jetzt viel mehr Energie.«

R. C., *Dallas*

»Mit Mais konnte ich die Energie aufbringen, die Probleme zu erkennen, die ich mit mir herumschleppte. Ich konnte offen mit meinem Freund sprechen und die Atmosphäre zwischen uns bereinigen.«

C. H., *München*

»Nichts, das man freiwillig tut, bereitet einem Mühe.«
Thomas Jefferson

Pflanze – Frucht – Heilkunde

Mais ist das einzige Getreide, das aus Amerika stammt. Es wird inzwischen in vielen Regionen der Welt angebaut – in tropischen wie subtropischen Ländern. Vermutlich hat man Mais schon vor siebentausend Jahren in Mexiko angebaut. Neben seiner Eigenschaft als Nahrungsmittel haben die nordamerikanischen Indianer, die Inkas, Mayas und Azteken ihn als Währung, Schmuck, Baumaterial und zu dekorativen Zwecken benutzt. Als einjähriges Gras braucht der Mais drei bis fünf Monate zum Reifen. Die weiblichen Blüten sitzen tiefer am Stengel, die männlichen Blüten bilden fedrige Büschel an der Spitze. Mais besitzt eine sehr ausgewogene Nährstoffzusammensetzung. Er ist leicht verdaulich, hat viele Faserstoffe, ist reich an Magnesium und Phosphor und gut für Gehirn und Nervensystem. Maismehl, Kerne und Kolben können therapeutisch eingesetzt werden, um den Cholesterinspiegel zu senken, das Verdauungssystem zu regulieren, die Nieren zu kräftigen und Hautunreinheiten zu beseitigen.

Qualität: Geistige Vitalität
Botschaft: Energie, Freude, Enthusiasmus, Arbeitseifer; Initiative ergreifen, im Augenblick leben, Herausforderungen begrüßen; günstig für Neuanfänge
Disharmonien: Trägheit, Unentschlossenheit, Unwilligkeit, blockierte Energie, Verschlossenheit, Zögern, Widerstand, Lethargie; Aufgaben aufschieben, keine Verantwortung übernehmen

Position im Spektrum

Der Mais steht am Beginn der männlichen Hälfte des Spektrums. Aus dem Pfirsich geboren, umfaßt er die männlichen Eigenschaften des Antriebs, der Ausdrucksstärke, des Aufbauens und des Willens, etwas zu leisten. Das erste Haus des zweiten Quadranten repräsentiert die Energie des Sommers und der Jugendlichkeit mit ihrer schwungvollen Begeisterung. Der Sommer, die wärmste Jahreszeit des Jahres, hat ein bestimmtes Feuer, das in der Lebenskraft und Überschwenglichkeit von Mais gut zum Ausdruck kommt.

Positive Anwendungen

Der positive Mais-Zustand ist ein Beispiel dafür, im Augenblick zu leben. Statt etwas aufzuschieben, wollen wir hier und jetzt alles. Statt auf Autopilot zu fahren, schalten wir einen höheren Gang ein. Im positiven Mais-Zustand erledigen wir alle Aufgaben und sind, was noch wichtiger ist, innerlich bereitwilliger und setzen mehr Energie ein, um notwendige psycho-emotionale Veränderungen vorzunehmen. Eine Frau rief mich an, um mir mitzuteilen, daß sie nach einer Dosis Mais am Abend am nächsten Morgen im Badezimmerspiegel ihr eigenes Bild nicht mehr erkannte.

»Es ist heute bedeckt, ich bleibe lieber zu Hause.« »Es regnet schon wieder – das geht mir wirklich auf die Nerven.« Was haben diese beiden Bemerkungen gemeinsam? Oberflächlich gesehen das Wetter. Aber auf einer tieferen Ebene beleuchten beide eine Abhängigkeit von äußeren Umständen, damit unser Leben funktioniert. Wenn etwas so Simples wie das Wetter nicht nach unseren Wünschen verläuft und unsere Pläne für den Tag verderben kann, was passiert dann wohl bei einer echten Tragödie, einem Hurrikan oder einem Erdbeben? Schauen wir uns zwei Reaktionen auf das an, was wir als »Tragödie« bezeichnen, die eine aus dem positiven Mais-Zustand heraus, die andere aus dem negativen Mais-Zustand.

Die Zeitungsartikel nach dem Erdbeben von Los Angeles im Januar 1994 befaßten sich ausgiebig mit den Opfern: reiche Leute, die ihre stattlichen Häuser, ihr Land und alles außer dem nackten Leben verloren hatten. Man zeigte in Großaufnahme Wut, Ungläubigkeit und das Bedürfnis der Opfer, jemanden dafür verantwortlich zu machen. Sie schienen alle zu fragen: »Warum gerade ich?« Hier wäre der positive Mais-Zustand wichtig gewesen.

Im Gegensatz zu diesen Erdbebenopfern verloren Freunde von mir vor ein paar Jahren ihr selbstgebautes Haus durch einen Waldbrand. Ihr Sohn war damals nur wenige Wochen alt. »Nun«, meinte der Mann, als er den Schaden begutachtete, »immerhin brauchen wir uns jetzt nicht mehr um das Loch im Dach zu kümmern.«

Was ist der Unterschied zwischen diesen beiden Reaktionen auf ähnliche Umstände? Offensichtlich eine andere Qualität der Energie.

Im einen Fall ist es die Haltung: »Das Leben will uns immer nur Schlechtes«, im anderen, dem positiven Mais-Zustand, erkennen wir den Entschluß, alle Energie in die Bewältigung der Umstände zu stecken und Widrigkeiten fröhlich zu überwinden.

Beim positiven Mais-Zustand geht es nicht um die Quantität, sondern um die Qualität der Energie. Mais bringt uns vielleicht nicht gerade dazu, an einem Marathonlauf teilzunehmen, aber er verstärkt die Energie, mit der wir auch kleine Aufgaben angehen. Eine gute Definition würde lauten: Mais ist lebensbejahend. In dieser Haltung beginnt man lange aufgeschobene Projekte, macht Hausarbeit und Routineaufgaben mit Freude, und selbst der Montagmorgen ist nicht so schlimm. Der positive Mais-Zustand ermutigt uns, alte Dinge auf neue Weise anzugehen.

Mais wirkt außerdem hilfreich, wenn wir neue Projekte anfangen, eine neue Arbeitsstelle etwa, oder wenn wir an eine Veränderung denken. Wir freuen uns dann auf ein neues Schuljahr, einen Umzug, den Beginn der Universität (sowohl als Eltern wie auch als Kind) oder eine Beförderung.

Negative Indikationen

Negative Mais-Zustände zeigen sich als Energiemangel, Lethargie, Trägheit und als unser schlimmster Feind: Unwilligkeit. Diese Qualität ist so hinderlich für jeglichen Energiefluß, daß wir sie gut und gerne als Energiefresser bezeichnen können. Sicher haben auch Sie schon einmal vor diesem Monster gestanden. Es ist träge und sprechfaul, und sein Vokabular besteht aus einem einzigen Wort: »Nein!« Es kann uns in einem einzigen Moment sämtliche Energie rauben.

Das Wort Vitalität stammt vom lateinischen *vita* ab, was Leben heißt. Leben ist gleichbedeutend mit Energie. Je mehr Vitalität wir haben, um so begeisterter betrachten wir das Leben.

Stellen wir uns das folgende Szenario vor. Es ist Freitag abend, und Sie sind nach einer besonders anstrengenden Arbeitswoche restlos erschöpft. Nichts wirkt verlockender als ein fauler Abend vor dem Fernseher und eine Mahlzeit aus der Mikrowelle. Sonst haben Sie für nichts Energie; außerdem steht Ihnen das jetzt zu. Da läutet das Telefon. Ein Freund, den Sie schon lange nicht gesehen haben, lädt Sie zu einem Konzert mit Ihrer Lieblingsband ein. Sie hatten gar nicht gewußt, daß sie in der Stadt gastieren. Wumm! Die Lethargie ist verschwunden, und Sie sind in wenigen Minuten bereit, die Nacht durchzumachen.

Es gibt wohl kaum einen besseren Beweis dafür, daß Energiemangel sich ausschließlich im Kopf abspielt — sofern man körperliche Gründe ausschließen kann. Haben Pantoffelheinis wirklich Spaß an ihrem Dasein? »Nach einem Tropfen Mais-Essenz«, schrieb mir eine Mutter von zwei Kindern, »habe ich Katies Zimmer aufgeräumt und gesagt: ›Jetzt machen wir es richtig gemütlich.‹ Ich tanzte geradezu bei der Hausarbeit. Ich putze zwar regelmäßig, aber nicht mit dieser Begeisterung. Das hat mich wirklich verändert.«

Der negative Mais-Zustand zeigt sich auch als Unentschlossenheit. »Was du heute kannst besorgen, das verschiebe nicht auf morgen.« Wie leicht lassen sich Tausende von Gründen finden, um solchen Energiemangel zu beschönigen. Denken wir an das klassische Beispiel von Leuten, die das Rauchen aufgeben wollen. »Das ist doch das Leichteste in der Welt«, sagte Mark Twain dazu, »das habe ich schon Hunderte von Malen geschafft.«

Mais als Themenessenz

»Energie und Freude gehen Hand in Hand«, sagt ein Sprichwort, das die Essenz des Mais genau einfängt. Demnach erkennt man Mais-Typen auf den ersten Blick, wenn man ihnen begegnet: Sie sind nicht sehr subtil — Begeisterung strahlt bei ihnen aus allen Poren. Manchmal scheinen sie auf vollen Gang vorwärts eingestellt zu sein, und ihre Körpersprache verrät sie auf den ersten Blick: rasche Bewegungen, lebhaft in Gestik und Mienenspiel und eine Stimme, die immer einen Ton zu laut ist. Diese Kennzeichen verraten den Mais-Typ. Sie haben schnelle Reaktionen und sind im allgemeinen sehr kreativ. Man empfindet in ihrer Gegenwart immer eine lebhafte Freude und fühlt sich angeregt, auch ins eigene Leben mehr Energie zu bringen. Doch es ist nicht einfach, mit ihnen Schritt zu halten!

Berühmte Mais-Persönlichkeiten

Henry Ford
Carol Burnett
Lucille Ball

Jay Leno
Frank Lloyd Wright
Herbert Hoover
Die Gebrüder Wright
Charles A. Lindbergh

Henry Ford (1863—1947) ist ein exemplarischer Mais-Typ, der etwa fünfzig Jahre seiner Zeit voraus der Öffentlichkeit ein erschwingliches Automobil schenkte. Neue Ideen und eine neue Effizienz — seine geniale Anwendung des Fließbandes und der Massenproduktion — gab vielen Menschen das, was er »eine Chance, keine Wohltätigkeit« nannte. Dieser Millionär hat nichts verschenkt — aber gute Löhne an diejenigen gezahlt, die bereit waren, ihre Energie einzusetzen.

Fords Lebensfreude inspirierte einen seiner Freunde an, ihn als jemanden zu beschreiben, der »ins Zimmer glitt wie ein fröhlich zwinkernder Panther«. Er war ein einfacher, aber energiegeladener Mann, der gern tanzte, viele Freunde hatte und gern in Gesellschaft war. Er allein war für das Wirtschaftswunder verantwortlich, das die Fordwerke heute darstellen. »Fang da an, wo du bist!« lautete eines seiner bekannten Mottos, das die unbezähmbare Vitalität des Mais-Typs gut beschreibt.

BEKENNTNISSE EINES MAIS-TYPS: SONJA

»Irgendwelche Besonderheiten? Nun, ich bin verrückt nach Kaffee, und mein Verlobter meint, ich finge alles am falschen Ende an!

Zur Zeit bin ich arbeitslos. Aufgrund von Veränderungen bei meiner alten Arbeitsstelle in einem Buchvertrieb sah es so aus, als würde meine Arbeit nicht mehr so interessant sein. Statt einen langweiligen Job zu machen, habe ich lieber gekündigt. Ich konnte mich nicht dazu durchringen, jeden Tag dorthin zu gehen und die gleichen monotonen Handgriffe endlos zu wiederholen, Tag für Tag, während andere Leute ringsum kreative Dinge machen, an denen sie Spaß haben. Ich kann das einfach nicht.

Ich beschloß daher, mir eine Teilzeitstelle zu suchen. Mir ist es egal, was ich tue, Hauptsache, es macht mir Spaß. Ich bin ich nicht sonderlich anspruchsvoll, aber ich brauche einen Job, der mich geistig anregt und wo ich mit dem Herzen dabei bin. Ich beschloß, eine

Weile in die Großstadt zu ziehen und mir entweder eine Stelle zu suchen, bei der ich viel Geld verdiene, damit ich das nicht lange zu tun brauche, oder eine mit weniger Geld, die mir aber Spaß macht, bis ich etwas Besseres am Wohnort meines Verlobten finde. Es macht mir nichts aus, arbeitslos zu sein.
Ich bin also umgezogen. Jetzt arbeite ich für einen Servicedienst und spreche den ganzen Tag am Telefon mit den Kunden. Sie rufen mich an und sagen, welche Art von Betreuung sie suchen, und ich vermittle dann jemanden. Ja, das macht mir Spaß. Es ist herausfordernd, und ich bin mit dem Herzen dabei, weil ich mit Menschen zu tun habe. Es rufen mich Leute an, die in einer Krise stecken, und ich kann ihnen helfen.
Ja, ich halte mich für jemanden mit viel Energie. Vitalität? Nein. Ich habe eine Menge Energie, aber ich bin nicht besonders gesund, daher finde ich nicht, daß ich vital bin. Geistig vielleicht. Körperlich aber nicht. Ich bin ausdauernd, aber nicht sehr fit, daher finde ich nicht, daß ich Vitalität habe.
Ich mag Mais sehr gern. Ich liebe Maiskolben. Die habe ich immer schon gemocht. Mais gehört zu meinen Lieblingsgemüsen. Ich esse gern Maistortillas, Maischips, Maiskolben, Maisbrot – alles mit Mais. Ich bin die Liste der Essenzen durchgegangen, und Mais ist mir sofort aufgefallen.«

Zusammenfassung

Das griechische Wort *Zea* (der botanische Name von Mais) stammt vom griechischen *zao*, was »ich lebe« bedeutet. Viele nordamerikanischen Indianerstämme betrachteten den Mais als heilige Pflanze und veranstalteten das Ritual des »Maistanzes«, um Regen für ihre Ernte herbeizuzaubern. Mais ist ein Synonym für das Leben selbst, so wie Mais-Essenz die Energien enthält, ohne die das Leben unmöglich wäre.

Kennen Sie die Kindergeschichte von dem kleinen Zug? Er wiederholte immer wieder: »Ich glaube, ich kann es, ich glaube, ich kann es!« So spricht auch der Mais. Mais ist die Essenz der Willensstärke, der Entscheidungen, der fröhlichen Erledigung aller Aufgaben. Aber am wichtigsten ist die Botschaft des Mais, daß wir genug geistige Vitalität und Energie haben, die wir zur Erfüllung der vor uns liegenden Aufgaben brauchen.

Gegensatz- und Begleitessenzen

Mais	Gegensatz	Begleiter
Apfel	für spezifisch gesundheitsbewußte Energie	für dynamischen, freien Energiefluß
Avocado	für einen bestimmten Schwerpunkt der Energie	für Klarheit und zentrierte Energie
Kokosnuß	um Aufgaben auszuführen und zu vollenden	für stetige, hohe Energie
Tomate	gegen Schwächen und Ängste	für einen Energieschub bei Schwierigkeiten

Positive Ausdrucksweisen

Bereitwillig
Willensstark
Leistungsorientiert
Energisch
Vital
Kräftig
Freudig
Eifrig
Enthusiastisch
Voll frischem Geist
Erfinderisch
Innovativ
Voll Initiative
Empfänglich
Kreativ
Lebensbejahend

Negative Zustände

Erschöpft
Ausgelaugt

Antriebslos
Gelangweilt
Gelähmt
Blockiert
Lustlos
Vorwände suchend
Autopilot-Zustand
Energielos
Unwillig
Träge
Lethargisch

Verstärkung

Suchen Sie neue Orte für alte Gewohnheiten — zum Essengehen, Einkaufen und zur Unterhaltung.
Treiben Sie Sport. Treten Sie einem Fitneß-Club bei, um die Unterstützung einer Gruppe zu haben.
Gehen Sie jeden Tag eine Stunde in raschem Tempo spazieren.
Nehmen Sie ein neues Hobby auf.
Versuchen Sie es mit einer neuen Sportart, ob als Spieler oder als Zuschauer.
Vermeiden Sie Kaffee, Tee und zu viel Zucker in Ihrer Ernährung.

Visualisierung

Der Schnee des langen Winters schmilzt auf hohen Bergen bis spät in den Frühling hinein. Eiszapfen verwandeln sich in kleine Bäche, rinnen über Felsen und umgestürzte Bäume. Dieser Tag malt kühne Grüntöne, die den Beginn der neuen Jahreszeit verkünden.
　Der Sommer bricht aus dem Schoß des wohlgenährten Frühlings hervor, die Erde wird nun durch die höher stehende Sonne gewärmt. Der Tanz des neuen Lebens, von einer allwissenden Mutter Natur choreographiert, hat begonnen. Alle lebendigen Dinge drücken sich in aktiver Handlung aus. »Laufe!« drängt der Fluß, »Fliege!« ruft die Lerche. »Flattere«, flüstert der Schmetterling. Aus allen Richtungen kommt der Chor, selbst aus den Wolken herab: »Energie«, sagt die Brise. »Vitalität«, singt der Bergbach. »Freiheit!« ruft der Wind.

Alle Elemente der Natur vereinigen sich in Harmonie. Und die Ewigkeit erwacht im gleichen Moment.

Affirmation

Ich stelle mich mit unbegrenzter Energie und unendlichen Kräften der Welt.

Kapitel sechzehn
Tomate —
»Der zielstrebige Kämpfer«

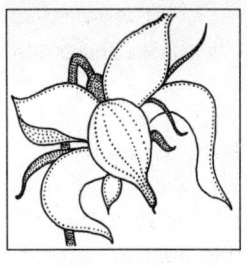

Lycopersicon
esculentum
(»Die schmackhafte Wolfsfrucht«)

»Mein siebenjähriger Neffe nimmt sehr gern Tomaten-Essenz ein. Das hat ihm ganz bestimmt dabei geholfen, daß er nun keine Alpträume mehr hat.«

R. B., Hayward

»Ich habe im Urlaub zugenommen, was mich richtig deprimiert hat. Daher nahm ich Tomaten-Essenz, und die hat mir gezeigt, daß ich eigentlich eine Kämpfernatur bin und sehr gut mit meinen Problemen fertig werden kann.«

U. R., Plano

»Ich machte eine sehr strenge Diät, und mir wurde dabei sehr schwach und schwindlig. Die Tomaten-Essenz wirkte unmittelbar dagegen. Ich fühlte mich wieder standfest.«

K. K., Nevada City

»Die Tomaten-Essenz wirkte für mich wie ein Anker. Sie half mir, eine Gerichtsverhandlung durchzustehen. Ich konnte mich den Tatsachen stellen — und meine Angst ignorieren. Daher war ich sehr gelassen.«

B. S., Irving

»Ich fühlte mich schon sehr lange emotional niedergeschlagen. Als ich anfing, Tomaten-Essenz zu nehmen, wurde ich innerlich wach und fühlte mich gleich viel klarer.«

H. E., Menlo Park

»Alle, die zu mir kommen, um sich die Zähne richten zu lassen, sagen: ›Ich hasse Zahnärzte.‹ Ich gebe meinen Patienten Tomaten-Essenz, und sie wirkt immer wunderbar.«

D. S., Los Angeles

»Feiglinge sterben unzählige Male vor ihrem Tod,
doch der Tapfere schmeckt ihn nur einmal.«

Shakespeare

Pflanze – Frucht – Heilkunde

Die Tomate, die in den Anden Südamerikas zu Hause ist, wurde im sechzehnten Jahrhundert als *pomodoro*, als goldener Apfel, in Italien eingeführt. Man hielt sie ursprünglich für giftig, und in der Makrobiotik ist sie als Nachtschattengewächs immer noch unerwünscht. Die Tomate ist eine einjährige Blattpflanze mit einem schwach ausgebildeten Stengel. Die Blüte besitzt einen fünfzipfligen grünen Kelch und fünf winzige gelbe Blütenblätter. Die Züchter betrachten sie als Gemüse, doch botanisch wird sie als Frucht klassifiziert. Wie bei Beeren sind die Früchte fleischig und enthalten mehrere Samen. Tomaten sind reich an Nährstoffen, besonders an Vitamin A, und gut zur Blut- und Leberreinigung. Wegen ihres Kaliumgehalts sind sie auch günstig bei Nierenproblemen und Bluthochdruck.

Qualität: Seelische Kraft und Mut
Botschaft: Unbesiegbarkeit, seelischer Schutz, Hoffnung, Stabilität; das Wissen, daß es kein Scheitern gibt, sondern immer weitere Möglichkeiten; Glauben an sich selbst, Schutz vor negativen Energien in Menschenmengen und bei Reisen
Disharmonien: Angst, Schwäche, Alpträume; Zurückgezogenheit, Trotz, Schüchternheit, von leichtem Zögern bis zu schweren Ängsten; Fatalismus, Süchte, Instabilität; für den Streß des Stadtlebens

Position im Spektrum

Die Tomate als »Kämpferessenz« ist im zweiten Haus des zweiten Quadranten angesiedelt. Sie besitzt die geballte Energie des Mais und wirft sich in den Kampf gegen unsere Ängste, Blockaden und Schwächen. Tomate konzentriert die rohe Energie des Mais in die Eigenschaften von Kraft und Tapferkeit. In der Tomate verbindet sich die männliche Hälfte des Spektrums mit dem zielstrebigen Feuer des zweiten Quadranten. Stark und kampfbereit plant der Kämpfer seine Strategien, trifft rasche Entscheidungen und setzt sie in die Tat um. Energie plus mutige Handlung, das ist Tomate.

Positive Anwendungen

Vielleicht kennen Sie das chinesische Sprichwort: »Die Angst klopfte an die Tür, Vertrauen öffnete sie — und draußen war niemand zu sehen.« Das ist ein typisches Tomaten-Motto. Wir können die Tomate auch als »konservierte Munition« bezeichnen. Der positive Tomate-Zustand kann mit einem einzigen Wort beschrieben werden: Stärke. Die Tomate spricht zu uns von Hoffnung, Sieg und Triumph. Und wenn sich die Probleme länger hinziehen, hilft uns die Tomate, Standhaftigkeit zu entwickeln.

»Rasch wechseln die Ereignisse in einem Menschenleben, die Sorgen von heute sind nur selten die von morgen, und wenn wir uns zur Nacht niederlegen, können wir zu den meisten unserer Probleme getrost sagen: ›Das Schlimmste haben wir hinter uns, und jetzt ist damit Schluß.‹« Diese Worte stammen von dem englischen Dichter Cowper und passen sehr gut zur Essenz der Tomate.

Die Schwingungen der Tomate wirken auch auf zukünftige Ängste, die auf vergangenen Traumata beruhen, wie Unfälle, Krankheiten oder Operationen — eigentlich alle invasiven Erfahrungen des menschlichen Körpers und der Aura. »Ich habe Tomaten-Essenz eingenommen, um mit einem schweren Motorradunfall fertig zu werden, der mich fast zum Krüppel machte«, erzählt Tom. »Dadurch gewann ich mehr seelische Kraft. Ich nahm sie weiter, als der Schock abklang und die Angst sich in mir breitzumachen versuchte. Aber sie bekam nie die Chance, sich zu entwickeln.«

Oft entstehen auf Reisen bestimmte Ängste. Tomate wird hier zum wertvollen Begleiter, weil sie sich dieser Gefühle annimmt, seien es nun Unsicherheit und Desorientiertheit in fremder Umgebung oder die nackte Angst vorm Fliegen. Auch wenn wir nur einen Tag lang in die nächste Stadt zum Einkaufen fahren, bietet uns die Tomate seelischen Schutz vor fremden oder negativen Energien. Virginia berichtete: »Zu meinem neuen Management-Job gehört es, daß ich viel reise. Ich habe aber entsetzliche Angst vorm Fliegen und würde mich nie ohne Valium und zwei Gläser Whiskey in ein Flugzeug setzen. Doch die Tomaten-Essenz hat sowohl die Pille wie den Alkohol überflüssig gemacht. Ich nehme sie am Tag des Flugs und bin ganz ruhig.«

Negative Indikationen

Die Tomate hilft uns im Kampf gegen schlechte Angewohnheiten wie auch gegen starke Süchte. Eine Sucht kann sich als Drogenmißbrauch äußern, als Rauchen, Völlerei, falsche Ernährung, als schädliche Beziehung und selbst als die scheinbar banale Schwierigkeit, morgens aufzustehen.

Wenn wir schlechte Angewohnheiten wiederholen, bestärken wir sie. Diese Fehlhandlungen schaffen sich einen festen Platz in unserem Gehirn und werden immer schwieriger zu kontrollieren. »Ich weiß, daß mir die Tomaten-Essenz ungeheuer geholfen hat«, schrieb mir eine Frau aus Sacramento, »denn vor ein paar Tagen ging sie mir aus, und ich merkte den Unterschied sofort. Ich konnte mit Hilfe der Tomaten-Essenz eine für mich sehr schädliche Beziehung beenden, obwohl der Mann sich ständig Mühe gibt, sich wieder mit mir zu versöhnen.«

Wir können wohl davon ausgehen, daß Süchte in einem grundsätzlichen, aber fehlgeleiteten Glücksbedürfnis ihren Ursprung haben. Auf bestimmte Weise ist der Mißbrauch von suchterzeugenden Substanzen und Verhaltensformen ein Versuch, ohne Leid zu leben. Tomate stärkt uns mit der Erfahrung eines Glücks von innen heraus, das die zwanghaften Bedürfnisse ersetzt, die ansonsten zum physiologischen Suchtgefühl werden.

Es muß sich aber nicht immer um große Kämpfe handeln. Vielleicht wollen wir einfach nur ein paar Pfund abnehmen. Doch die Entmutigung durch ein Scheitern — besonders, wenn es sich wiederholt — untergräbt unsere Hoffnung auf Erfolg. Wenn wir uns selbst sagen hören: »Das sollte ich aber nicht tun«, oder: »Ich fange gleich morgen damit an« (ähnlich wie bei der Unentschlossenheit des negativen Mais-Zustandes), verbalisieren wir den negativen Tomate-Zustand.

In Wirklichkeit sagen wir nämlich: »Ich glaube eigentlich nicht daran, daß ich die Kraft habe, mich jetzt damit zu befassen.« Die Tomate erinnert uns daran, daß unsere Kraft aus unserer Schwäche erwächst.

Der negative Tomate-Zustand drückt sich als Angst vor bekannten und unbekannten Dingen aus: als Angst vor Schwäche, Angst vor Flugzeugen und Autos, als Unsicherheit nach einem Unfall. Er umfaßt auch Probleme des wiederholten Scheiterns, Minderwertigkeitsgefühle, Versagensangst und Unsicherheit. Die Tomate hilft jenen, die ihrer eigenen Kraft nicht trauen und sie nicht akzeptieren. »Ich nahm Tomaten-Essenz ein, um mich besser von meinem ältesten Kind trennen zu können, als sie aufs College ging«, schrieb Alena. »Dabei wurde mir zum erstenmal klar, daß die Essenzen nicht direkt die Gefühle verändern, sondern uns helfen, mit ihnen umzugehen und sich dann von ihnen zu lösen. Darin lag meine Stärke. Ich nahm die Essenz nicht, damit ich nicht ständig weinen mußte, sondern, um meinen Tränen freien Lauf zu lassen. Erst dann konnte ich meine Tochter freudig ausziehen lassen.«

Wenn Ängste im Schlaf mit dem Unbewußten spielen, erleben wir den negativen Tomate-Zustand als Alptraum. Tomate ersetzt diese verhüllten Ängste durch ein Gefühl von innerer Sicherheit, ein Wissen, daß die Angst verschwinden wird, so wie die Nacht in den Tag übergeht.

TOMATE ALS THEMENESSENZ

Ein eindeutiges Merkmal des Tomate-Typs ist die Stimme, die Zielstrebigkeit und Überzeugungskraft ausstrahlt. Bei Frauen hört man einen leicht rauhen Unterton. Tomate-Typen haben im allgemeinen eine gute Körperhaltung: Die Schultern sind entspannt, der Brustkorb offen, das Kinn parallel zum Boden, so als wolle man allen Prüfungen aufrecht entgegentreten.

Man spürt, daß dieser Typ nicht nur für alle Kämpfe gerüstet ist, sondern auch offen für ihren Ausgang, wie immer er aussehen mag. Tomate-Typen sind wach, reaktionsschnell und auf alles vorbereitet. Und sie können ihre Siege feiern. Sie sind gute Gefährten. Sie helfen anderen, furchtlos zu handeln und sich mutig auch großen Schwierigkeiten zu stellen.

BERÜHMTE TOMATE-PERSÖNLICHKEITEN

Galileo Galilei
Jean-Luc Picard
Captan Kirk
James Bond
General Patton
Helen Keller

Rudolph Nurejew
Rachmaninoff
Andrew Jackson

Galileo Galilei (1564—1642) war ein Wissenschaftler und Erfinder, Physiker und Philosoph der Renaissance-Zeit. Er verkörpert sehr gut die Eigenschaften der Tomaten-Essenz. Finanzielle Schwierigkeiten zwangen den jungen Galileo, sein Mathematikstudium abzubrechen. Doch dadurch und durch andere Rückschläge wurde er nur bestärkt, und seine Entdeckungen mittels eines einfachen Teleskops, eines Instruments, zu dessen wissenschaftlicher Entwicklung er erheblich beitrug, revolutionierten die mittelalterliche Vorstellung vom Universum.

Nach den Maßstäben seiner Zeit galt Galileo daher als Ketzer. 1633 mußte er wegen seiner These, die Sonne und nicht die Erde sei das Zentrum des Universums, vor das Inquisitionsgericht treten. Er entkam nur knapp dem Scheiterhaufen. Galileos Leben war voller Prüfungen für seine übermenschliche Kraft und seinen Pioniergeist. Er wurde wegen seiner revolutionären Theorien angegriffen, beharrte aber auf seinen Überzeugungen — gegen eine gesamte Ära.

BEKENNTNISSE EINES TOMATE-TYPS: VICTOR

»Ich habe einen Managerposten in einer kleinen Firma und bin da so eine Art Blitzableiter für viele Probleme. Meine Arbeit hat aber auch viele positive Seiten.

Ich arbeite an meiner Kraft und Energie. Manchmal brauche ich einfach noch mehr Stärke. Das ist für mich ein wichtiges Thema. Ich brauche eindeutig mehr Ausgeglichenheit und glaube, daß ich von innen heraus eine Menge Energie entwickeln kann. Ich brauche aber die Ausgewogenheit, damit es so fließen kann, wie ich es brauche.

Es gibt ein paar Beziehungen in meinem Leben, an denen ich arbeiten muß. Ich fühle mich ständig von anderen beurteilt und muß das weniger persönlich sehen. Sonst werde ich gehemmt, belastet, traurig und verletzt. Diese Schwierigkeit bewältige ich mit Ausdauer. Wenn ich glaube, daß Worte am Platz sind, kommuniziere ich. Aber sehr oft habe ich das Gefühl, nichts dagegen tun zu können. Ich glaube aber, wir sollten unsere Schwierigkeiten begrüßen, denn sie sind Bestandteil unseres Befreiungsprozesses.

Es war schon komisch, als ich neulich mit vier meiner besten Freunde einen Wanderurlaub machte. Sie hatten das für meinen Geburtstag arrangiert. Wir zogen also los in die freie Natur, saßen mitten in der Nacht in bester Laune ums Lagerfeuer und fragten uns: ›Warum sind wir hier, in diesem Leben?‹ Anders ausgedrückt: Was wollen wir hier lernen? Es schien so, als würde jeder von uns genau das nennen, was die anderen bereits als seine größte Stärke betrachteten. Jeder von uns nannte genau das als sein Ziel. Das war sehr interessant.

Ich vermisse Tomaten im Winter immer sehr und bin sicher, daß das mit den Schwingungen zu tun hat. Ich esse auch unheimlich gern Salsa.«

ZUSAMMENFASSUNG

Es gibt eine alte texanische Volksweisheit, die besagt: »Wenn eine Tomate keine Früchte produziert, schlage sie mit einem Stock und schüttele sie — und die Tomaten fangen an zu wachsen.« Es sieht so aus, als sei auch die Tomate selbst furchtlos. Wenn wir Angst haben, konzentrieren wir uns auf uns selbst und akzeptieren diese Furcht. Unsere Energie ballt sich zusammen. Aber im expansiven Tomate-Zustand können wir Angst in Mut verwandeln.

Die Botschaft der Tomate liegt in der Erkenntnis, daß Sieg nicht unbedingt Gewinnen bedeutet. Es hat eher etwas mit unserer Einstellung zu Kraft und Tapferkeit zu tun, die Erfolg und Hoffnung anziehen.

Gegensatz- und Begleitessenzen

Tomate	Gegensatz	Begleiter
Mandel	für Selbstkontrolle und Disziplin	für seelische und emotionale Kraft im Kampf gegen Süchte
Apfel	für Ängste um die Gesundheit	für Vertrauen in die Fähigkeit, Hindernisse zu überwinden
Banane	für stille Kraft	bei Verstrickung und übermäßiger Aufregung
Kokosnuß	für Ausdauer bei Herausforderungen und Problemen	für Ausdauer, besonders bei zähen Problemen
Mais	für die Energie, einen Kampf auszutragen	für frische Energie, wenn die Kraft schwindet
Salat	für erregte Gefühlszustände, auch Lampenfieber	für »Ruhe in der Schlacht«

Positive Ausdrucksweisen

Stark
Tapfer
Erfolgsorientiert
Standhaft
Unerschrocken
Seelisch geschützt
Hoffnungsvoll
Unbesiegbar
Zentriert
Selbstbewußt
Offen
Bereitwillig
Ehrlich zu sich selbst
Weltenbummler
Stabil

Negative Zustände

Feige
Schwach
Zu Alpträumen neigend
Ängstlich
Ohne Durchhaltevermögen
Schüchtern
Zögerlich
Fatalistisch
Angst vor Versagen
Angst vor Bekanntem
Angst vor Unbekanntem
Instabil
Überzeugungslos

Verstärkung

Lesen Sie Bücher- besonders Autobiographien — über Helden, Heldinnen und Heilige, die ungeheure Herausforderungen in ihrem Leben durch Kraft und Mut bewältigten.

Stellen Sie eine Liste Ihrer »Fehlschläge« auf, und schreiben Sie in eine andere Spalte, welche Lehren Sie daraus gezogen und welche Eigenschaften Sie dadurch entwickelt haben.

Schreiben Sie alle Ihre Ängste auf. Spielen Sie im Kopf den Ernstfall durch, und sagen Sie sich dann: »So schlimm ist das doch gar nicht. Damit werde ich schon fertig.«

Bei jedem Alptraum sollten Sie versuchen, sich in allen Einzelheiten daran zu erinnern. Dann werfen Sie die Ängste auf einen imaginären Scheiterhaufen, ähnlich wie in der folgenden Visualisierung.

Visualisierung

Richte dich gerade auf, ohne daß dein Rücken die Stuhllehne berührt. Entspann die Schultern, um den Brustkorb auszudehnen, und halte das Kinn parallel zum Boden. Lege die Hände bequem auf die Stelle, wo die Oberschenkel in den Körper übergehen. Entspanne mit geschlossenen Lidern die Augen und laß den Blick wie eine träge Rauchsäule nach oben gleiten. Laß deinen Atem tiefer und regelmäßiger werden.

Stell dir ein knisterndes Feuer vor, das seine verschiedenen Stadien durchläuft: Zuerst hältst du ein Streichholz an das zusammengeknüllte Papier. Bald brennen die trockenen Zweige und dünnen Späne, und das Feuer greift um sich. Dann stellst du dir vor, wie die kleineren Scheite zu brennen anfangen und wie kleine feuchte Stellen im Holz zischen und knacken, während ein leiser Luftzug die Flammen auf die größeren Scheite unten im Feuer überträgt. In dieses Feuer wirfst du symbolisch alle Ängste. Nenn sie eine nach der anderen beim Namen und schleudere sie in die Flammen. Du spürst, wie jede Zelle deines Körpers von dem Gift der Angst gereinigt wird und im hellen Licht der Tapferkeit aufleuchtet. Jedes Knistern der Scheite bedeutet ein erneutes Aufflammen deines Mutes. Jede hochschießende Flamme ist eine Bestätigung des tapferen Kämpfers in dir, der dir nun und immerdar zur Verfügung steht.

AFFIRMATION

Ich bin tapfer, ich bin stark, ich lasse mich von keiner Schwierigkeit unterkriegen.

Kapitel siebzehn

Ananas —
»Die Zuversichtliche«

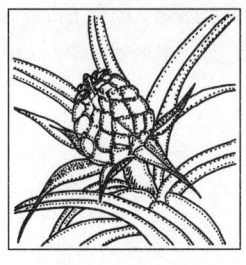

Ananas comosus
(»Haarige, büschelige
Ananas«)

»Ich nahm Ananas-Essenz, weil ich nicht wußte, wie ich meine Arbeit und meinen Beitrag für andere einschätzen sollte. Außerdem war ich unsicher hinsichtlich der Beziehung zu meiner Frau. Ich schwankte und wankte hin und her. Nach der Einnahme spürte ich sofort die Sicherheit, daß ich mich auf dem richtigen Weg befand. Ich war überzeugt, daß alles richtig war, was ich tat. Dieses Wissen gab mir viel mehr Kraft.«

T. M., Dallas

»Ananas-Essenz hat mir sehr geholfen, das Gefühl von persönlicher Kraft in mir zu verstärken.«

M. S., Mesquite

»Eine meiner Klientinnen ist eine lebhafte, erfolgreiche, lebenslustige Frau. Sie findet sich aber nicht gut genug. Nach der Einnahme von Ananas-Essenz kam sie wieder und sagte, sie kenne sich nun besser und habe ihre Selbstzweifel aufgegeben.«

I. T., Wien

»Ananas-Essenz wurde mit Hilfe von Kinesiologie als das richtige Mittel für mich gefunden. Ich nahm die Essenz einen Monat lang ein. In diesem Monat wurde ich immer zuversichtlicher und bekam endlich die Gehaltserhöhung, die ich zu verdienen glaubte. Das belief sich auf zehntausend Dollar. Selbst für meinen Chef war das eine Überraschung — er sagte, er habe sich gar nicht für so viel eingesetzt. Ich glaube, die Essenz hat mir geholfen, mich stärker zu fühlen.«

J. K., San Jose

»Nun, ich war nervös, weil ich vor Hunderten von Leuten einen Vortrag halten sollte. Jemand hatte mir ein Fläschchen Ananas-Essenz hingestellt, und ich nahm es ein. Ich merkte sofort, daß mir das guttat. Zu meinem großen Erstaunen lief der Vortrag sehr gut.«

P. V., Nevada City

»Jeder Mensch hat in sich einen Kontinent unentdeckter Charaktere.
Glücklich ist der, der als Kolumbus seiner eigenen Seele handelt.«

Sir J. Stevens

Pflanze – Frucht – Heilkunde

Diese tropische Frucht stammt zwar aus Südamerika, gedeiht aber auch auf Hawaii, in Malaysien, Australien und Südafrika. Die Ananas ist botanisch gesehen eine Sammelfrucht aus vielen kleinen, hexagonalen Einzelfrüchten. Die Blüten mit ihren fleischigen, grasgrünen Blütenblättern, die aus einer Blätterkrone wachsen, sitzen in einem Büschel an einem Stengel und brauchen fünfzehn bis zwanzig Monate bis zur Reife.

Ananas ist reich an Vitamin A und C und unterstützt die Verdauung, besonders von Eiweiß. Außerdem wirkt sie gut bei Entzündungen, besonders nach zahnärztlichen Eingriffen und Sportverletzungen. Ananas verdünnt das Blut und hilft gegen Warzen und Hühneraugen.

Qualität: Selbstsicherheit
Botschaft: Selbstvertrauen, Kraft, Weisheit; Zufriedenheit mit sich selbst, berufliche Erfüllung, starkes Identitätsgefühl; Klarheit in Geldangelegenheiten, zieht Fülle und Wohlstand an
Disharmonien: Arrogantes Wesen, herrische Persönlichkeit; Minderwertigkeitskomplexe, Unzufriedenheit mit sich selbst, vergleicht sich mit anderen, ungewollte Arbeitslosigkeit, unglücklich am Arbeitsplatz, Unfähigkeit, sich für einen Beruf zu entscheiden oder dabei zu bleiben

Position im Spektrum

Im zweiten Quadranten sind Qualitäten persönlicher Kraft und dynamischen Wachstums besonders stark vertreten. Die Ananas besetzt das dritte Haus dieses Quadranten, die Mitte, in der diese Eigenschaften am stärksten sind. Von der Furchtlosigkeit der Tomate genährt und anschließend von der Demut der Banane gemäßigt, steht die Ananas als Essenz für alle, die sich selbst, ihre Begabungen und ihre Wirkung auf andere gut kennen.

Positive Anwendungen

Ein Mensch im positiven Ananas-Zustand schätzt seine eigene Meinung — und warum auch nicht? Sie wird genauso zuverlässig sein wie die von anderen. Klarheit, Stärke und Weisheit sind die Kennzeichen des Ananas-Typs. Wir haben hier eine äußerst anziehende, charismatische Persönlickeit voller Energie vor uns — Personen der Öffentlichkeit, Politiker, Schauspieler und Menschen im Rampenlicht verfügen gewöhnlich über zahlreiche Ananas-Eigenschaften. Ihre Leistungen wie ihre Fehler fallen der Öffentlichkeit gleich stark ins Auge.

Ananas ist die ideale Essenz für Identitätskrisen in der Pubertät (»Ich kann mich nicht leiden«), in der Lebensmitte (»Wer bin ich nur?«) oder bei anderen dramatischen Lebensveränderungen, nach denen wir nicht mehr genau wissen, wer wir sind. Ananas lehrt uns mit ihren Schwingungen, uns selbst kennenzulernen und zu mögen, und dieser Prozeß führt dazu, daß wir ausgesprochen liebenswert werden.

Wenn unser Selbstvertrauen versagt, kommt die Ananas uns zu Hilfe. »Ich hatte vor ein paar Jahren einen schweren Autounfall«, erzählte mir Debbie. »Von da an wurde mir beim Fahren stets schlecht, selbst als Beifahrerin. Ananas-Essenz half mir, zu mir selbst zu sagen: Du weißt, was du tun mußt, und du kannst es. Sie ermöglichte mir, durchzuhalten.« Ananas ist die Essenz für Selbstsicherheit, das heißt, für Vertrauen in das höhere Selbst.

Negative Indikationen

Der negative Ananas-Zustand zeigt sich durch Extravaganz und durch volle Ausprägung aller Eigenschaften — außer Demut. Menschen in diesem Zustand drängen einen verbal ständig in die Ecke. Sie sind laut und herrisch, und alle Unterhaltungen drehen sich gewöhnlich ausschließlich um sie und ihre Ideen, ob politisch, persönlich oder spirituell. Man kann kaum einen Satz anbringen, daher bereitet man sich besser darauf vor, bloß zuzuhören.

Paradoxerweise ist diese Art von Verhalten oft ein Symptom für einen Minderwertigkeitskomplex. Der negative Ananas-Zustand manifestiert sich zuweilen auch als Gegensatz — als Schüchternheit. Dann haben wir ein Mauerblümchen vor uns, das irgendwo in einer

Ecke steht und auf seine Zehen starrt. »Selbstsicherheit ist für mich ein schwieriges Thema«, gestand Paul. »Die Ananas-Essenz hat bei mir fast unmittelbar eine Wirkung gezeigt. Ich denke jetzt nicht mehr so oft an mich selbst und wie andere mich finden.«

Im Arbeitsbereich sind Selbstzweifel, Unzufriedenheit mit den eigenen Fähigkeiten und zu viel Nachdenken über eigene Fehler sicher kein gutes Rezept für Erfolg. Und bei der Frage nach einer Gehaltserhöhung lautet die eigentliche Frage doch immer: »Bin ich das auch wert?« Ananas ist daher die Essenz für Geldangelegenheiten. Der negative Ananas-Zustand wird leicht zur sich selbst erfüllenden Prophezeiung, bei dem man sich unterbezahlt fühlt, nicht genügend anerkannt für seine Leistungen oder von den Vorgesetzten unterschätzt.

Diese Umstände spiegeln aber oft nur ein schlechtes Selbstbild, denn nach dem Gesetz des Magnetismus ziehen wir genau das an, was wir in die Welt hinaussenden.

ANANAS ALS THEMENESSENZ

Ananas-Typen vermitteln einem ein starkes inneres Gefühl der Selbstakzeptanz. Als Männer sind sie draufgängerisch und als Frauen eindrucksvoll. Ananas-Typen rufen durch ihr Beispiel auch bei anderen Selbstvertrauen und Stärke hervor. Ihre Sprache ist direkt und laut, aber nicht unangenehm. Sie sind gute Redner, charmant, beeindruckend und einflußreich. Sie sind geborene Führer.

Den Namen eines Ananas-Typs vergißt man nie. Sie fallen jedem ins Auge, wenn nicht durch ihre äußere Attraktivität, dann durch ihre Ausstrahlung, die sie in jeder Menschenansammlung leicht erkennbar macht. Sie sind sehr unterhaltsam und anziehend und bilden daher den Mittelpunkt jeder Party. Ihre kraftvolle Schwingung ist stärker ausgeprägt als bei anderen und wirkt erfrischend.

In den vielen Jahren als Blütenessenz-Therapeutin habe ich eine interessante Beobachtung gemacht: Ananas tritt viel häufiger als Themenessenz denn als Handlungsessenz auf. Ihrer dominierenden Qualität angemessen, verliert sie sich nicht gern in der Menge der anderen Essenzen. Ananas ist eine Solostimme, kein Chormitglied.

Berühmte Ananas-Persönlichkeiten

John F. Kennedy
Colonel William Reiker
Bugs Bunny
Madonna
Mohammed Ali
Sean Connery
Demi Moore
Miss Piggy
Descartes

JFK war der Sohn eines erfolgreichen Geschäftsmannes, der es aus eigener Kraft geschafft hatte. Der fünfunddreißigste Präsident der Vereinigten Staaten war mit seinem strahlenden Auftreten im Scheinwerferlicht und seiner ansehnlichen Familie ein Ananas-Typ, wie er im Buche steht. Er war Medaillenträger des Zweiten Weltkriegs, hatte den Pulitzerpreis gewonnen, war ein anerkannt guter Redner und wurde von Staatsmännern und Bürgern gleichermaßen bewundert. Dieser hervorragende Präsident wird für viele Leistungen gewürdigt – aber auch für ein paar größere politische Fehler. Denn bei Ananas-Typen sind Erfolg und Scheitern gleichermaßen monumental und können Ablehnung wie Bewunderung hervorrufen.

Kennedys Leben wie auch sein Tod waren bemerkenswert. Er wurde im Alter von sechsundvierzig Jahren ermordet, und sein Tod und die Begräbnisfeierlichkeiten wurden von Millionen von weinenden Menschen in aller Welt miterlebt, weil wie nie zuvor das Fernsehen an allem beteiligt war. Sein Leben war nur kurz, aber die unsterblichen Worte seiner Antrittsrede sind zu Eckpfeilern der amerikanischen Nation geworden: »Frage nicht, was dein Land für dich tun kann, sondern was du für dein Land tun kannst.«

Bekenntnisse eines Ananas-Typs: Joyce

»Ich bin eigentlich ziemlich intelligent, und ich glaube, daß die Leute das auch so sehen. Mein Selbstvertrauen ist in Ordnung, aber sicher nicht hundertprozentig. Wenn man die Menschen als eine große Gruppe sieht, dann stehe ich in puncto Selbstvertrauen am oberen Ende, aber ich weiß auch, was Unsicherheit ist. Ich glaube, das hat eine Menge mit meiner Kindheit zu tun — einfach die Tatsache, daß jedesmal, wenn ich von innen heraus etwas spürte, das von außen nicht bestätigt wurde. Und das macht einem zu schaffen, wenn das wieder und wieder passiert. Man fängt an, an sich selbst zu zweifeln, aber ich kann eindeutig sagen, daß ich keinen Zentimeter davon abweiche, wenn ich mich zu etwas hingezogen fühle, weil ich weiß, es kommt von innen heraus. Meiner inneren Stimme kann ich vollständig trauen. Ich bin von innen heraus immer sehr sicher, wenn ich von etwas überzeugt bin.

Mein Vater war beim Militär. Ich habe das geliebt. Das viele Umziehen machte mir nichts aus, und die vielen Reisen gefielen mir auch. Ich hatte immer sofort viele neue Freunde. Ich schätze das Militär als Stütze der Nation. Ich fühle mich loyal und stolz, stolz auf die Ideale, die unser Land vertritt und die ich auch in mir spüre. Die Kehrseite des Militärs ist allerdings das Kämpfen, Töten, Zerstören, die Steifheit und Starrheit. Ich war noch nie in einer Situation, in der es nur noch um Disziplin geht, und bin ganz bestimmt kein Mitläufer.

Ich habe mir in meinem Leben viele Feinde geschaffen, und das tut sehr weh. Ich habe tiefe Gefühle und will mit den meisten Menschen eine gute Beziehung haben und in Harmonie leben, aber so sieht man mich nicht. Ich fühle mich oft mißverstanden. Die meisten Menschen können mich nur in kleinen Dosen genießen.«

Zusammenfassung

Die Ananasfrucht braucht etwa zwei Jahre bis zur vollen Reife. Und auch die psychologische Eigenschaft der Selbstsicherheit braucht Jahre der Reife. Diese Frucht hat einen sehr typischen Geschmack, den man entweder gern mag oder überhaupt nicht. Selbst im Obstsalat fällt sie auf — genau wie ein Ananas-Typ aus jeder Menge eindeutig hervorsticht. Die Frucht vermittelt einem genau wie der Ananas-Typ mit seinen Schwingungen: »So bin ich nun mal.«

»Und vor allem«, sagte Shakespeare, »sei dir selber treu.« Das ist eine zeitlos gültige Beschreibung der Ananas-Qualität. Wenn man sich selbst erkennt, erkennt man die Wahrheit, und mit diesem Wissen wird man wahrhaftig frei.

Gegensatz- und Begleitessenzen

Ananas	Gegensatz	Begleiter
Banane	für stille Selbsterkenntnis	für das Gleichgewicht zwischen innerem Wissen und äußerem Ausdruck
Erdbeere	für Selbstwertgefühl ohne Schuldgefühle und Selbstvorwürfe	für Charakterstärke und eine integrierte Persönlichkeit

Positive Ausdrucksweisen

Ehrlich
Zufrieden
Von der Arbeit erfüllt
Zuversichtlich
Mächtig
Weise
Versiert im Umgang mit Geld
Geistig klar
Offene Ausdrucksweise
Charakterstark
Selbstsicher
Starkes Identitätsgefühl
Grenzen erkennen

Negative Zustände

Neigung zu Minderwertigkeitskomplexen
Sich mit anderen vergleichen
Sich beurteilt fühlen
Mit sich selbst unzufrieden
Unverschämt
Aufdringlich
Herrisch
Laut
Arrogant

Streitsüchtig
Unentschieden im Beruf
Unglücklich mit der Arbeit
Arbeitslos
Schüchtern
Stolz
Taktlos
Schwierigkeiten im Umgang mit Geld

Verstärkung

Verbringen Sie einige Zeit mit anderen Ananas-Typen oder mit erfolgreichen Menschen.
Lesen Sie Bücher über berühmte Menschen oder schauen Sie sich Filme über deren Leben an: Erfinder, Politiker, Sportler.
Gehen Sie zu Veranstaltungen mit Solisten, die eine gewisse Größe und Anerkennung erlangt haben.
Entwickeln Sie Fähigkeiten und Talente, in denen Sie bereits gut sind, zu mehr Perfektion.
Wenn Sie bemerken, daß Sie sich mit anderen vergleichen — hören Sie sofort damit auf!

Visualisierung

Es ist ein warmer Sommertag. Wenn es nicht so früh wäre, wäre es schon viel zu heiß und die vor dir liegende Wanderung noch anstrengender. Du betrachtest von hier unten aus den Berg und bereitest dich seelisch auf den steilen Anstieg an diesem Morgen vor. Dein Rucksack enthält ein paar kalorienhaltige Snacks und eine Flasche Wasser, die du bei der Quelle im Lager gefüllt hast. Ein paar tiefe Atemzüge, und schon geht es los. Der Pfad ist gut sichtbar und fühlt sich unter den Wanderstiefeln fest an. Du bist zuversichtlich — alles ist gut vorbereitet.

Der Aufstieg verläuft stetig, und die Landschaft ist vielfältig und interessant. Zuerst geht es durch einen kühlen Laubwald, wo noch Tau auf dem Moos liegt. Dann werden die Bäume spärlicher, und die Landschaft verändert sich. Der Weg wird immer trockener und besteht nur noch aus Geröll. Die Sonne scheint freundlich und warm auf dich herab. Es wird langsam steiler. Aber du weißt, daß du es schaffen kannst. Deine Zuversicht nimmt mit jedem Schritt zu.

Jetzt atmest du schon schwerer und spürst deine Beinmuskeln, weil du über Steine und größere Felsbrocken klettern mußt. Der Aufstieg ist zwar schwieriger geworden, aber du bist noch nicht auf Hindernisse gestoßen. Endorphine durchfluten dich wie ein kühler Bach und vermitteln dir ein starkes Gefühl von Kraft und Selbsterkenntnis.

Du bleibst stehen und atmest diese Selbstsicherheit tief in dich hinein, achtest sie, erkennst sie. Du bist eins mit dem Berg, der Sonne, dem Pfad und atmest den süßen Hauch eines triumphierenden Aufstiegs ein.

AFFIRMATION

Klarheit, Kraft und Weisheit sind meine zweite Natur. Im Tanz des Lebens bewege ich mich anmutig durch alle Schwierigkeiten hindurch.

Kapitel achtzehn

Banane —
»Der demütige Diener«

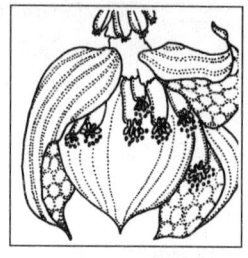

Musa paradisiaca
(»Banane, die Paradiesfrucht«)

»Als ich gestern Bananen-Essenz eingenommen hatte, reagierte ich anschließend völlig gelassen auf die Nörgelei meines Mannes. ›Meinst du nicht, daß du jetzt endlich die Pflanze umtopfen solltest?‹ fragte er mich zweimal. Statt wütend darauf zu reagieren, blieb ich jedoch ganz ruhig, antwortete ihm und las weiter.«

J. P., Dallas

»Bananen-Essenz half mir, persönliche wie unpersönliche Dinge besser zu bewältigen — besonders finanzielle und politische Dinge. Ich habe mehr Kraft, mich dem Fluß der Ereignisse anzupassen, und fühle mich heiler. Außerdem hatte ich Probleme mit meinem Mann. Jetzt lasse ich ihn einfach reagieren, ohne darauf zu achten.«

U. K., Plano

»Meine Freundin ist Grundschullehrerin, und ich fand, daß sie eine Menge Hilfe brauchte. Sie hat dreiundzwanzig Kinder in der Klasse, davon sechzehn Jungen. Sie versprüht jetzt Bananen-Essenz in der Klasse, und das hilft.«

G. K., Newbury

»Meine eigensinnige fünfjährige Tochter bestand darauf, zu Hause zu bleiben und auf den lange geplanten Besuch bei den Großeltern zu verzichten, damit sie zur Geburtstagsparty ihrer besten Freundin gehen konnte. Sie war absolut stur und entschlossen, zu bleiben, obwohl es allen anderen in der Familie Probleme bereitete. Doch sobald sie ein paar Tropfen Bananen-Essenz genommen hatte, sah sie mich an und sagte: ›Ich glaube, wir sollten zu Oma gehen, weil wir sie so lange nicht mehr gesehen haben.‹«

K. K., Sacramento

»Ich hatte Heißhunger auf Bananen. Als ich Bananen-Essenz nahm, hörte das sofort auf. Ich nehme sie auch, wenn ich mich zu unruhig zum Meditieren fühle. Banane hilft immer — sie beruhigt mich innerlich.«

R. D., Hayward

»Demut ist die zarte kleine Wurzel,
aus der alle himmlischen Tugenden sprießen.«
Thomas Moore

Pflanze – Frucht – Heilkunde

Der Name *Musa paradisiaca* bezieht sich auf einen alten Mythos, daß es Bananen schon im Garten Eden gab. Wilde Bananen gab es bereits in prähistorischen Zeiten. Heute werden sie in allen Teilen der Tropen, aber auch von Indien bis Neuguinea angebaut. Die samenlose Frucht wächst an einer riesigen, drei bis zehn Meter hohen Staude, an einem Stengel mit einander überlappenden Blättern, der an der herabhängenden Spitze die männlichen und weiter oben die weiblichen Blüten trägt, aus denen sich die Bananen entwickeln. Bananen sind reich an Faserstoffen und begünstigen eine gesunde Darmflora. Ihr hoher Kaliumgehalt stärkt das Muskelsystem. Die Schale hilft gegen Migräne, Bluthochdruck, Hautunreinheiten und Ausschläge.

Qualität: Demut
Botschaft: Gelassenheit, Objektivität; gesunder Abstand zu Menschen und Umständen, Fähigkeit, sich zurückzuhalten und zu beobachten, statt unmittelbar zu reagieren; sich nicht in Negativität verfangen, begreifen, daß es Schatten- wie Sonnenseiten gibt
Disharmonien: Ängstlichkeit, Nervosität, Streitsucht, falscher Stolz, tiefsitzendes Bedürfnis nach Anerkennung, negative Bindungen; schlechtes Urteilsvermögen, »den Wald vor lauter Bäumen nicht sehen«, Verlust der Perspektive, »durchdrehen«

Position im Spektrum

Die Banane ist im vierten Haus des zweiten Quadranten angesiedelt und stellt den natürlichen Nachfolger der Ananas dar. Während der Ananas-Typ ein elektrisierender Redner ist, ist der Bananen-Typ der dynamische Zuhörer. Die Ananas spielt die Hauptrolle, die Banane den »starken, stillen Charakter«, den »Mann, der mit Worten spart« – und aus diesem Grund werden diese Typen oft übersehen oder mißverstanden.

Das Feuer des zweiten Quadranten brennt stetig und hell in der Banane, ebenso wie die männlichen Eigenschaften der Vernunft und der Distanz. Man fragt sich vielleicht, was die Banane mit ihrer Sanftheit und Weichheit in diesem Quadranten zu suchen hat, in der männlichen Hälfte des Spektrums. Aber täuschen wir uns nicht: Demut ist eine Eigenschaft von ungeheurer Stärke. Wenn man die Banane auf die Probe stellen will, sollte man mal versuchen, sich aus einer Diskussion zurückzuziehen, wenn man sich völlig im Recht glaubt!

Positive Anwendungen

Der heilige Franziskus meinte einmal: »Nichts ist so stark wie Sanftheit, und nichts so sanft wie wahre Kraft.« Diese Worte drücken die Essenz der Banane gut aus. Wahre Kraft braucht nicht zu prahlen. Echte Tapferkeit ist sanft und still. Man weiß, was man weiß, und das reicht. Die Stärke der Demut liegt in ihrer Funktion als Vehikel für eine höhere Kraft, die sich durch uns manifestiert, nicht in ihr selbst. Ein Heiliger wurde einmal für seine Demut gelobt, worauf er antwortete: »Wie kann es Demut geben, wenn man kein Ichgefühl hat?«

Die Stärke der Banane liegt darin, daß sie uns hilft, uns zurückzuhalten und Umständen aus dem Weg zu gehen, die uns ansonsten ärgern würden: Streit mit dem Partner, ein Zusammenprall bei der Arbeit, allgemeines Unwohlsein oder ein Ausbruch von Wut oder Frustration. Wenn wir angesichts einer Konfrontation ruhig bleiben und nicht vorschnell reagieren, befinden wir uns im positiven Banane-Zustand. Wenn wir unsere Probleme aus einer weiteren Perspektive betrachten, leben wir die sanfte Kraft dieser Essenz. Ein Mann berichtete: »Nach der ersten Einnahme hatte ich das Gefühl, daß meine Vergangenheit bewältigt und alles verziehen war. Jetzt fühle ich mich innerlich ganz leicht und sanft.«

Melanie erzählte: »Ich kämpfe seit drei Jahren mit einem schwierigen seelisch-emotionalen Zustand. Ich hatte großen Liebeskummer, war depressiv, unsicher, melancholisch und voller Selbstmitleid. Die Qualitäten der Banane halfen mir, mich davon zu lösen. Ich betrachtete meine Probleme nicht mehr als so wichtig und dachte mehr an andere.«

»Als ich zum erstenmal Bananen-Essenz nahm, fühlte ich mich wie unter Valium. Ich hatte das Gefühl, daß ich mich einfach von allem treiben ließ. Nach einer Woche hatte es vollständig gewirkt, denn es war für mich nicht mehr so wichtig, ob ich es nahm oder nicht. Selbst meine Kollegen bemerkten den Unterschied — und ich kann es mir nicht anders erklären als mit der Bananen-Essenz. Ich fühlte mich die ganze Woche über einfach distanzierter. Daraus habe ich ein paar gute Lehren gezogen.«

NEGATIVE INDIKATIONEN

Den negativen Banane-Zustand hat wohl jeder schon erlebt. Aufrichtiger Stolz auf etwas Erreichtes ist harmlos und eher gesund. Falscher Stolz ist allerdings etwas anderes. Wenn wir aus den Augen verlieren, daß wahre Leistungen von einer höheren Inspirationsebene her kommen (dem Überbewußten, das wir bereits im Kapitel über die Kokosnuß erwähnten), blockieren wir unseren Energiefluß, so als würden wir mitten in einem Fluß einen Damm bauen.

Der negative Banane-Zustand zeigt sich als Bedürfnis, recht zu haben, nach dem Motto:»Ich habe es dir gleich gesagt.« Wir wollen unseren Senf beitragen und immer das letzte Wort haben. Diese Haltung — Unsicherheit, Nervosität und Streitsucht — ist der Feind echter Gelassenheit. Wir können mit der stillen Kraft der Banane sagen:»Ja, vielleicht hatte ich unrecht« — oder gar nichts, weil Worte den anderen nur noch mehr reizen könnten.

Jeder hat wohl schon einmal erlebt, daß andere einen ärgern und unseren Seelenfrieden stören wollen. Wenn wir den negativen Gefühlen nachgeben und wütend oder erregt werden — selbst, wenn dazu Anlaß besteht —, haben wir verloren. Statt dessen überfluten wir unseren Körper mit toxischen biochemischen Stoffen, die von den negativen Emotionen produziert werden. Wenn das öfter geschieht, prägt sich das schädliche Muster in unsere Zellen ein und macht sie anfällig für Krankheiten.

BANANE ALS THEMENESSENZ

Die Italiener haben einen guten Ausdruck für stolze Menschen:»sotto il naso« — Menschen, die die Welt »unter der Nase« betrachten, auf sie herabblicken. Es gibt in mehreren Sprachen ähnliche Ausdrücke für diese Haltung. Dagegen verbirgt die demütige, bittende

Haltung des Banane-Typs seine wahre Stärke: Sein Kopf ist leicht gesenkt, aber nicht niedergeschlagen, und der Rücken fast unmerklich gebeugt.

Diese Menschen haben eine leise Stimme; man muß sie manchmal sogar bitten, etwas lauter zu sprechen, und sie sind gute Zuhörer. Sie fühlen sich durch ihre eigene innere Gelassenheit zu stillen Orten hingezogen. In ihrer Gegenwart läßt sich die Realität besser erkennen. Sie geben sich unauffällig und sind von daher der Gegenpol zur Ananas. Banane-Typen werden leicht von Ananas- und Mais-Typen in den Hintergrund gedrängt. Ihre herausragendste Eigenschaft ist ihre Kleinheit.

BERÜHMTE BANANE-PERSÖNLICHKEITEN

Gandhi
Luther Burbank
George Washington Carver
Derek Bell
Frank Laubach
Linus von den »Peanuts«
Sarada Devi
Gerhart Tersteegen

Mohandas Karamachand Gandhi (1869–1948), auch Mahatma – »große Seele« – genannt, wird oft als Vater der Unabhängigkeit Indiens bezeichnet. Dieser demütige Staatsmann, ein perfekter Banane-Typ, demonstrierte, daß die besten politischen Führer diejenigen sind, die ihrem Volk dienen. Gandhi praktizierte und veranschaulichte eine Philosophie der Gewaltlosigkeit, *Satyagraha*, was Wahrheit oder Seelenkraft bedeutet. Er identifizierte sich mit der indischen Kaste der Unberührbaren, trug stets nur einen Lendenschurz und reiste immer nur dritter Klasse. Was könnte besser seine entschiedene Demut ausdrücken? Yogananda ist Gandhi übrigens 1935 begegnet und beschrieb den Staatsmann, der kaum hundert Pfund wog, als einen Heiligen, der »körperliche, geistige und spirituelle Gesundheit ausstrahlte«.

Gandhis Demut war sogar stärker als der natürliche Selbsterhaltungstrieb. »Ich kann nur sagen, daß die Wahrheit nicht von Menschen gefunden werden kann, die nicht ein ausgeprägtes Gefühl der

Demut haben. Wer am Grund des Ozeans der Wahrheit schwimmen will, muß sich auf ein Nichts reduzieren.« Am besten wird das durch seine schlichte Geste nach seiner tödlichen Verwundung illustriert: Er hob die Hand und segnete verzeihend und sanft seinen Mörder.

Bekenntnisse eines Banane-Typs: Roy

»Nun, ich weiß eigentlich nicht, über was ich reden soll. Was möchtest du hören? Ich habe schon gesagt, daß ich kein guter Redner bin. Ich habe eine Menge Eigenheiten, aber keine ist sonderlich interessant. Ich rege mich immer sehr auf, wenn etwas nicht klappt — dann renne ich zum Beispiel mit dem Kopf gegen die Wand. Das ist vermutlich mein schlimmster Fehler. Doch eine gute Geschichte gibt das sicher nicht ab.

An meine Kindheit kann ich mich nicht erinnern. Ich glaube, ich war einigermaßen glücklich — das sagen zumindest alle anderen. Ich weiß, daß ich alles ganz gut fand, und an Schlechtes kann ich mich nicht erinnern. Ich stamme aus einer sehr liebevollen Familie und habe von allem mehr abbekommen, als nötig war.

Bis vor etwa drei Jahren habe ich auf dem Bau gearbeitet. Jetzt arbeite ich mit Computern und habe viel mit anderen Menschen zu tun. Ich arbeite in einer Firma für umweltfreundliche Heizsysteme.

Vermutlich finden die meisten Menschen es schwierig, über ihre Gefühle zu reden. Ich neige dazu, zu heftig zu reagieren. Vermutlich bin ich zu emotional. Damit gehe ich um, indem ich die Szene für eine Weile verlasse. Dadurch hat man Gelegenheit, die Dinge aus einer anderen Perspektive zu betrachten. Dann geht es mir besser, und ich sehe alles klarer. Im allgemeinen reagiere ich nicht so stark auf andere Menschen — eher auf Situationen. Manche Leute sind richtig cool und gelassen — mein Chef zum Beispiel. Man könnte neben ihm eine Bombe fallen lassen, das würde ihn nicht aus der Fassung bringen. Wenn mir so was passiert, rege ich mich sehr auf und sage dann Dinge, die mir später leid tun. Doch dann ist es meist zu spät — der Moment, das Richtige zu tun, ist vorbei. Das ist für mich ein größeres Problem, aber ich kann damit inzwischen schon besser umgehen.

Es gibt eine Eigenschaft, die ich gerne verstärken möchte, und das ist Gelassenheit, weniger Emotionalität. Gefühle sind wichtig, aber nicht im Extrem. Meistens gelingt es mir, sie im Zaum zu halten.

Ich höre anderen eigentlich immer zu; man hat mir sogar schon bestätigt, daß ich ein guter Zuhörer wäre. Manchmal denke ich, daß ich zuviel zuhöre. Aber lieber zuviel als zuwenig, obwohl es eine Menge Zeit kostet.

Ob ich demütig bin? Drücken wir es so aus: Ich habe jede Menge Gründe, bescheiden zu sein, weil ich eigentlich nichts besonders gut kann. Ich meine, man muß schon super in etwas sein, um sein Licht unter den Scheffel stellen zu können. Wenn man nichts kann, braucht man auch nichts zu verbergen.«

Zusammenfassung

Die weibliche Bananenblüte ist tief purpurfarben, und die Blütenblätter sind dick und fest. Unter ihrem Schutz wachsen jeweils etwa ein Dutzend Bananen wie kleine Kinder heran. Je reifer und schwerer sie werden, um so tiefer beugt sich die Blüte auf ihrem Stengel und ähnelt einem im Gebet versunkenen Menschen, mit der purpurnen Robe eines Königs. In der Bananenblüte sehen wir den Adel der Demut sowie die Bescheidenheit wahrer Größe symbolisiert.

Die Banane ermöglicht uns Distanz zum Leben — und zu uns selbst. »Die Hinlänglichkeit meiner Verdienste liegt in meinem Wissen, daß meine Verdienste nicht hinlänglich sind«, gab Augustinus zu. Im positiven Banane-Zustand zweifelt man nicht an seinem Wert, seinen Tugenden oder Fähigkeiten. Denn — so würden Banane-Typen sagen — was gibt es schon zu bezweifeln? Sie schreiben jeglichen Verdienst vor allem dem Schöpfer zu, als Quelle aller Gelassenheit und als Ursprung wahrer Größe.

Gegensatz- und Begleitessenzen

BANANE	Gegensatz	Begleiter
Mandel	für Gelassenheit durch die Kontrolle der Begierden	für Weisheit jenseits von Emotionen und Begierden
Salat	für ruhige Gefühle	für Distanz zum eigenen Leben, statt Verstrickung in verstörende Emotionen
Erdbeere	für ein gesundes Selbstbild	um Störungen als Teil des Wachstumsprozesses zu erkennen
Tomate	um negative Verhaltensmuster zu durchbrechen	bei Prüfungen, die uns aus der Bahn werfen und uns emotional verstricken

POSITIVE AUSDRUCKSWEISEN

Demütig
Sanft
Bescheiden
Gelassen
Stark
Guter Zuhörer
Verbal zurückhaltend
Unbeschwert
Klarer Kopf
Nicht einmischend
Friedliebend
Würdevoll
Hingebungsvoll
Still

NEGATIVE ZUSTÄNDE

Schüchtern
Widerspenstig
Unklar

Nervös
Streitsüchtig
Kämpferisch
Überanhänglich
Durchgedreht
Rechthaberisch
Verbissen
Urteilsschwach
Hochmütig
Trotzig
Leicht erregbar
Arrogant
Schulmeisterlich

VERSTÄRKUNG

Lesen Sie Biographien berühmter Banane-Persönlichkeiten.
Meditieren Sie.
Wenn Sie in einen Streit verwickelt werden, sagen Sie zu Ihrem Gegner: »Vielleicht hast du recht.« Seien Sie offen für das, was Sie aus der Erfahrung lernen können, statt immer recht haben zu müssen.
Praktizieren Sie eine Verteidigungssportart und lernen Sie, Energie gewaltlos einzusetzen.

VISUALISIERUNG

Sanfte Wellen an einem tropischen Strand schlagen rhythmisch auf den muschelübersäten Sand. Identifiziere dich mit dem Sand: »Tap, tap, tap«, wiederholen die Wellen. Jetzt lenkst du dein Bewußtsein weg vom Strand, der nun von einem Sonnenuntergang in ständig wechselndem Farbenspiel überzogen wird. Die tiefen Rot- und königlichen Violettöne weben sanfte Muster in den stillen Abendhimmel.
»Wer bin ich?« fragst du den Wind, der mit den Wellen spielt. »Wer fragt da?« fragt der Wind zurück. Du läßt die Frage wie ein Spielzeug hinter dir zurück und tauchst in die Wellen ein. Stell dir vor, auf ihnen zu treiben wie ein Floß. Spiele mit dem Gedanken, zu

einer Welle zu werden. Die Kräusel, die sich meilenweit nach links und rechts erstrecken, sind wie Brüder und Schwestern. Ihr spielt zusammen auf dem Meer des Lebens. Werde zur allerkleinsten Welle. Und jetzt bist du nur noch der salzige Schaum oben auf dem Wellenkamm.

Schaum auf einer kleinen Welle in einem großen, großen Meer? Wie klein du bist! Wie winzig und bescheiden! Und wie wenig es auf dich überhaupt ankommt. Eine Welle großer Gelassenheit spült über dich hinweg, sobald du erkennst, wie klein deine Rolle im ozeanischen Drama der Schöpfung ist.

Affirmation

Ich bin eine Welle im Meer des Lebens. Indem ich mich Ebbe und Flut unterwerfe, gewinne ich große Gelassenheit.

KAPITEL NEUNZEHN

FEIGE —
»DIE FLEXIBLE«

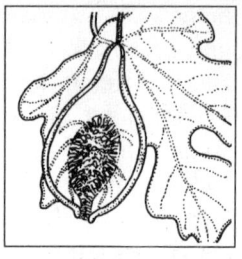

Ficus carica
(»Die gemeine Obst-
feige«)

»Feigen-Essenz half meinen Klienten, die an Candida litten und strenge Diät einhalten mußten. Sie lockert die Energien um die Krankheit und hilft ihnen, ohne Verbissenheit mit den Einschränkungen zu leben.«

N. B., *Nevada City*

»Ich habe ein paar Tropfen Feigen-Essenz dem Massageöl beigegeben, mit dem ich die verspannten Schultern einer Klientin bearbeitete. Zuerst dachte sie, sie würde es nicht brauchen, bis sie über die emotionalen Eigenschaften der Feigen-Essenz las. Sie bemerkte später, daß sie sich im Umgang mit anderen Menschen viel entspannter fühlte und diese paar Tropfen bei nur einer einzigen Anwendung ihr sehr geholfen hätten.«

C. S., *Menlo Park*

»Ich war sehr verspannt, als ich schließlich Feigen-Essenz nahm. Danach wurde ich sehr müde, denn ich konnte endlich entspannen.«

S. R., *Wien*

»Ich nahm Feigen-Essenz, weil ich Probleme mit einer Entscheidung hatte. Kurz danach schien sich das Problem aufzulösen. Statt dessen tauchten Klarheit und ein Gefühl von innerer Überzeugung auf.«

S. L., *Camptonville*

»Ich spreche normalerweise nie darüber, wie mir wirklich zumute ist. Nachdem ich Feigen-Essenz genommen hatte, konnte ich meinem Freund sagen, wie traurig es mich macht, daß er mich nicht heiraten will. Er hat ganz überrascht und offen reagiert und mir richtig zugehört.«

N. U., *Erlangen*

> »Tu, was du kannst, mit dem, was du hast, dort, wo du bist.«
> Theodore Roosevelt

Pflanze – Frucht – Heilkunde

Feigen stammen aus dem westlichen Asien und wachsen in Kleinasien, Griechenland, Italien, Algerien, Portugal und Kalifornien. Die Feige zählt zu den Maulbeerbaumgewächsen und ist ein sommergrüner Strauch oder kleiner Baum von bis zu zehn Metern Höhe. Sie trägt drei- bis fünflappige Blätter und kleine, rundliche Blütenstände. Aus diesen gewinnt man die Essenz, da die eigentlichen Blüten innerhalb einer krugförmigen Vertiefung wachsen. Unter der dünnen Haut der Frucht befinden sich viele winzige Samenkörner und weiches, rosafarbenes Fruchtfleisch. Aufgrund ihres hohen Zuckergehalts sind Feigen großartige Energiespender. Sie sind reich an Kalzium und haben abführende Wirkung aufgrund ihres Schleim- und Pektingehalts. Die frische Feige schmeckt eher neutral und kann püriert auch äußerlich angewendet werden, um die Haut zu beruhigen und zu schützen. Feigen sind auch gut gegen Halsschmerzen, Furunkel und chronische Gelenkentzündungen.

Qualität: Flexibilität
Botschaft: Sinn für Humor, Geschmeidigkeit, Entspannung; Fähigkeit, mit dem Strom zu schwimmen und sich mit dem Wind zu drehen; Energie, um im Leben voranzuschreiten; fühlt sich wohl mit sich selbst und mit anderen, kann gesunde Grenzen setzen
Disharmonien: Starrheit, Spannung, Kompromißlosigkeit, unrealistische Erwartungen, Fanatismus, Selbstbeherrschung, Selbstbegrenzung, Selbstkritik, übermäßige Disziplin, Überforderung; scheut Veränderungen, unterdrückt Fehler, ist anspruchsvoll und märtyrerhaft

Position im Spektrum

Die Feige sitzt im fünften und letzten Haus des zweiten Quadranten. Wie die Banane stellt sie eine Mischung aus Sanftheit und Stärke dar: Stärke durch Flexibilität und die Fähigkeit, sich selbst sanft zu behandeln.

Denken wir an die Haut einer reifen Feige: Sie ist von tiefem Violett, fleischig und leicht verletzbar, als sei sie gleichzeitig jugendlich und alt. Feige ist der perfekte Abschluß des zweiten Quadranten. Durch die Energie der Jugend bereichert, dient sie als Übergangsessenz zu den Eigenschaften des dritten Quadranten, der Herbst und die Lebensmitte repräsentiert.

Positive Anwendungen

Der positive Feige-Zustand drückt sich als flexible, geschmeidige, anpassungsfähige Energie aus. Man kommt gut mit ihr aus, sie ist offen für neue Ideen, und Menschen im positiven Feige-Zustand sind sehr angenehme Begleiter. Sie wirken als Vermittler, Schiedsrichter, Kaiser und Richter — das sind passende Rollen für die positive Feige. Bittet man einen Feige-Typ um Hilfe bei Entscheidungen, kann er beide Seiten einer Sache sehen und in seinem Schatz an Weisheiten kramen, ohne daß hemmende Regeln ihn beeinträchtigen.

Der positive Feige-Zustand ermöglicht Unterscheidungen ohne Vorurteile und klare Beobachtung ohne Kritik. Ein gutes Gefühl zu sich selbst — bezüglich Aussehen, Gewohnheiten, Lebensperspektive — ist die Gabe der Feige. Sie bringt mit sich die Fähigkeit, eigene Stärken wie auch Schwächen zu akzeptieren, Siege wie auch Fehler. Das Leben im positiven Feige-Zustand erlaubt einem Anpassung an Veränderungen, ob sie nun lange vorausgeahnt wurden oder spontan eintreten. Und da Wachstum und Veränderungen zum Leben gehören, brauchen wir alle irgendwann die Hilfe der Feige. Diese Essenz steht für das perfekte Gleichgewicht zwischen Disziplin und Flexibilität.

Negative Indikationen

Der negative Feige-Zustand manifestiert sich in zu vielen selbstauferlegten Regeln, die einengen, statt zu befreien. Negative Feigen sperren sich in eine kleine Schachtel ein, auf der steht: »Du sollst« oder »Du mußt«. Zu viele Regeln töten den Geist. Vielleicht jagen wir Idealen hinterher, die wir nie erreichen können. Vielleicht stellen wir unrealistische Erwartungen an uns, die nur Spannungen und Frustrationen schaffen.

Der Unterschied zwischen der Feige und der Dattel ist eindeutig. Während wir den Perfektionismus der Feige auf uns selbst projizieren, richtet sich die kritische Energie des negativen Dattel-Zustands gegen andere. Die Feige ist selbstkritisch, die Dattel jedoch kritisiert andere.

Fanatismus, Dogmatismus und viele andere »ismen« sind für den negativen Feige-Zustand symptomatisch. Fanatismus findet im Garten der täglichen Gewohnheiten, der Ernährung und der religiösen Überzeugungen einen fruchtbaren Boden. Die Früchte sind jedoch immer die gleichen: geistige Starrheit. »Ich habe so viele Nahrungsmittelallergien, daß ich kaum etwas essen kann, ohne eine Reaktion zu bekommen«, klagte Cheryl. »Ich leide unter Blähungen, Verstopfung und Hautausschlägen. Als ich Feigen-Essenz nahm, bemerkte ich, daß die Symptome abnehmen. Seither esse ich viel mehr verschiedene Dinge.«

Die Ernährung ist in der Tat ein Gebiet, in dem Feigen-Essenz häufig angewendet werden kann. Wir leben in einer Gesellschaft, in der Fettsucht zum ernsten Problem geworden ist, ganz zu schweigen vom anderen Extrem der Eßstörungen, wie Bulimie und Anorexia. Wir sind besessen von den dürren Bohnenstangen in den Hochglanzmagazinen — kein Wunder, daß wir allmählich verwirrt werden. Die Feige hilft aber nicht nur bei übermäßigem Essen, sondern auch bei strengen Diäten, weil sie die Verbissenheit nimmt.

Feige als Themenessenz

Feige-Typen haben meist einen charakteristischen, sehr präzisen Gang: »Ich gehe am liebsten so«, scheinen sie zu sagen und ordnen den Körper ihrem ordentlichen Verstand unter.

Feige-Typen sind wunderbare Redner, die uns mit ihren Ideen und erreichbaren Idealen inspirieren können. Sie sind fähig, sich klar und deutlich auszudrücken. Häufig suchen sie nach genau dem richtigen Wort. Man hört sie oft sagen: »Was ich meine, ist...«, oder: »Ich will damit sagen...« Ihr Lachen ist ebenso interessant wie auffallend.

Diese Menschen sind mit sich im reinen und tragen ihren Körper wie ein abgetragenes, aber elegantes Lieblingskleid. Ihre magnetischen Schwingungen ermutigen andere, sich ebenfalls mehr zu akzeptieren und weniger selbstkritisch zu sein.

Berühmte Feige-Persönlichkeiten

Carl von Linné
Iyengar
Adelle Davis
Henry Higgins
Meryl Streep
Dustin Hoffman
Königin Elizabeth II.
George Bernard Shaw
Abraham Lincoln
Melvil Dewey

Der Mensch, der als erster den Begriff *Homo sapiens* — weiser Mensch — prägte, war Carolus Linnaeus (Carl von Linné). Nur ein ernsthafter Feige-Typ würde sich die Mühe machen, jede existierende Pflanze, jedes Tier und jeden Mikroorganismus zu klassifizieren. Linné hat »feinsäuberlich« (ganz bestimmt ein Feige-Wort!) alle Pflanzen nach ihrem Blütenaufbau in ein System eingeteilt und mit zwei Wörtern benannt (sogenannte binäre Nomenklatur). Indem er alle Pflanzen und Lebewesen kategorisierte, hat er in unserer Welt ein wenig mehr Ordnung geschaffen.

Es heißt, daß Linné ein fröhlicher Mensch war, der den typischen Feige-Humor besaß. Er pflegte seine Studenten auf Erkundungsgänge durch die schwedische Landschaft zu führen und die Entdeckung ungewöhnlicher Arten mit einem Trompetenstoß zu feiern. (Es gibt zwar keine Aufzeichnungen über seine Kindheit, aber wir können getrost annehmen, daß er als Kind immer seine Socken ordentlich wegräumte.) 1761 wurde Linnaeus von der schwedischen Regierung in den Adelsstand erhoben und nannte sich von da an Carl von Linné.

Bekenntnisse eines Feige-Typs: Blair

»Disziplin ist meine zweite Natur. Schon als Kind war ich so. Als Jugendlicher wurde ich ganz extrem und hielt mich dadurch von anderen fern, um nur ja meiner eigenen Routine folgen zu können. Im Zusammensein mit anderen Menschen mußte ich immer meine Disziplin aufgeben. Das war nicht gut für mich. Doch ich wollte auch mit anderen Menschen verbunden sein. Jetzt muß ich lernen, diesen Aspekt in mir zu überwinden und mehr mit der Welt verbunden zu sein. Selbst das zu erkennen ist schon nicht leicht für mich gewesen. Doch es bringt mich weiter, und ich kann meine Grenzen endlich etwas ausweiten.

Ich habe für mein Leben und meine Meditationsübungen einen ganz festen Plan. Diese Routine wird nicht unterbrochen, um etwa in die Stadt oder ins Kino zu gehen. Ich gebe mir Mühe, offener zu werden und spontaner zu sein — das heißt aber nicht, daß ich meine Disziplin aufgebe. Ich lerne, daß es möglich ist, mit anderen zusammenzusein, sie in meine Welt einzuschließen und gleichzeitig meine Disziplin einzubeziehen, ohne meine Identität zu verlieren. Ich habe Angst, mein Selbst zu verlieren, meine Disziplin. Aber es ist sehr starr, immer nur alles so zu machen, wie ich es will.

Ob ich Feigen mag? Ich *liebe* Feigen!«

ZUSAMMENFASSUNG

Der Feigenbaum trägt wie bereits erwähnt keine äußerlichen Blüten. Seine Blüten reifen in der fleischig-samigen Frucht selbst. Diese Metapher von der Blüte in der Frucht steht für das Aufblühen eigener innerer Regeln nach flexiblen, selbstauferlegten Leitlinien, statt für die Selbstbegrenzung durch eiserne Gitter.

Hier eine perfekte Feigengeschichte: Ein Leutnant in der Armee beschloß eines Tages, seine Truppen mit einem Quiz über Allgemeinwissen zu unterhalten. »Soldaten«, fragte er, »warum stellt man Gewehrkolben immer aus Walnußholz her?« »Weil es besonders hart ist, Sir.« »Falsch«, erwiderte der Leutnant. Dann fragte er den nächsten Soldaten: »Warum bestehen Gewehrkolben immer aus Walnußholz?« »Weil es glatter ist als andere Holzarten.« »Falsch«, antwortete der Leutnant ungeduldig. Als er den dritten Soldaten fragte, lautete die Antwort: »Weil es sich besser polieren läßt.« Da schüttelte der Leutnant den Kopf und sagte: »Ihr begreift es einfach nicht. Die korrekte Antwort lautet: Weil das in den Vorschriften steht.«

Wenn Regeln nichts mehr mit der Praxis und gesundem Menschenverstand zu tun haben, können wir sicher sein, daß wir in einem negativen Feigen-Zustand gefangen sind, der bestenfalls freudlos ist. Die positive Botschaft der Feige findet sich im Humor, wenn man begeistert ist und begeisternd wirkt, wenn man den starren Idealismus des Perfektionisten mit erfinderischem Improvisieren verbindet — wie Roosevelt es sagte: »Tu, was du kannst, mit dem, was du hast, dort, wo du bist.«

Gegensatz- und Begleitessenzen

FEIGE	Gegensatz	Begleiter
Mandel	für Weisheit durch Selbstkontrolle und Mäßigung	für Flexibilität, nicht Laxheit, für Formbarkeit trotz Idealen
Avocado	für Achtsamkeit	um den größeren Rahmen ebenso gut zu erkennen wie die Einzelheiten
Dattel	wenn man anderen gegenüber zu hart ist	für Toleranz gegenüber sich selbst und anderen, Akzeptieren von Fehlern
Erdbeere	bei Gefühlen von Schuld und Wertlosigkeit	für Selbstakzeptanz und Selbsterkenntnis ohne Negativität

POSITIVE AUSDRUCKSWEISEN

Nachgiebig
Anpassungsfähig
Angemessen diszipliniert
Flexibel
Offen
Geschmeidig
Weise
Entspannt
Humorvoll
Tolerant
Intuitiv
Frei
Fähig, gesunde Grenzen zu setzen
Selbständig

Negative Zustände

Nicht anpassungsfähig
Geistig starr
Perfektionistisch
Unrealistische Ideale
Selbstverleugnend
Besessen
Zwanghaft
Streng diszipliniert
Überernst
Angespannt
Fanatisch
Dogmatisch
Begrenzt
Selbstkritisch
Kritisch
Gehemmt
Ablehnend

Verstärkung

Achten Sie auf Bereiche Ihres Lebens, in denen Sie zu selbstkritisch sind. Konzentrieren Sie sich jede Woche auf einen anderen Bereich, und definieren Sie sich bewußt positiv um.

Lernen Sie Yogaübungen in einem Kurs, mit einem Buch oder einem guten Video.

Gönnen Sie sich im Alltag genügend Zeit für Entspannung und Unterhaltung – für Spaziergänge, Freunde besuchen und zum Essen einladen.

Lesen Sie jeden Tag etwas leichte Unterhaltung.

Visualisierung

Der Sommer schließt seine Türen und macht Platz für den Herbst. Die warmen Sonnentage werden von kühlerer Luft abgelöst. Pullover morgens und abends werden nötig. Die Blätter haben sich noch nicht gefärbt, aber sie denken schon daran. »Was sollen wir anziehen?« hört man sie fast murmeln. »Rostrot vielleicht? Erdbraun? Ich kann dieses Grün nicht mehr sehen!« Ihr Humor, der aus dem vollständigen Akzeptieren der wechselnden Jahreszeiten entspringt, bringt einen zum Schmunzeln.

Aber sie brauchen eine bestimmte Kleidung für diese Phase ihres Lebens, den windgetriebenen Abstieg vom Ast auf den Boden. Auch wenn der zurückziehende Lebenssaft des Baumes sie zum Abfall macht — ihre letzte Rolle ist ein flatternder Tanz zum Boden. Dann harkt man sie entweder zu großen Haufen zusammen, in denen die Kinder fröhlich herumspringen, oder sie modern still vor sich hin, um ihren geliebten Mutterbaum in dem zeitlosen Kreislauf aus Tod und Wiedergeburt zu nähren.

Ah, hier kommt der Wind — pünktlich auf die Minute! Mutter Natur trägt keine Armbanduhr, aber sie weiß mit ihrem sechsten Sinn, wann alles passieren muß. Nur sehr wenige Menschen wissen die Wahrheit über den Wind: Er ist der Atem von Mutter Erde. Sie bläst und bläst wie ein Kind auf seine festlich flackernden Geburtstagskerzen — über die Berge, durch die Täler und um die Bäume. Ihr Windatem beugt und biegt, und die Kraft des Baums beruht auf Flexibilität. Der Wind hält die Spielregeln ein — aber er weiß auch, wann er sie brechen kann.

Auch du bist wie der Wind — stark und dennoch sanft, diszipliniert und dennoch anpassungsfähig.

Affirmation

Ich entspanne mich und entdecke Weisheit, die aus Flexibilität entsteht.

Kapitel zwanzig

Mandel —
»Die Selbstgenügsame«

Prunus amygdalus
(»Mandelartiger
Pflaumenbaum«)

»Ich hatte gerade eine Beziehung beendet und lebte seit kurzem allein. Ich nahm Mandel-Essenz, weil ich ständig, von morgens bis abends, Lust auf Sex hatte. Das war mir einfach zuviel. Nach einem Monat hatte sich meine Energie verändert. Ich erlebte meine Sexualität nun anders — als hätte mir die Mandel-Essenz dabei geholfen, meine Spiritualität und meine Sexualität zusammenzubringen. Dadurch ist es mit der Lust nicht vorbei, aber die Mandel hat sie auf eine höhere Ebene gebracht.«

G. H., Wien

»Mein ältester Sohn ist zweiundzwanzig. Seine Freundin studiert und hat viel zu tun, aber wenig Zeit zum Ausgehen und für Romantik. Da er so viel häufiger Lust auf Sex hatte als sie, empfahl ich ihm Mandel-Essenz. Darauf konnte er sich besser auf ihre Bedürfnisse einstellen.«

I. R., Wien

»Meine Klientin arbeitete gerade an einem Mißbrauchsthema. Sie war zwar verheiratet, aber auch wie besessen von Gedanken an einen anderen Mann. Sie war verwirrt und unsicher, ob sie ihren Mann verlassen sollte. Mandel-Essenz war für sie ein Wegweiser, der ihr durch diese sehr schwierige Situation half.«

S. C., Nevada City

»Ich nahm Mandel-Essenz, weil ich mich zu sehr getrieben und belastet fühlte. Danach fühlte ich mich wohl und friedlich und auch offener und entspannt.«

J. L., Sandpoint

»Ich nehme immer Mandel-Essenz, wenn ich in die Stadt fahre. Das hilft mir, gelassen und konzentriert zu bleiben und mich vom Verkehr und den anderen Autofahrern nicht aufregen zu lassen.«

R. B., Walnut Creek

»Freude, Mäßigkeit und Ruhe schlagen dem Arzt
die Tür vor der Nase zu.«

Longfellow

Pflanze – Frucht – Heilkunde

Man nennt den Mandelbaum auch Prunus dulcis, die Süße, Angenehme, Erfreuliche. Die Mandel ist der älteste bekannte Nußbaum und gehört zur Familie der Rosengewächse. Das kleinstämmige Bäumchen, dem Pfirsichbaum sehr ähnlich, wächst in Westasien und Südeuropa, stammt aber aus dem Nahen Osten. Heute wird die Mandel auch in Südafrika, Südaustralien und Kalifornien angebaut. Die rosa Blüten (wiederum dem Pfirsich ähnlich, nur größer) erreichen bis zu fünf Zentimeter Durchmesser und wachsen in Büscheln von je drei bis fünf. Die Nüsse entstehen aus einer pfirsichähnlichen Frucht. Die Mandel enthält reichlich Faserstoffe, B-Vitamine und acht der neun essentiellen Aminosäuren – hat aber auch viele Kalorien. Ihr Eiweißgehalt ist legendär; außerdem weist sie wichtige Mineralstoffe und ungesättigte Fettsäuren auf. Mandelöl hilft bei Hautproblemen, und Mandelmilch ist gut für die Kehle und die Lungen.

Qualität: Selbstkontrolle
Botschaft: Ausgeglichenheit, Mäßigung; geistige Gelassenheit, Einheit von Körper, Geist und Seele; Gefühl von Wohlbefinden und Ordnung, vermeidet Ausgebranntsein; gesunde Sexualität, macht einen zum sensiblen Partner in einer intimen Beziehung
Disharmonien: Unzufriedenheit, Unwohlsein, Frustration, Unbescheidenheit; falsche Entscheidungen aufgrund vergangener schlechter Gewohnheiten; Dinge im Übermaß tun (Essen oder sonstige Aktivitäten), Unmäßigkeit, die dem Körper, dem Geist oder den Nerven Schaden zufügt; sexuelle Exzesse in Gedanken oder Taten, Probleme im sexuellen Bereich

Position im Spektrum

Mandel führt uns in den dritten Quadranten ein. Er führt die männliche Hälfte des Spektrums fort, was bedeutet, daß diese fünf Essenzen Kraft, Stärke und den Trieb zu Aufbau und Leistung ausdrücken.

Der dritte Quadrant symbolisiert die Persönlichkeit, die zu Weisheit heranreift, genau wie ein Garten der herbstlichen Ernte harrt. Die Mandel im ersten Haus verkörpert die reife Kraft, Exzesse zu vermeiden. Nach der Ausgewogenheit der Feige gibt die Mandel ein gesundes Gefühl für Selbstkontrolle.

Positive Anwendungen

Mandel ist die Essenz für Selbstkontrolle in allen Bereichen unseres Lebens. Diese Eigenschaft hat in unserer Kultur leider keine hohe Priorität, weil Konsum und Materialismus viel höher gewertet werden. Doch wie sehr nützt Disziplin unserem Wohlergehen! Selbstkontrolle bedeutet einfach, daß wir über verschiedene Handlungsmöglichkeiten nachdenken, statt vom Unbewußten auf ein reaktives Muster festgelegt zu sein.

Mandel gibt uns daher ein stärkeres Bewußtsein für unsere Wahlmöglichkeiten. In der Beziehungsarena der Sexualität ist unsere Selbstkontrolle ein Geschenk, das wir unserem Partner geben können. Sexualität hat zwei Zwecke: Fortpflanzung und das Teilen von Liebe. Mit der Einstellung der Mandel: »Wie kann ich dir zu Gefallen sein?« statt: »Was springt für mich dabei heraus?« wird der Sexualakt von Selbstbestätigung und Selbstbefriedigung befreit und dadurch unendlich erfüllender. Wir sind keine an den Körper gefesselten Sklaven unserer Sinne, sagt die Mandel, wir sind die Seele.

Auf der physiologischen Ebene gilt ein ausgeglichenes Sexualleben als gesund. Untersuchungen haben ergeben, daß Sex hilft, Migräne zu vermeiden und durch die Produktion von Cortison Arthritis zu lindern und Allergien zu bessern. Psychologisch gesehen gleicht Sex Streß aus, fördert die Gewichtsabnahme, verstärkt das Selbstwertgefühl und hilft gegen Depression.

Und was ist mit dem Streß, daß der Tag nie genügend Stunden hat? Im positiven Mandel-Zustand können wir unsere Zeit besser einteilen, mehr den gegenwärtigen Moment nutzen und gelassen alle Aufgaben bewältigen. »Ich habe Mandel-Essenz gegen die Spannungen genommen, die mir immer Druck und Enge im Magen verursachten«, berichtete Ursula, »und nach einer halben Stunde waren meine Symptome verschwunden.«

Mandel ist ein ausgezeichnetes Mittel für Tänzer. Die Yogatradition spricht von der Zentrierung in der Wirbelsäule, der Stelle des

Astralkörpers, aus der alle Energie abstrahlt. Tanz sollte aus diesem Zentrum ausstrahlen. Hören wir Sitas Bericht:

»Ich bin vor dem Tanzen immer sehr unsicher. Ich wußte einfach nicht, was ich tun sollte, um mich zu zentrieren, daher nahm ich Mandel-Essenz schon eine Woche vor den Vorstellungen ein. Es war unglaublich, wie sehr mir das half, mich zu konzentrieren. Bei der ersten Vorstellung war ich sehr zentriert und überhaupt nicht unsicher. Beim letzten Mal hatte ich solche Angst gehabt. Meine Hände und Füße waren eiskalt gewesen, und ich hatte Magenschmerzen. Die Mandel-Essenz wirkte wie ein Zaubermittel. Jedesmal, wenn ich sie einnahm, fühlte ich mich wie verwandelt. Sie half mir, eine perfekte Vorstellung zu geben.«

Negative Indikationen

Der negative Mandel-Zustand ist das Gefühl, als gäbe es nie genügend Zeit. Wenn wir unsere Arbeit nie ganz erledigen können, wieviel wir auch tun, ist es an der Zeit für Mandel-Essenz. Die Spannungen setzen gewöhnlich eine Kette von immer unproduktiveren Reaktionen in Gang, die dann zu einem Zustand völliger Frustration führen können. Mandel gibt die Gelassenheit, sich immer nur auf eine Sache zu konzentrieren, und ehe man sich versieht, ist ein ganzer Stapel auf dem Schreibtisch schon verschwunden!

Wie bereits erwähnt, beeinflußt die Mandel-Essenz auch die menschliche Sexualität: Wenn sich die Hormone in der Pubertät melden, wenn die sexuelle Energie nicht unter Kontrolle ist, kann die Mandel wohltuend wirken. (Mandel fällt in den dritten Quadranten des Spektrums, wo Triebe durch Selbstkontrolle gemäßigt werden, und nicht in den zweiten Quadranten der feurigen Jugend, wo sie noch nicht zu ihrer tieferen Reife gelangt sind.)

Denken wir auch an die Ausbeutung dieses Themas durch die Medien. Selbst so unschuldige Produkte wie Limonade werden sexualisiert. Wir werden ständig visuell und verbal mit Sex bombardiert. Zu diesem Phänomen gesellt sich außerdem eine Ernährung voller Konservierungsmittel, Pestizide und künstlicher Stoffe, die das hormonelle Gleichgewicht beeinflussen. Wir werden dadurch kontinuierlich stimuliert und in Richtung Exzeß getrieben. Mandel ist ein gesundes Gegenmittel gegen diese schädlichen Außenreize.

Mandel unterdrückt den Sexualtrieb nicht, sie ermöglicht uns vielmehr, diese starke Kraft zu verwandeln. Man könnte sagen, daß man mit dieser Essenz, statt von der Sexualität getrieben zu werden, selbst zum Antrieb wird, indem man bewußte Selbstkontrolle ausübt. Sexualenergie ist eine kreative Kraft, und wir können uns entscheiden, diese Energie für Sport oder kreative Betätigungen zu verwenden. Ob man in einer Beziehung lebt oder nicht, jung ist oder alt, Mandel-Essenz gibt uns ein tieferes Verständnis für unsere Sexualität als reine Energie, die uns zur Verfügung steht.

Mandel als Themenessenz

Mandel-Typen sind nicht so leicht wie andere Essenz-Typen an äußerlichen Kennzeichen auszumachen, weil ihre Energie eher nach innen und nach oben fließt, statt durch ihre Sinne und den Körper nach außen. Ihre Bewegungen sind weder ausladend noch verhalten, ihr Tempo weder zu schnell noch zu langsam. Mit anderen Worten, sie sind auffallend unauffällig. Sie stechen nicht in einer Menschenmenge hervor wie die Ananas, noch stehen sie etwas außerhalb wie die Banane. Sie sind weder Mauerblümchen noch Partylöwe, und bei vielen gesellschaftlichen Veranstaltungen findet man sie vermutlich überhaupt nicht. Die Lebensweise von Mönchen, Nonnen, Eremiten und Asketen paßt gut zum introvertierten Mandel-Typ.

Mandel-Typen nehmen sich in der Regel nie ein zweites Mal — es sei denn, die erste Portion war extrem klein. Sie sind stille, verinnerlichte Menschen, die ihre Zeit und Energie klug einteilen. Man spürt die Anziehungskraft ihrer Gelassenheit, die ihrer gemäßigten, ausgewogenen Lebensweise entspringt. Mandel-Typen zeigen uns, wie gut ein geregeltes Leben verläuft, und ermuntern uns, ihrem Beispiel zu folgen.

Berühmte Mandel-Persönlichkeiten

Omar Chajjam
Ralph Waldo Emerson
Goldlöckchen
Buddha
Hl. Antonius

Nijinsky
Rabi'a
Thomas von Kempen

Omar Chajjam, Sohn eines Zeltmachers (das ist auch die Bedeutung seines Nachnamens), war ein persischer Astronom, Mathematiker und Dichter des elften Jahrhunderts. Über sein Privatleben ist nur wenig bekannt, doch das wird wettgemacht durch sein Werk »Rubaijat«, eines der bekanntesten und beliebtesten Gedichte aller Zeitalter. Aus der Weisheit seiner Schriften ergießt sich eine zutiefst spirituelle Botschaft. Er wurde als Hedonist mißverstanden, der sinnliche Ausschweifungen glorifiziert (dem negativen Mandelzustand entsprechend), doch seine Dichtung erweist ihn als einen großen Mystiker. (Seine Vierzeiler wurden von Yogananda mit großer Intuition gedeutet; das Buch ist in der Bibliographie aufgeführt.) Omar fordert uns in seinen Versen dazu auf, unsere Energie nach innen zu richten, fort von allen Exzessen, dem höchsten Ziel entgegen. Seine Worte sind die Mahnung des Mandel-Typs, die Lebenskraft von den äußeren Sinnen auf das innere Zentrum zu lenken. Die tiefste und dauerhafteste Freude, sagt er, findet sich im Wein des Geistes, nicht im vergänglichen Rausch der sinnlichen Begierde.

BEKENNTNISSE EINES MANDEL-TYPS: THOMAS

»Ich bin fest entschlossen, das Beste aus diesem Leben zu machen — in jeder Hinsicht. Das ist allerdings ein Balanceakt, denn ich bin gerade mitten im Aufbau meiner eigenen Firma. Ich biete Seminare für persönliche Entwicklung an. Momentan kommt mir meine Arbeit wie ein Kinderspiel vor — überhaupt nicht wie Arbeit, und ich liebe jede Minute. Meine Energie ist also in vollem Fluß. Ich habe Spaß an dem, was ich tue, und setze mich auch hundertprozentig dafür ein.

Ich lerne gern neue Leute kennen. Aber ich brauche auch eine gewisse Zeit für mich. Freizeit? Die habe ich nicht. Ich habe immer neue Ideen. Es ist für mich ein ständiger Kampf, Prioritäten zu setzen und die Spreu vom Weizen zu trennen. Meine Freundin hilft mir, das Gleichgewicht zu finden. Sonntags gehen wir spazieren, ins Kino oder sonst irgendwas.

Meine spirituellen Übungen haben mich sehr verändert. Ich hatte immer einen ziemlich starken Sexualtrieb, aber jetzt bin ich über fünfzig ... nun ja. Meine Freundin und ich lieben uns ab und zu, wenn sie das möchte, weil sie sich nah und verbunden fühlen will. Für mich hat das jetzt nichts mehr mit Befriedigung zu tun. Selbstkontrolle ist für mich viel wichtiger. Ich kann nur sagen, daß ich gesünder und stärker bin und mehr Energie habe als jemals zuvor in meinem Leben.

Ja, ich würde mich als gelassen bezeichnen. Ich bin ziemlich unerschütterlich. Ich denke manchmal, ich bin so wie Napoleon, der mitten in der Schlacht Briefe schrieb, obwohl Kanonenkugeln neben ihm einschlugen. Er benutzte den aufgespritzten Sand, um die Tinte zu löschen. Ich weiß nicht mehr, wo ich diese Geschichte gehört habe, aber sie wurde mir als Beispiel für Gelassenheit erzählt.

Ich esse gern Mandeln. Wenn ich es schaffe, nehme ich mir immer Mandeln mit, um sie nachmittags mit Obst als Snack zu essen. Ich mag sie ausgesprochen gerne, auch wenn ich sie nicht jeden Tag esse. Mandeln sind für mich die Quintessenz von Nahrung.«

Zusammenfassung

Vor einigen Jahren fand ich mich (eher aus Zufall denn aus freien Stücken, muß ich hinzufügen) auf einem großen Kreuzfahrtschiff, das von Südkalifornien aus mehrere Häfen in Mexiko anlief. Bei der Programmvorstellung am ersten Abend ermutigte uns der Chefanimateur, bis zum Exzeß zu essen und zu trinken, zu spielen und die ganze Nacht zu feiern und uns zu verausgaben, als wäre es der letzte Tag unseres Lebens. Man verkündete uns sozusagen als Elftes Gebot: Du sollst keine Kalorien zählen. Die Botschaft dahinter lautete: Ausschweifungen und völliges Gehenlassen werden uns glücklicher machen und unseren Urlaub bereichern. Wozu fährt man denn sonst in die Ferien?

Der englische Dichter John Milton meinte einmal: »Wer sich selbst regiert und seine Leidenschaften, Begierden und Ängste beherrscht, ist größer als ein König.« Wahres Glück liegt in Ausgewogenheit, und Erfüllung, verbunden mit Selbstrespekt, findet sich in Mäßigung. Wenn wir Kontrolle über unsere Begierden erlangen und das Königreich unseres Körpers und Geistes mit dem liebevollen Respekt beherrschen, den die Mandel repräsentiert, dann werden wir zu Meistern unserer Sinne. Mit der eigenen Verwandlung inspirieren wir auch andere.

Gegensatz- und Begleitessenzen

Mandel	Gegensatz	Begleiter
Banane	für Gelassenheit durch Nichtidentifikation mit dem Ego	für Weisheit jenseits von Emotionen und Begierden
Feige	für Weisheit, die alle Seiten eines Problems erkennt	für Flexibilität, während man an seinen Idealen festhält
Salat	für Gelassenheit und Klarheit in allen Emotionen und Gefühlen	für Zentrierung und ein Wissen um Ausgewogenheit
Spinat	bei Streß aufgrund von Überarbeitung und Kopfbetontheit	für eine spannungsfreie, lustbetonte Haltung
Tomate	um Süchte zu erkennen und zu besiegen	für geistige und emotionale Kraft im Kampf gegen Süchte

Positive Ausdrucksweisen

Gemäßigt
Ausgeglichen
Effizient
Gelassen
Sexuell ausgeglichen
Selbstbeherrscht
Sensibel
Diszipliniert
Ruhig
Die Stille liebend
Nach innen gewandt

Negative Zustände

Nervös
Zu Exzessen neigend
Mangel an Kontrolle

Rebellisch
Sexuell unmäßig
Von Gewohnheiten beherrscht
Unzufrieden
Unruhig
Gestreßt
Frustriert
Arbeitssüchtig
Rastlos

VERSTÄRKUNG

Geben Sie sich mehr Zeit, um Projekte abzuschließen, damit Sie sich nicht immer unter Druck fühlen.

Nehmen Sie sich fünf Minuten Zeit für eine Massage von Nacken, Schultern und Kopfhaut — oder lassen Sie sich von jemand anderem massieren.

Machen Sie die folgende Atemübung dreimal hintereinander, dreimal täglich: rasch zweimal einatmen, das zweite Mal tiefer als beim ersten Mal, bis die Lungen ganz voll sind. Auf die gleiche Weise ausatmen: zweimal kräftig, bis die Lungen völlig leer sind.

Verbringen Sie einen ganzen Tag — oder länger — in vollständigem Schweigen. Beobachten Sie die Veränderung Ihrer Energie nach dieser Übung.

Gehen Sie tanzen, tanzen Sie zu Hause oder besuchen Sie einen Tanzkurs. Achten Sie beim Tanzen auf die Energie in der Wirbelsäule, und richten Sie sich bewußt nach innen und oben aus.

Wiederholen Sie täglich die Mandel-Visualisierung.

VISUALISIERUNG

Es ist ein perfekter Tag für einen kurzen Spaziergang, der dritte Tag deines Urlaubs. Alle Sorgen und Verantwortungen von Familie, Arbeit und Zuhause scheinen wie aus einem Traum, als gehörten sie zu jemand anderem. Atme die frische Morgenluft ein, wenn du das kleine Holzhaus im Wald verläßt, und geh zum Fluß. Die Nacht ist gewichen, hat sich Schicht um Schicht von den Schultern der Erde gehoben.

Es ist ein Spätsommertag, und es wird langsam warm und verspricht heiß zu werden.

Das Feld ist mit orangefarbenen Blumen dicht übersät. Trink diese Farbe mit den Augen, mit den Händen und den Poren deiner Haut. Spüre, wie es dich wärmt, heilt und die Zellen in orangefarbenem Licht badet.

Geh weiter, und bald kommst du an ein Gewirr aus Zweigen von einem umgestürzten Baum, der mit Moos bedeckt ist. Zieh deine Sandalen aus und spiele mit den Zehen in dem samtigen Grün. Nun setzt du dich an den kleinen Bach, wo das Wasser über Steine und Kies sprudelt. Atme dieses Geräusch mit den Ohren, den Lungen und allen Körperzellen in dich ein. Laß alle Spannungen von dir abfallen, und es bleibt nur ein Strom von Gelassenheit zurück. Ersetze alle Gedanken an Ausschweifungen durch Mäßigung, alle Zügellosigkeit durch Selbstkontrolle.

Nachdem du deine Sinne in dem orangefarbenen Licht gebadet hast, ziehst du dich bewußt wieder zurück: zuerst den Blick, dann das Hören, gefolgt von Geschmack, Berührung und Geruch. Stell dir vor, wie du dich in den Kern deines Seins zurückziehst. Du wirst aufgeladen und erneuert aus dem riesigen Speicher an Energie, der deine wahre Realität ist.

Affirmation

Ich bin der Herrscher meines Lebens. Mein Verstand und meine Nerven sind in Stille und Einheit.

Kapitel einundzwanzig

Birne —
»Der Friedensbringer«

Pyrus communis
(»Die gemeine Birne«)

»Ich war immer sehr ängstlich, ehe ich Birnen-Essenz nahm. Jetzt bin ich viel entspannter und habe nicht mehr das Gefühl, alles sofort richtig machen zu müssen. Vor kurzem habe ich beschlossen, an der Beziehung zu meiner Mutter zu arbeiten. Nach vierunddreißig Jahren war ich endlich in der Lage, mit ihr zu reden. Alle Blockaden lösten sich auf. Auch meine Mutter wurde sehr offen. Die Birne hat dafür gesorgt, daß die Atmosphäre zwischen uns endlich bereinigt wurde.«

E. H., Seattle

»Birnen-Essenz ist für mich wirklich hilfreich. Ich muß zugeben, daß ich sie nicht sehr regelmäßig einnehme. Trotzdem war ich letzte Woche stark in meinem inneren Frieden zentriert, obwohl es im Krankenhaus sehr hektisch zuging.«

S. L. P., North San Juan

»Letzte Woche wurde ich einmal um halb fünf Uhr morgens von einem Verkehrsunfall vor unserem Haus aus dem Schlaf gerissen. Ich war zu Tode erschrocken und hatte starkes Herzklopfen. Birne half mir, diese Störung zu bewältigen, meine Fassung wiederzugewinnen und mich genügend zu beruhigen, um zu meditieren — während Krankenwagen und Feuerwehr noch mit Blaulicht und laufendem Motor vor dem Haus standen.«

L. J., Taos

»Mein Mann und ich sind zwei Tage weggefahren und haben unseren knapp Zweijährigen bei Leuten zurückgelassen, bei denen er sich wohl fühlt. Ich gab ihm Birnen-Essenz gegen das emotionale Trauma, von uns getrennt zu sein. Es ging ihm gut — er schlief nicht soviel wie sonst, wachte aber fröhlich und ohne zu greinen auf. Außerdem hat er inzwischen laufen gelernt und fällt oft hin, und auch dabei hilft die Birnen-Essenz.«

L. B., Nevada City

»Nach dem letzten großen Erdbeben in Los Angeles hatte ich richtigen Heißhunger auf Birnen, was für mich sonst ungewöhnlich ist. Nun, ich habe den Wink verstanden. Ich nehme jetzt wieder Birnen-Essenz.«

N. L., Los Angeles

> »Frieden gaben uns die Jahreszeiten,
> Frieden gab uns der Regen,
> Kühle Wolken, die uns segnen,
> Und Nebelfinger, den Schmerz zu lindern.«
> J. Donald Walters

Pflanze – Frucht – Heilkunde

Die Birne stammt aus Westasien und Europa und wächst in allen gemäßigten Zonen. Ihr genauer Ursprung ist nicht bekannt, allerdings wird sie schon von dem griechischen Dichter Homer um 700 v. Chr. erwähnt. Birnbäume sind winterhart und gedeihen in fast allen Böden. Sie tragen Büschel von vier bis zwölf Blüten, die zart und weiß sind und runde Blütenblätter haben. Es gibt Hunderte von verschiedenen Birnensorten. Sie sind reich an Vitamin C und Eisen, eine ausgezeichnete Verdauungshilfe und aufgrund ihres ausgewogenen Mineralstoffgehalts ein gutes Hauttonikum.

Qualität: Frieden, Notfall-Essenz
Botschaft: Seelenfrieden; gibt ein Gefühl für Rhythmus und Proportion; hilft, im Moment zu leben; für Stabilität bei größeren Veränderungen, um gut mit Krisen fertig zu werden
Disharmonien: Bei Unfällen, Krankheiten, Operationen, Geburten, körperlichen und/oder emotionalen Krisen, die einen aus dem Gleichgewicht bringen; bei Störungen der Aura; bei Schock, problematischen Erlebnissen oder Ängsten; bei starkem Kummer

Position im Spektrum

Nach der Gelassenheit der Mandel folgt die Birne im zweiten Haus des dritten Quadranten. Dieses Mittel hat eine starke, unerschütterliche Kraft. Birne steht für die reine Kraft der völlig zentrierten, ausgewogenen und vollständigen Beherrschung aller Fähigkeiten — wertvolle Eigenschaften in einer Krisensituation. Mit männlich geprägten Führungsqualitäten repräsentiert sie das erfahrene Wissen des dritten Quadranten. Wenn die Gelassenheit der Mandel die Ruhe vor dem Sturm bedeutet, dann ist Birne der sich anschließend ausbreitende Frieden.

Positive Anwendungen

Frieden ist die Abwesenheit von Krieg und Unruhen oder die Vereinbarung, einen Krieg zu beenden. Der positive Birne-Zustand ist genau das: die Auflösung von Krieg oder Konflikt in uns selbst. Frieden wird wie Gelassenheit oft für einen Zustand mit geringer Energie gehalten und sinkt manchmal sogar zur Langeweile herab. Nichts passiert, es gibt nichts zu tun — das muß Frieden sein. Aber echter Frieden ist etwas ganz anderes: Er ist der Zustand des Sieges, wenn die Schlachten ausgetragen und gewonnen werden, wenn großen Herausforderungen begegnet wird, statt sie zu vermeiden, wenn man in einem Konflikt dem Feind gegenübersteht und sagt: »Du stirbst!« Diese Kämpfe nehmen vielleicht die körperliche Form von Unfällen, Operationen oder schweren Krankheiten an. Von der überbewußten Ebene her betrachtet, braucht man solche Ereignisse aber nicht als negativ zu deuten, denn sie sind stets Chancen für Wachstum. Birne ist die Notfall-Essenz, die in einer Krise häufig verwendet werden sollte.

Die Herausforderung besteht vielleicht in der Geburt eines Kindes, bei der die positiven Eigenschaften der Birne unschätzbar sind. Birne ist besonders für Erstgebärende nützlich, die überrascht feststellen, daß die Wehen tatsächlich ganz schön weh tun. An dem Punkt der Geburt, an dem die Frau aufgeben will, wirkt Birnen-Essenz als feinstoffliche Hebamme und bietet Frieden und Trost. Mit anderen Worten, Birne hilft der Mutter und allen, die ihr beistehen, die wunderbare, transzendente Qualität einer Geburt zu erleben.

Der positive Birne-Zustand drückt aber auch Bereitwilligkeit und Offenheit aus, sich unbekannten Dingen zu stellen. Ashley schrieb mir: »Ich hatte vor Jahren schon einmal Skilaufen probiert und dabei nur Angst gehabt. Vor kurzem habe ich es noch einmal versucht, und mein Freund sagte, er habe noch nie jemanden gesehen, der beim ersten Mal gleich so gut fuhr.«

Birne kräftigt die Aura. Schlechte Nerven, Depressionen, Ängste und Traumata schwächen diese schützende Energieschicht um den Körper und machen uns empfindlich gegenüber emotionalen Erdbeben. »Heute morgen«, schrieb mir Frances, »war ich besonders nervös vor dem Treffen mit Kunden, mit denen ich einen Vertrag für ihre Eigentumswohnung aufsetzen wollte. Ich fühlte mich unsicher, dachte, sie würden mich für zu jung halten, oder glauben, daß ich keine Ahnung von Immobilien hätte. Ich nahm Birnen-Essenz ein, weil ich fast die Beherrschung verlor und zitterte. Mitten in der

Transaktion fühlte ich mich plötzlich viel selbstsicherer und versiert und war damit zufrieden, wie ich mich vor den Kunden darstellte. Schließlich klappte alles wunderbar, und ich habe einen ziemlich guten Abschluß gemacht.«

»Ich leide an chronischer Erschöpfung und mußte deshalb einen phantastischen Posten aufgeben«, teilte mir Syd mit. »In den letzten sieben Jahren war Weihnachten für mich immer eine Phase tiefster Depression. Ich geriet in völlige Verzweiflung, wenn ich sah, wie es meinem Körper immer schlechter ging. Ich war wie eine Gefangene: unterdrückt und unfähig, mich aus dem Elend zu lösen. Mit Birnen-Essenz erlebte ich, wie sich meine Haltung unmittelbar änderte: Friede und Hoffnung tauchten auf. Es waren keine körperlichen Änderungen, nur eine Wendung um hundertachtzig Grad im emotionalen Bereich. Jeder Tag mit Birnen-Essenz ist eine Offenbarung, und ich verbrachte ein sehr glückliches Weihnachtsfest.«

NEGATIVE INDIKATIONEN

Und was ist es, das uns immer wieder den Frieden raubt? Konflikte zum Beispiel, oder Widerstand. In einem Konflikt befinden wir uns im negativen Birne-Zustand, was schlichtweg die Abwesenheit von Frieden bedeutet. Persönliche Beziehungen — diese unbestechlichen Spiegel unserer Stärken und Schwächen — sind der perfekte Schauplatz für die Birne. »Mir war schon beim ersten Tropfen der Birnen-Essenz bewußt, wie sich in meinem Körper Frieden ausbreitete«, bemerkte Melissa. »Mein Mann regte sich über mich auf, aber ich blieb ganz gelassen.«

Wenn sich Konfliktvermeidung als Frieden tarnt, finden wir statt dessen Verdrängung, einer der ärgsten Feinde von wahrem Seelenfrieden. Wenn Familienkonflikte jahre- oder jahrzehntelang verdrängt waren, kann die Birne zum notwendigen Katalysator werden, um die Beziehungen wieder aufzubauen.

Wenn wir den Prüfungen des Lebens Widerstand entgegensetzen, entsteht Schmerz. Das Ankämpfen gegen notwendige Herausforderungen schafft nur neue Hindernisse. Bloßes Nachgeben hingegen ist ebenfalls ein Fehler wegen der zu großen Passivität, die auf Energiemangel hindeutet und uns daher nicht magnetisch zu den benötigten Antworten zieht. Da kommt einem die Birne als Friedensstifter zu Hilfe.

BIRNE ALS THEMENESSENZ

Birne-Typen haben eine auffallend starke Energieausstrahlung. Und warum? Weil sie im Frieden mit sich selbst sind. Man findet sie oft in den heilenden Berufen, ähnlich wie die Himbeer-Typen. Ob sie nun Masseure, Psychotherapeuten oder Ärzte sind – schon ihre Nähe gibt einem das Gefühl, gesund zu werden.

Ihre Körpersprache ist geschmeidig, aber zielstrebig, Stille in Bewegung. Je entwickelter die Birne-Eigenschaften bei ihnen sind, um so stärker fällt diese Qualität auf.

Seelisch gesehen sind Birne-Typen von ausgeglichenem Temperament und nicht leicht aus der Fassung zu bringen. Ihr gewandtes Wesen bewirkt, daß Konflikte an ihnen abperlen wie Wasser vom Rücken einer Ente. Ihre Wohnungen wirken meist ungewöhnlich gemütlich und einladend. Es herrscht eine heilende Schwingung. Man hat immer das Gefühl, lange bleiben zu wollen, gleich in welchem Stil sie eingerichtet sind.

In der Anziehungskraft dieser Typen spürt man die Harmonie der Jahreszeiten, von Tag und Nacht, von Konflikt und Lösung. Es sind Menschen, die handeln, wie sie reden. Sie geben faszinierende Philosophen ab und haben einen Sinn für Humor, der gleichzeitig erdverbunden und überirdisch sein kann. Man möchte einfach in ihrer Nähe bleiben und ihre Friedlichkeit in sich hineinsaugen wie ein Eichhörnchen, das Nüsse für den Winter sammelt.

BERÜHMTE BIRNE-PERSÖNLICHKEITEN

Dwight D. Eisenhower
John Adams
Christian Slater
Andie McDowell
Michael Jordan
König Artus
Simbas Vater in »Der König der Löwen«
James Earl Jones
Hippokrates

»I like Ike« wurde zum Motto des vierunddreißigsten amerikanischen Präsidenten Dwight D. Eisenhower, und er war ganz ohne

Zweifel ein friedlicher und friedliebender Mensch. Man beschreibt Ike, der in beiden Weltkriegen als Soldat diente, am besten als einen Mann von demokratischer Schlichtheit und warmer Ausstrahlung. Das Volk spürte seine starke Führungskraft, obwohl er kein herausragender militärischer Stratege war. Er strahlte die Birne-Qualitäten von Vorsicht und Versöhnung aus, als er 1945 die Kapitulation der Deutschen annahm, 1953 für den Waffenstillstand sorgte, der den Koreakrieg beendete, 1955 vorübergehend die Spannungen mit der Sowjetunion linderte, indem er sich mit Chruschtschow traf, und erfolgreich das Ende der Suez-Krise aushandelte. Dieser friedliebende Präsident zeigte in besonderem Maß die Qualitäten der Birne und brachte auf globaler Ebene viele Male einen Krieg zum Ende.

Auch seine Schriften sind von einer Schwingung des Friedens durchzogen. Die Bürgerrechte der Schwarzen waren für ihn zwar kein Thema, aber er setzte 1955 Bundestruppen ein, um die Integration in den Schulen durchzusetzen. »Ich habe tiefes Verständnis«, sagte er, »für die Bemühungen aller Gruppen, die Rechte zu genießen, die unsere Verfassung garantiert.« Eisenhower strahlte in Worten wie in Taten Standfestigkeit, Ausgeglichenheit und das harmonische Wesen eines echten Birne-Typs aus.

BEKENNTNISSE EINES BIRNE-TYPS: JERRY

»Ich bin Verwalter eines Wohnblocks und habe vorher jahrelang als Kaufmann gearbeitet. Ich bin ein ausgeprägter Stiertyp, praktisch und ordentlich, und habe es gern, wenn alles funktioniert. Für besonders kreativ halte ich mich nicht. Ich bin eher ein Arbeitstier als jemand, der sich ständig neue Projekte ausdenkt. Der Verwalterposten ist für mich genau richtig. Ich bin konservativ und habe gern Projekte vor mir, die erledigt werden müssen.

Ich fühle mich nicht sonderlich wohl in Gegenwart von Leuten, die entweder ganz toll drauf sind oder am Boden zerstört. Ich habe alles gern ausgeglichen und stetig. Mit Menschen, die explodieren, fühle ich mich richtig unwohl. Dann gehe ich immer wie auf Eiern, weil ich nicht weiß, wann sie wieder in die Luft gehen. Aber ich habe auch Mitleid mit ihnen. Ich glaube, ich muß mir mehr Mühe geben, mit solchen Leuten zu arbeiten. Man hat aber immer Schwierigkeiten mit Dingen, die bei einem einen gewissen Nerv berühren.

Ich halte mich im allgemeinen für einen friedlichen Menschen. Es ist für mich sehr wichtig, Frieden zu halten. Ich habe nichts gegen Kompromisse, egal, in welcher Situation. Nur Unstimmigkeit kann ich nicht leiden. Auch wenn es zu etwas führen sollte, nagt so was an mir. Ich bin daher immer zu Kompromissen bereit — man sortiert die Dinge aus, läßt sie in Frieden und braucht sich dann nicht mehr darum zu kümmern. Eine Sache müßte ich wohl bearbeiten, und das ist, wann man am besten Kompromisse schließt und wann nicht. Wenn es um Prinzipien geht, kann man auch zu kompromißbereit sein und seine Integrität verlieren. Aber mir sind Frieden und Harmonie einfach lieber, und ich versuche immer, alle unter einen Hut zu bringen. Jemand hat einmal gesagt, ich sei sehr diplomatisch. Ich kann keine Aufregung leiden. Das ist sehr schwierig: zu wissen, wann man kämpfen und wann man sagen muß: ›Aber das ist doch gar nicht so schlimm!‹

In einer Krise gerate ich nicht leicht aus der Fassung. Die Leute sagen immer, wie ruhig ich wirke, wenn ich zum Beispiel eine Rede halten muß. Mein Vater war auch schon so. Egal was passierte, er blieb unerschütterlich. Ja, ich versuche so ruhig wie er zu sein und nicht aus der Fassung zu geraten. Ich will immer alles rasch wieder in Ordnung bringen — solange das nicht zu langweilig wird. Man geht natürlich das Risiko ein, die Mitmenschen vor Langeweile umzubringen, wenn man ständig versucht, die Konflikte vor einem Ausbruch zu bewahren.

Birnen? Ich mag Birnen sehr gerne. Es ist schwer, richtig gute zu finden. Sie werden dieser Tage so unreif gepflückt, daß sie kaum das Reinbeißen wert sind, wenn man sie kauft. Als ich mit meiner Frau in Italien war, haben wir wunderbare Birnen gegessen. Sie schmeckten einfach perfekt.«

ZUSAMMENFASSUNG

Die wahre Botschaft der Birne lautet, von den gelegentlichen Tragödien und Unruhen des Lebens unbelastet zu bleiben. Alte Yogalehren erinnern uns daran, daß auf jede Freude Schmerz folgt und auf jeden Schmerz eine Phase der Freude. Wenn wir in dieser Erkenntnis leben, werden wir zu Säulen von Kraft und Trost für diejenigen, die uns brauchen.

Frieden ist keine Folge von Passivität. Diese »Perle aller Perlen«, der Frieden, wird uns nur selten auf einem Silbertablett dargereicht.

Im Gegenteil, Frieden ist das schwerverdiente Resultat großer Anstrengungen. Aus diesem Grund können wir Birne als Summe der positiven Eigenschaften aller zwanzig Master's Essenzen betrachten: vollkommener Frieden, vollkommene Gelassenheit, vollkommene Liebe. Die Tropfen der Birnen-Essenz sind in der Tat »Nebelfinger, den Schmerz zu lindern«.

Gegensatz- und Begleitessenzen

BIRNE	Gegensatz	Begleiter
Kokosnuß	Herausforderungen annehmen	Ausdauer in schweren Prüfungen und Notlagen
Weintraube	für Ganzheit durch Liebe	für nach oben gerichteten Energiefluß, starke, unwandelbare Liebe
Salat	für Gelassenheit aufgrund beruhigter Gefühle	um die Gelassenheit auf allen Ebenen zu verstärken
Tomate	für Kämpfe	für gelassenen Mut und große Ausdauer

POSITIVE AUSDRUCKSWEISEN

Friedlich
Beherrscht
In der Gegenwart lebend
Erdverbunden
Ausgeglichen
Konfliktlösend
Stark
Offen
Friedensstiftend
Solide
Geschmeidig
Harmonisch
Liebevoll

Vorsichtig
Versöhnlich
Zentriert
Kompromißbereit
Standhaft

NEGATIVE ZUSTÄNDE

Traumatisiert
Nervös
Konfliktbeladen
Unausgewogen
Angespannt
Widerspenstig
Zu Reibungen neigend
Ungelöste Beziehungen
Aurische Störungen
Zu Schock neigend
Tieftraurig
Verletzlich
Unverfroren
Hastig
Streitsüchtig
Unzentriert

VERSTÄRKUNG

Nehmen Sie an einem Erste-Hilfe-Kurs teil, um zu lernen, wie man Krisensituationen bewältigt.

Besuchen Sie Freunde und Verwandte im Krankenhaus und in Pflegeheimen.

Sehen Sie sich gelegentlich einen gewalttätigen Film an und üben Sie, dabei unbeteiligt zu bleiben (aber nicht kurz vor dem Einschlafen!). Lernen Sie, das Leben wie einen vergänglichen Traum zu betrachten.

Machen Sie lange Spaziergänge außerhalb der Stadt oder am Meer, und stimmen Sie sich bewußt auf die natürlichen Rhythmen der Bäume, des Windes und der Wellen ein.

VISUALISIERUNG

Du bist zwar gerade erst am Seeufer angekommen, aber es scheint, als hättest du dich schon sehr lange dort aufgehalten. Vielleicht hat jede Jahreszeit dich einmal gestreift, während du da saßest. Du weißt, daß es keine Wellen gab, sonst wären deine Füße jetzt naß.

Erinnerst du dich, wie du als Kind immer flache Steinchen über die Wasseroberfläche hüpfen ließest und zähltest, wie oft sie aufschlugen, ehe sie versanken? Suche dir einen Stein, der vom unaufhörlichen Überspülen des Wassers ganz flach und glatt geworden ist. Mit einer geschickten Drehung aus dem Handgelenk heraus schnellst du ihn hinaus. Gut – du kannst es noch!

Jetzt läßt du mehrere Steine hintereinander über die glatte Wasseroberfläche hüpfen. Stell dir dabei vor, daß jeder ein bestimmter Konflikt oder ein Unruhepunkt in deinem Leben ist. Während sie einer nach dem anderen in ihr Wassergrab sinken, läßt du Gedanken an neue Entschlüsse und inneren Frieden in dein Bewußtsein ein. Alles ist gelöst. Alles ist harmonisch ausgewogen.

AFFIRMATION

Ich bin still. Ich bin gelassen. Ich bin ein uferloser See aus Frieden.

Kapitel zweiundzwanzig

Avocado —
»Die Aufmerksame«

Persea americana
(»*Die amerikanische
Alligatorbirne*«)

»Avocado-Essenz hat mir geholfen, mich zu konzentrieren und klare Gedanken zu fassen, obwohl bei mir eine biochemische Störung im Gehirn festgestellt worden war.«
H. J., Downey

»Ich nahm Avocado-Essenz, weil ich die Einzelheiten eines Projektes noch einmal durcharbeiten mußte. Jetzt stelle ich mir immer Listen auf, die mir großartig helfen, mein Leben besser zu organisieren.«
R. J., Ontario

»Meine Freundin bestand alle Semesterarbeiten mit ›Eins‹, nachdem sie Avocado-Essenz eingenommen hatte.«
T. S., Mountain View

»Avocado-Essenz hat mein Gedächtnis verbessert. Ich lebe mehr in der Gegenwart, kann mir aber Vergangenes trotzdem besser merken als früher. Außerdem erinnere ich mich besser an meine Träume, wenn ich Avocado direkt vor dem Zubettgehen einnehme.«
M. R., London

»Ich bin Köchin in einem Klausurzentrum. In der Woche, in der ich Avocado-Essenz einnahm, brachte ich die ausgefallensten Gerichte auf den Tisch. Da ich außerdem Malerin bin, dachte ich, auch dieses Talent in die Kocherei einzubringen, indem ich auf Farbzusammenstellungen achtete und mir neue Zubereitungen für Gemüse und Hülsenfrüchte ausdachte. Ich war selbst jeden Tag aufs neue erstaunt.«
B. A., North San Juan

»Als ich mit meinem Mann emotional gesehen an einem Kreuzweg stand, hat mir Avocado-Essenz geholfen, eine neue Richtung zu finden.«
M. L., Rocklin

> »In den zahllosen Kammern des Gehirns
> sind unsere Gedanken wie mit Ketten verbunden.
> Weckst du einen, sieh, wie Myriaden sich regen!
> Jeder hinterläßt seine Spuren, bevor er flieht.«
>
> Alexander Pope

Pflanze – Frucht – Heilkunde

Aztekenpriester schrieben dieser Frucht aphrodisische Eigenschaften zu. Sie stammt aus Südamerika und wächst in vielen subtropischen Gegenden, wie auch in Florida und Kalifornien. Der Avocadobaum ist immergrün und gehört zur Lorbeerfamilie; er wird bis zu zwanzig Meter hoch. Die Vermehrung geschieht durch Samen. Die Blüten sind klein und weiß und wachsen in Büscheln. Es gibt über vierhundert verschiedene Avocadosorten, die sich in Größe und Farbe unterscheiden. Die Avocado ist wegen der Ausgewogenheit ihrer Nährstoffe ein ideales Nahrungsmittel, aber auch reich an Kalorien und Fett (fünfundzwanzig Prozent). Mit ihrem hohen Gehalt an essentiellen Mineralstoffen, Vitamin B und Protein hilft sie bei der Regulierung aller Körperfunktionen und regt das Wachstum an. Sie wirkt günstig bei hohem Cholesterinspiegel, lindert Schuppenflechte und kräftigt Haut und Haare.

Qualität: Gutes Gedächtnis
Botschaft: Geistige Konzentration; gute Erinnerung an Einzelheiten; Freude an geistigen Herausforderungen, Puzzlespielen, Wortspielen, neuen Projekten; mit größerer Klarheit alte Traumata aufgreifen, vergangene Probleme an die Oberfläche des Bewußtseins bringen, aus Fehlern lernen
Disharmonien: Vergeßlichkeit, Geistesabwesenheit, Stumpfheit; Einzelheiten übersehen oder völlig abwesend sein; ohne Sinn und Zweck etwas mitmachen

Position im Spektrum

Die Birne hält uns fest auf dem Boden der Tatsachen, und so bewegen wir uns nun ins dritte Haus des dritten Quadranten. Aus der Stetigkeit der Birne taucht die Klarheit und die scharfe Konzentration der Avocado auf. Diese Essenz repräsentiert die Reife des dritten Quadranten und die männlichen Tugenden der Kraft, die sich an geistigen Herausforderungen erfreut. Die Avocado stellt ganz eindeutig eine solide geistige Basis dar: Man kennt sich selbst gut und weiß, welche Richtung man im Leben einschlagen will.

Positive Anwendungen

Im positiven Avocado-Zustand fühlt man sich wie in einem mit Brettern vernagelten Haus, in dem ein Fenster geöffnet wird. Die Avocado regt nicht nur die Klarheit der Gedanken an, sondern weckt auch den Eifer, sich stärker einzusetzen. Statt geistesabwesend und tagträumerisch sind wir nun wach und aufmerksam. Die Avocado fördert die Bereitschaft, eine vor uns liegende Aufgabe abzuschließen, ob es um die Vorbereitung für ein Examen geht oder eine wichtige berufliche Entscheidung. Der positive Avocado-Zustand gibt einem eine sichere Richtung und die Bereitschaft, zielstrebig voranzuschreiten.

Die folgende Geschichte verdeutlicht auf nette Weise diese geistige Konzentration und Zielstrebigkeit: »Mein Sohn ist Fußballspieler«, schrieb mir Karin. »In seinem ersten Jahr auf dem College sagte ihm einer seiner Professoren: ›Junge, wenn du so weiter machst, fliegst du bald hier raus. Du gräbst dir dein eigenes Grab.‹ Er war eigentlich nur im College, um Fußball zu spielen, und fragte sich schon im ersten Jahr, wie er die folgenden vier Jahre bloß überstehen würde. Ich gab ihm Avocado-Essenz. Ganz plötzlich setzte er sich auf den Hosenboden, um zu arbeiten, und brachte seine Hausarbeiten sogar an den Frühstückstisch. Mein sportlicher Muskelprotz von einem Sohn hatte plötzlich seine Liebe für Französisch, Geschichte und Literatur entdeckt!«

Avocado schärft aber nicht nur das Gedächtnis für Einkaufslisten und die Namen von lange nicht gesehenen Menschen. Ihr Motto ist geistige Regsamkeit, ein Verstand, der jederzeit losprintet, ein Intellekt, der unlösbare Probleme und geistige Marathons begrüßt, so wie ein gut durchtrainierter Sportler sich auf den Wettkampf freut. Der Verstand ist wie ein Muskel — je mehr wir ihn trainieren, um so mehr leistet er.

Negative Indikationen

Der negative Avocado-Zustand manifestiert sich als Schwänzen und Vermeiden. Diese selbstgewählte Unverbindlichkeit läßt uns auf der Spielerbank am Rand sitzen, wo wir zum Zuschauer unseres eigenen Lebens werden. Im negativen Avocado-Zustand wiederholen wir immer und immer wieder die gleichen Fehler, weil wir es einfach nicht begreifen. Ich habe einen Freund, der scherzhaft sagt, er würde immer wieder andere Fehler machen und sich so weigern, sich von dem negativen Avocado-Zustand unterkriegen zu lassen. Er meint damit, daß er sich immerhin Mühe gibt, aus seinen Fehlern zu lernen, und sie deshalb nicht mehr wiederholen muß.

Wenn man verträumt, vergeßlich und ganz woanders ist, braucht man vermutlich Avocado-Essenz. In der Vergangenheit zu leben ist ein weiterer negativer Avocado-Zustand, ebenso wie Worte und Taten zu bereuen, die wir nicht mehr ändern können.

Avocado befaßt sich mit der Qualität unserer Gedanken, im Wach- wie im Schlafzustand. Viele Menschen berichten, daß ihre Träume sich mit der Avocado-Essenz änderten. Wenn das Bewußtsein geschärft wird, spiegelt das Unbewußte auch vermehrt Klarheit wider.

Avocado als Themenessenz

Avocado-Typen und Menschen im positiven Avocado-Zustand stellen sehr gerne Fragen, reparieren Dinge, finden heraus, wie etwas funktioniert und warum nicht. Etwas auf neue Weise zu tun ist für sie aufregend. Planen und entwerfen, Probleme lösen und Neues lernen sind die Lieblingsbeschäftigungen des Avocado-Typs. Der klischeehafte Computerfreak der neunziger Jahre kann sehr wohl ein Avocado-Typ sein. Avocado-Typen sind die geistigen Forscher, während Mais-Typen durch körperlichen Einsatz als Pioniere zu Land und zu Meer handeln.

Avocado-Typen strahlen große Energie aus, wie sie für den dritten Quadranten charakteristisch ist. Die Frauen haben eine gut entwickelte männliche Seite. Beide Geschlechter besitzen eine ausgeprägte Identität und sind zielgerichtet und strebsam. Sie sind visuell orientiert und haben oft einen intensiven Blick. Sie halten gut Blickkontakt, wenn sie mit einem reden, und blicken auch in die Tiefe der Dinge. Sie sind aufgeweckt und konzentriert. Ihr Magnetismus reißt andere aus ihrer geistigen Trägheit, und ihre Energie mahnt wortlos: »Wach auf!«

BERÜHMTE AVOCADO-PERSÖNLICHKEITEN

Stephen Hawking
Bobby Fischer
Bill Gates
Mr. Spock aus »Raumschiff Enterprise«
Walt Disney
Stephen Spielberg
C. G. Jung
Admiral Richard Byrd
Sherlock Holmes

Nur ein Avocado-Typ würde versuchen, die Rätsel und Paradoxe des Universums zu lösen. Stephen William Hawking, 1942 am Jahrestag von Galileos Tod geboren, ist einer der ganz großen Köpfe dieses Jahrhunderts – und als Avocado-Typ geradezu überqualifiziert. Der britische Physiktheoretiker versuchte in wahrer Avocado-Manier die Geheimnisse des Weltraums, die Schwarzen Löcher und die Urknalltheorie zu erklären.

Professor Hawking spricht mit Hilfe eines künstlichen Stimmapparats und ist seit 1966 an einen Rollstuhl gebunden, als bei ihm die Gehrigsche Krankheit diagnostiziert wurde, eine unheilbare Krankheit des Nervensystems. Er hat vermutlich die Kokosnuß als Unterthema, denn er hat die schwierigsten körperlichen Herausforderungen gemeistert und zu seinem Vorteil genutzt. Erst ohne die Ablenkungen durch einen funktionierenden Körper, meinte er einmal, habe man die geistige Freiheit für seine Art von Arbeit.

Carl Sagan schreibt in seiner Einführung zu Hawkings bahnbrechendem Werk »Eine kurze Geschichte der Zeit«, daß Hawking versuche, den Verstand Gottes zu begreifen. Genau das mache seine Schlußfolgerungen zumindest bislang so überraschend: ein Universum ohne eine Grenze im Raum, ohne einen Anfang oder ein Ende in der Zeit – und ohne etwas zu tun für einen Schöpfer.

BEKENNTNISSE EINES AVOCADO-TYPS: BRUCE

»Bestimmte Schrullen und Eigenheiten? Ich liebe Veränderungen, stelle für mich aber immer wieder eine bestimmte Routine auf — was paradox klingt. Ich habe den größten Spaß, wenn ich mich auf eine einzige Sache konzentriere, aber die meiste Zeit arbeite ich an mehreren Dingen gleichzeitig. Manchmal liegt das in der Natur meiner Arbeit, aber ich lasse mich auch leicht ablenken. Als Verwalter eines Erholungsheims bin ich Mädchen für alles.

Mein Verstand ist sehr rege, aber meistens auch außer Rand und Band. Ich liebe Humor, weil ich so gerne lache. Gefühle — nun, davon habe ich auch viele. Wenn ich versuche, damit umzugehen, statt mich einfach von ihnen überschwemmen zu lassen, dann mache ich das meist mit Affirmationen.

In Gruppen bin ich eher still. Ich höre lieber zu, als selbst zu reden. Ich höre gern zu — nicht, daß ich etwas runterschlucke. Um es kurz und bündig auszudrücken, ich finde andere Menschen interessanter als mich selbst. Meine Freunde sind alle ziemlich unterschiedlich — Leute, die eigentlich nicht miteinander befreundet wären. Schon in der Schule hatte ich immer ganz unterschiedliche Freunde, Faulpelze wie auch Streber. Das liegt wohl daran, daß die anderen nicht mich und mein Verhalten bestätigen müssen, damit sie für mich einen Wert haben. Ich finde nicht, daß andere genau das gleiche mit ihrem Leben anfangen müssen wie ich, um für mich interessant und bereichernd zu sein. Ich finde es anregend, wenn ich von anderen Erfahrungen und anderen Perspektiven höre.

Ganz definitiv verspüre ich den Wunsch, zu lernen — oder besser, Neues zu erfahren. Ich möchte mehr über die Welt wissen — Auswendiglernen finde ich allerdings nicht so gut. Aber Erfahrungen ... ich erlebe einfach gern etwas Neues. Ich habe ein gutes Gedächtnis, nicht überwältigend, aber gut. Ich kann mich gut an Menschen erinnern, an Dinge, die ich gelesen habe, und selbst, auf welcher Seite es stand. Aber ich habe kein fotografisches Gedächtnis.

Ich liebe Avocados. Sie gehören zu meinen Lieblingsspeisen. Meine Familie hatte einen Avocadohain — 5 Hektar mit Avocadobäumen. Es war toll, dort zu arbeiten. Ich habe Avocados erst mit sechzehn kennengelernt. Da wir die Pflanzung nun mal besaßen, dachte ich, muß ich die Dinger auch mal probieren. Anfangs mochte ich sie nicht sehr, aber man gewöhnt sich daran. Und heute finde ich sie einfach wunderbar. Ich mag sie im Sandwich, im Salat, im Omelett oder einfach pur.«

ZUSAMMENFASSUNG

Ich nahm vor ein paar Jahren an einem Kalligraphiekurs teil, den ein sehr lebhafter alter Mann leitete — ein perfekter Avocado-Typ. Um die letzte Stunde würdig abzuschließen, sagte er uns mehrere lange, melodische Gedichte von einem Dichter auf, der gerade in Mode war. »Es heißt, wenn man viel auswendig lernt«, sagte er, »dann hält man sein Gedächtnis länger in Schwung.« Gedächtnisverlust ist in der Tat keine unvermeidliche Begleiterscheinung des Alters, wenn man sich sein ganzes Leben gesund ernährt, körperlich bewegt und eine positive Einstellung hat.

Das Sanskrit-Wort *smriti*, die Erinnerung an unseren wahren Zustand von Vollkommenheit, ist eine gute Definition für die Avocado. Wir brauchen eigentlich grundsätzlich nichts Neues zu lernen, wir brauchen uns nur zu erinnern. Oscar Wilde definiert das Gedächtnis als »das Tagebuch, das wir alle mit uns herumtragen«. Dieses Tagebuch ist unsere Autobiographie, die aus unseren einzigartigen Lektionen, Prüfungen, Irrtümern und allem anderen besteht — und auch aus der Erinnerung daran, wer wir wirklich sind. Die Avocado hilft uns dabei, uns bewußt zu sein, daß jeder Augenblick die Chance enthält, sich an unsere eigene Vollkommenheit zu erinnern.

Gegensatz- und Begleitessenzen

AVOCADO	Gegensatz	Begleiter
Mais	für einen besseren Energiefluß	für Klarheit und konzentrierte Energie
Feige	für Beachtung von Details	um neben den Details auch das Ganze zu sehen
Orange	für Freude	zur Erinnerung, daß Freude unser wahres Wesen ist

Positive Ausdrucksweisen

Bereitwillig
Offen
Gutes Gedächtnis
Aufmerksam
Bewußt
Wachsam
Genau
Detailbewußt
Klare Träume
Zielstrebig
Lernfähig
Organisiert
Klar im Denken
Voll in der Gegenwart lebend
Konzentrationsfähig

Negative Zustände

Vergeßlich
Unverbindlich
Verträumt
Reuevoll
Fehler wiederholend
Sich an die Vergangenheit klammernd
Desorganisiert, schlampig
Geistesabwesend
Stumpf
Ehrgeizlos
Unbewußt
Heimwehkrank

Verstärkung

Fordern Sie Ihren Verstand mit Wortspielen, Brettspielen und Puzzles heraus. Lernen Sie eine fremde Sprache, und planen Sie eine Reise in das Land, wo sie gesprochen wird.

Erfinden Sie etwas — etwas Mechanisches oder Kulinarisches —, was immer sich in Ihrer Phantasie regt, und probieren Sie es aus.

Belegen Sie Kurse in einem Gebiet, das Sie interessiert.

Gehen Sie vor dem Einschlafen noch einmal die Ereignisse des Tages durch und überlegen Sie, was Sie daraus gelernt haben.

Visualisierung

Der Herbst hat seinen Höhepunkt erreicht und breitet den Mantel kühleren Wetters über den Boden. Die nebligen Oktoberwinde treiben Wolkenfetzen vor sich her, feine Regentröpfchen fallen aus dem Himmel. Auf dem Kiespfad unter deinen Füßen bilden sich formlose Pfützen. Wenn du sie nicht sorgfältig meidest, sind deine Schuhe bald durchweicht.

Denk daran, wie du als Kind immer mitten in die Pfützen hineingeplatscht bist — vor allem dann, wenn man es dir verboten hatte. Nun, jetzt guckt keiner zu — mach nur: Spritze und platsche, so laut du kannst. Und jetzt trittst du zurück und hockst dich neben der Pfütze nieder. Vorher war das Wasser durchscheinend klar, nun ist es trübe — wie ein abgelenkter, unkonzentrierter Verstand, eine Schlammpfütze. Die kristallklaren Regentropfen von vorhin sind nun trüber Schlamm.

Konzentriere dich auf das Wasser. Beobachte, wie der Schlamm aus ziellosen, unkonzentrierten Gedanken sich wieder setzt. Klarheit kehrt zurück, Wachheit und Aufmerksamkeit treten wieder an die Oberfläche.

Speichere dieses Bild in deinem Verstand, und immer, wenn deine Gedanken sich trüben, verwandle die Schlammpfütze der Vergeßlichkeit in einen kristallklaren Teich der Erinnerung.

Affirmation

Vergangenheit, Gegenwart, Zukunft — alles, was ich wissen will, ist in mir wach!

Kapitel dreiundzwanzig

Apfel —
»Der Gesunde«

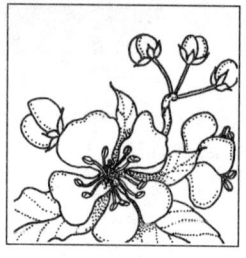

Pyrus malus
(»Apfel, Birne oder
Holzapfel:
eine fleischige Frucht«)

»Ich hatte vor neun Tagen eine größere Darmoperation. Seit der letzten Woche verspüre ich einen Heißhunger auf Äpfel. Das ist sehr sonderbar, denn Äpfel gehören nicht zu meinen Lieblingsfrüchten, und ich habe sonst nie Lust auf sie. Ich halte das für ein Zeichen, daß ich Apfel-Essenz nehmen sollte.«

E. H., *North San Juan*

»Obwohl ich Äpfel wegen ihres hohen Zuckergehalts schlecht vertrage, hat mein Kinesiologe herausgefunden, daß Apfel-Essenz für meine inneren Organe gut wäre. Wir waren beide erstaunt.«

J. P., *Oklahoma City*

»Apfel-Essenz hat mir die Hoffnung gegeben, daß ich mich nie wieder mit meinen alten Gesundheitsproblemen herumzuschlagen brauche. Mein Körper scheint innerlich reiner, und ich fühle mich nicht mehr so anfällig dafür, mich bei anderen mit allem möglichen anzustecken. Ich nehme Apfel-Essenz auch, wenn ich viel Streß habe und befürchte, krank zu werden — und wenn mein Immunsystem geschwächt ist.«

M. S., *Brattleboro*

»Mir ging es nicht gut, und ich habe daher Apfel-Essenz eingenommen. Meine Frau meinte, ich sei anschließend ein ganz anderer Mensch gewesen — viel freundlicher.«

R. M., *Fort Worth*

»Ich fragte mich, was ich brauche, und mein Gefühl sagte: ›Apfel!‹ Ich nahm die Essenz und fühlte mich sofort besser.«

R. G., *Nevada City*

»*Der sicherste Weg zur Gesundheit ist die feste Überzeugung, niemals krank zu werden.*«

Churchill

Pflanze – Frucht – Heilkunde

Der Apfel gehört zur Familie der Rosengewächse und ist wohl die am weitesten verbreitete Frucht der gemäßigten Zonen. Seit der biblischen Geschichte vom Paradies ist er Gegenstand vieler Mythen – und es gibt ihn schon seit über dreitausend Jahren. Äpfel werden bereits in den hieroglyphischen Schriften beschrieben, die man in den Pyramiden und Gräbern Ägyptens entdeckte. Es gibt mindestens sechstausend verschiedene Sorten. Die büscheligen Blüten an den belaubten Ästen sind weiß, hell- oder dunkelrosa, je nach Variante. Äpfel enthalten etwa fünfzig Prozent mehr Vitamin C als Orangen und eine beträchtliche Menge des seltenen Vitamins G, das Wachstum und Verdauung fördert. Äpfel sind gut zur Blutreinigung, unterstützen das Lymphsystem, den Darm, die Gefäße und den Blutdruck und reduzieren Karies.

Qualität: Gesundheit
Botschaft: Positive Einstellung, gesunde, starke Ausstrahlung; Hoffnung; wohltuende und nährende Gedanken; kann gut für sich selber sorgen
Disharmonien: Sorgen, Zweifel, Unentschiedenheit; negative Gefühle wie Wut, Eifersucht und Angst; Angst vor Krankheiten, Ängste um die Gesundheit, Hypochondrie; Überbetonung des Körperlichen; Gefühl körperlicher oder emotionaler Verletzlichkeit

Position im Spektrum

Aus der Klarheit der Avocado gelangen wir zum vierten Haus des dritten Quadranten. Hier findet sich das geistige Bewußtsein der Avocado nun als körperliche Klarheit im Apfel. Die alte Weisheit, daß ein Apfel am Tag den Arzt fernhält, hat etwas Wahres. Er strömt über von der knackigen Kraft und Stärke dieses Quadranten und legt das Fundament für die Freude der nachfolgenden Orange. Durch den Apfel erlangen wir ein wunderbares Verständnis für den subtilen Tanz von Körper, Geist und Seele. Wenn alle drei Elemente harmonisch zusammenschwingen, haben wir als Resultat einen Zustand strahlenden Wohlbefindens.

Positive Anwendungen

Apfel-Essenz heilt nicht die körperlichen Symptome, wie bereits in einem früheren Kapitel erklärt. Sie hilft aber dabei, Einstellungen auszuräumen, die eine echte Heilung verhindern. Was wir unserem Körper zuführen, wird ein Teil von ihm, so wie das gängige Sprichwort sagt: »Du bist, was du ißt.« Und so, wie zu viel Fleisch, Alkohol und Nikotin den Körper und die Gesundheit beeinträchtigen, geschieht dies auch durch die geistigen Gifte Angst, Sorge und Zweifel. Eine Ernährung mit viel frischem Obst, Gemüse und Körnern liefert uns dagegen ein Bild strahlender Gesundheit. Das gilt auch für die geistige Nahrung von Mut, Weisheit und Glück. Eine gesunde geistige Diät ist daher der Schlüsselbegriff des Apfels.

»Ich nahm Apfel-Essenz aus Angst vor einem weiteren Schlaganfall«, erklärte ein gesundheitsbewußter vierzigjähriger Chiropraktiker. »Ich hatte vor drei Monaten einen leichten Schlaganfall und habe daraufhin die Funktion meiner rechten Hand fast verloren. Aufgrund einer verengten Arterie hatte ich in vier Tagen fünf solcher Schlaganfälle. Das war mir völlig unerklärlich, weil ich mein ganzes Leben lang einen niedrigen Cholesterinspiegel hatte und vegetarisch lebe, seit ich achtzehn bin.« Er gab zu, große Angst vor Krankheit und Behinderung zu haben, und meinte, er wolle lieber sterben, als die Beweglichkeit seiner Hände zu verlieren. »Ich benutze meine Hände, um zu heilen, und liebe meine Arbeit. Buchstäblich in einer halben Stunde, nachdem ich die Apfel-Essenz eingenommen hatte, fühlte ich mich wieder gesund und heil und wußte, daß es besser werden würde. Von da an besserte es sich dramatisch schnell. Ich erlebte ein starkes Gefühl von innerem Wohlbefinden.« Er berichtete, daß seine Hand zu neunzig Prozent wieder beweglich und einsatzfähig sei.

Im positiven Apfel-Zustand wissen wir, wie wichtig die Gesundheit auf allen Ebenen ist, und sorgen für sie: durch gesunde Bewegung, Ernährung und Lebensgewohnheiten und indem wir negative Emotionen und Haltungen meiden, die unser Wohlbefinden beeinträchtigen. Apfel-Essenz wirkt auch bei Sorgen, Zweifeln oder Unentschlossenheit. Diese belastenden Zustände rauben uns auf subtile Weise die Energie und machen uns anfällig für Krankheiten.

Apfel ist außerdem in Genesungsphasen nach Operationen, Krankheiten oder Unfällen angezeigt — immer, wenn wir das subtile Gleichgewicht zwischen Körper und Seele wiederherstellen wollen.

NEGATIVE INDIKATIONEN

Der Apfel hat direkt mit dem Gesetz des Magnetismus zu tun. Bei geistiger und körperlicher Gesundheit ziehen wir das gleiche stärker an. Und wenn wir unter Angst vor Krankheiten und Behinderung leiden, dann ziehen wir genau das an. Wenn wir uns die Grippe »holen«, die im Umlauf ist — von der das halbe Büro überraschend angesteckt wurde —, dann kann es unsere eigene Angst und ein daraus resultierendes Gefühl der Verletzbarkeit sein, die ihr die Tür öffnen und sie einladen. Wenn deine Einstellung sagt: »Oh, ich werde bestimmt krank, ich weiß das einfach!« — dann behältst du vermutlich immer recht.

Der negative Apfel-Zustand manifestiert sich als »Angst, die Angst anzieht«, besonders, wenn wir viel Energie in diesen Gedanken stecken. Wir könnten Angst sogar als negativen Wunsch definieren, der sich versteckt so äußert: »Hoffentlich werde ich nicht krank!«

Haben Sie jemals Angst gehabt davor,
- sich bei anderen anzustecken,
- an einer übertragbaren oder tödlichen Krankheit zu leiden,
- daß ein altes Problem wieder auftaucht,
- krank zu sein, auch wenn es keine Beweise gab (Hypochondrie),
- Krankheiten zu bekommen, über die man viel hört und liest,
- Krankheiten zu bekommen, zu denen Sie eine genetische Veranlagung haben?

Fügen Sie noch Sorgen und Zweifel zu dieser Liste hinzu, dann haben Sie die Indikationen für Apfel. Denken Sie daran, daß nur ein einziges Ja auf diese Fragen Grund genug ist, Apfel-Essenz zu nehmen.

Apfel als Themenessenz

Der Apfel-Typ ist die Inkarnation von Gesundheit. Er joggt jeden Tag in der Mittagspause — und hat noch Spaß daran. Sie arbeitet jeden Tag im Garten und bearbeitet die Erde ohne Handschuhe. Apfel-Typen verkörpern gesunde Einstellungen. Wie der Mais fließen sie vor Energie fast über. Aber die Energie des Apfels ist mehr auf die Gesundheit bezogen.

Apfel-Typen haben eine schimmernde Haut und strahlende Augen. Sie achten auf ihre Gesundheit, ohne besessen oder dogmatisch zu sein. Ihr inneres Strahlen ermutigt mit seinen Schwingungen andere, auf ähnliche Weise zu leben. Ihre beispielhafte Gesundheit wirkt anziehend. Sie sind außerdem gute Teamspieler beim Sport, in Beziehungen und am Arbeitsplatz.

Wenn man eine Grippe bekommt, sollte man die Nähe eines Apfel-Typs suchen, der das lebendige Beispiel für Unbesiegbarkeit ist.

Berühmte Apfel-Persönlichkeiten

Charles Atlas
Jane Fonda
Jack LaLaine
Sandow
Arnold Schwarzenegger
Florence Griffith Joyner
Tom McMillen
J. I. Rodale
Bernard Jensen
Bernie Siegel

Alle, die in der Mitte dieses Jahrhunderts Comics gelesen haben, kennen den Namen Charles Atlas. Dieser beeindruckende Superstar strahlt den Apfel-Magnetismus in reinster Form aus. Atlas bot Fernkurse in Bodybuilding an. Er änderte seinen Namen von Angelo Siciliano zu dem des Titanen aus der griechischen Mythologie, der die Erde auf seinen Schultern trägt, und war maßgeblich daran beteiligt, das Ideal der Bodybuilder vom Muskelprotz zum gut proportionierten, ästhetisch angenehmen Körperbild von heute zu entwickeln. Charles Atlas war ein beispielhafter Apfel-Typ und begriff, daß der Körper ein Abbild des Geistes ist. Er demonstrierte, daß Willenskraft und Energie den Tempel unseres Körpers und den Altar unseres Geistes bauen.

Bekenntnisse eines Apfel-Typs: Wayne

»Ich würde sagen, die Hauptzüge meiner Persönlichkeit sind, daß ich sehr unabhängig bin und gerne allein arbeite. Außerdem habe ich viel Energie, besonders für Tätigkeiten in Abgeschiedenheit. Ich habe meist einen großen Überschuß an Energie.

Ich konzentriere mich inzwischen stark auf den Sport, und auch das gibt mir viel Energie. Wenn ich renne, geht es mir sehr gut. Ich habe einen Unterschied festgestellt zu früher, als ich jünger war. Ich bin inzwischen über fünfzig, und ich habe jetzt eine andere Einstellung, die mein Laufen und die Gefühle dabei beeinflußt. Viele Marathonläufer sind ja älter, in den Vierzigern und Fünfzigern. Es gibt vermutlich einen psychologischen Grund dafür. Die Kilometer fühlen sich anders an, wenn man älter ist und nicht mehr jedem einzelnen hinterherjagt. Es ist interessanter, kontemplativer geworden. Die Landschaft zieht einfach sehr angenehm an einem vorbei. Man ist nicht mehr gereizt, weil ein Berg oder sonst etwas vor einem liegt. Man erlebt mehr Flow. Ich arbeite daran, meine kindlichen Eigenschaften der Freude und des Herzens besser zum Ausdruck zu bringen: die Bereitschaft, mich für alles zu begeistern, was als nächstes zu tun ist, und es dann auch froh und bereitwillig zu tun. Ich möchte all die kleinen Stolpersteine des Zögerns aus dem Weg räumen. Meine größte Sorge ist, daß ich aus dem Konzept gerate und alle Freude verliere, daß ich meine Fähigkeit zu hoffen und zu lieben verliere. Das größte Problem in meinem Leben ist diese Art innerer Zweifel. In letzter Zeit habe ich jedoch ein paar gute Ansätze gemacht, das zu überwinden. Ich habe eigentlich eine unerschütterlich positive Einstellung zur Zukunft: daß alle möglichen wunderbaren Chancen auf mich warten. Das will ich keinesfalls verlieren. Egal, welche Fehler ich mache, es ist wohl immer möglich, weiterzumachen. Ich möchte nie so depressiv werden, daß ich das verliere... diese Hoffnung.

Ob ich Äpfel mag? Aber ja! Der Apfel ist meine Lieblingsfrucht. Meine Beziehung zu Äpfeln? Ich esse sie das ganze Jahr über, schon mein ganzes Leben lang — fast tagtäglich.«

Zusammenfassung

Sicher ist es kein Zufall, daß Äpfel einen so wichtigen Platz in den Mythen aller Zeitalter einnehmen. In der griechischen und römischen Mythologie ist der Apfel ein Symbol für Reichtum, Schönheit, die Sonne und den Mond. Die traditionelle amerikanische Naturheilkunde empfiehlt den Apfel gegen Zahnschmerzen, Brustkrebs, Gonorrhoe und selbst gegen Melancholie.

Das Sprichwort, daß ein fauler Apfel den ganzen Korb verdirbt, könnte sich auf die vergiftende Wirkung beziehen, die ein einziger schlechter Gedanke auf Körper und Seele haben kann.

Eine gesunde Einstellung ist, genau wie ein Korb mit reifen, duftenden Äpfeln, die Schwingungsbotschaft des Apfels. Denn es ist wichtig für die Selbstverwirklichung, Körper und Seele gesund zu halten.

Gegensatz- und Begleitessenzen

Apfel	*Gegensatz*	*Begleiter*
Brombeere	bei negativen Gedanken über andere	für eine gesunde Einstellung zu sich selbst und anderen
Mais	für allgemeine geistige Vitalität	für einen dynamischen, freien Energiefluß
Tomate	für allgemeine Ängste	für Zuversicht und Vertrauen, besonders bezüglich Gesundheit

Positive Ausdrucksweisen

Gesunde Einstellung
Positives Denken
Furchtlos
Stark
Integration von Körper/Seele/Geist
Akzeptierend
Heil

Ausgeglichen
Voll Wohlgefühl
Glücklich

NEGATIVE ZUSTÄNDE

Zweifelnd
Zu ungesunden Haltungen neigend
Sich unrein fühlen
Sich unsauber fühlen
Hypochondrisch
Voll negativer Gefühle
Sorgenvoll
Unentschieden
Ängstlich, besonders im Hinblick auf die Gesundheit
Verletzlich

VERSTÄRKUNG

Wiederholen Sie täglich mehrmals die Affirmation des Apfels, besonders, wenn Sie sich krank fühlen.
Machen Sie die Visualisierung, wann immer Sie es für angebracht halten.
Wenn eine ansteckende Krankheit umgeht, entschließen Sie sich, sie nicht zu bekommen.
Essen Sie nie im Stehen oder Gehen. Machen Sie alle Mahlzeiten zu einem fröhlichen, harmonischen Ereignis: mit einem schön gedeckten Tisch, beruhigender Musik und netter Gesellschaft.
Verbringen Sie täglich zehn Minuten in direkter Sonne (mit Sonnenschutzmittel) — entweder frühmorgens oder spätnachmittags. Nehmen Sie die heilende Energie der Sonne bewußt in alle Poren und inneren Organe auf.

VISUALISIERUNG

Bei dieser Visualisierung sollten Sie sich entweder draußen in direkter Sonne aufhalten oder sich das vorstellen.

Du sitzt auf einer Wiese. Lege die Handflächen neben dich auf das Grün. Nimm Verbindung mit der Erde auf. Du spürst ihre Ausstrahlung von Kraft und Stärke, die durch deine Handflächen in die Arme hinauf zieht und sich im ganzen Körper ausbreitet. Du und die Erde sind eins. Die Ganzheit der Erde ist auch deine.
Nun drehst du die Handflächen entspannt nach oben, so daß das Sonnenlicht auf sie fällt. Sei so offen und empfänglich wie möglich, wie ein leeres Gefäß. Ziehe die Sonne in dich hinein und laß ihre heilenden Strahlen in deinen Händen ein Heim finden. In der Haltung mit nach oben gerichteten Handflächen stell dir vor, daß dein ganzes Bewußtsein erhöht, erweitert und vertieft wird. Körper, Geist und Seele trinken tief aus dieser Quelle des Lebens. Du bist gesund und heil.

Affirmation

Ich bin stark. Ich bin gesund. Ich bin freudig. Perfekte Gesundheit durchflutet mich und mein Leben!

KAPITEL VIERUNDZWANZIG

ORANGE —
»DIE FREUDENSPENDERIN«

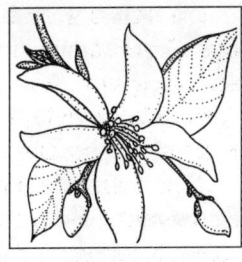

Citrus sinensis
(»Die süße Orange aus China«)

»Meine Kindheit war wirklich schlecht — bis hin zum sexuellen Mißbrauch. Außerdem habe ich Übergewicht und leide an chronischer Erschöpfung. Orangen-Essenz half mir, die Therapie gut durchzustehen.«
D. D. G., *Long Beach*

»Ich war ein paar Tage lang depressiv und nahm schließlich mitten in der Nacht Orangen-Essenz. Während der depressiven Phase hatte ich Knie- und Hüftprobleme und mußte humpeln. Innerhalb weniger Minuten nach der Einnahme von Orange war mein Knie wieder in Ordnung und hat mir seither auch keine Beschwerden gemacht. Außerdem habe ich jetzt genügend Energie, um zu meditieren — und das tue ich auch. Ich habe noch ein paar Tage lang Orangen-Essenz eingenommen — aber die meisten Probleme waren sofort verschwunden.«
M. K., *North San Juan*

»Ich wollte meinen zweieinhalbjährigen Sohn endlich abstillen, doch er wurde ziemlich unleidlich. Ich gab ihm zwei Tage lang je zwei Tropfen Orangen-Essenz, und danach war er wieder völlig in Ordnung.«
S. J., *Norfolk*

»Mein Zweijähriger zahnte und war sehr vergrätzt und weinerlich. Da er nichts anderes aß außer Orangen — in Scheiben, als Saft oder Eis —, gab ich ihm Orangen-Essenz. Das Ergebnis war beeindruckend.«
L. B., *North San Juan*

»*Das Glück der Sterblichen ist niemals echt;
selbst wenn Freude vorangeht, folgt unweigerlich Kummer.*«
Griechisches Epigramm

Pflanze – Frucht – Heilkunde

Die subtropische Orange stammt ursprünglich aus China und Südostasien, wo sie seit etwa 500 v. Chr. kultiviert wird. Der Orangenbaum ist kleinwüchsig, ausladend und immergrün mit glänzenden Blättern. Er wird etwa acht Meter hoch. Die winzigen weißen Blüten wachsen in Büscheln und verströmen einen köstlichen Duft. Allein in den USA werden über zweihundert verschiedene Sorten angebaut. Orangen sind bekannt dafür, daß sie das Immunsystem stärken und eine der besten Quellen für das wasserlösliche Vitamin C darstellen. Sie sind gut für das Verdauungssystem, die Zähne und das Zahnfleisch.

Qualität: Freude
Botschaft: Energie, Leichtigkeit, Konfliktlösung, emotionale Integration, Hoffnung; vertreibt Melancholie und sorgt für ein inneres Lächeln; für die Kraft, mit Schwierigkeiten fertig zu werden, Licht am Ende des Tunnels zu sehen und neue Lebenslust zu finden
Disharmonien: Milde bis schwere Depression, Selbstmitleid, Hoffnungslosigkeit, Apathie, Verzweiflung; bei vergangenem oder gegenwärtigem Mißbrauch, ob körperlich, emotional oder sexuell

Position im Spektrum

Die Orange bringt uns ins letzte Haus des dritten Quadranten. Es ist außerdem das letzte Haus in der männlichen Hälfte des Spektrums und repräsentiert eine Freude von großer Tiefe und Kraft – anders als die leichtere, weichere Energie der Kirsche. Der gesundheitsfördernde Apfel bildet den psychologisch ausgewogenen Boden, auf dem die Orange sprießt. Genau wie die Orange besitzen auch viele Lebenserfahrungen eine gewisse Säure. Die Orange ist entschlossen, auch den tiefsten menschlichen Kummer zu überwinden, und erreicht den Kern wahren Glücks.

Positive Anwendungen

Bestimmte Menschen können Traumata und Krisen rasch überwinden, andere schwanken unter jeder Belastung und leiden furchtbar. Manche Kinder zahnen leichter als andere. Manche älteren Menschen werden zwar sehr einsam, wenn ihr Partner stirbt, aber sie bewältigen es besser als andere. Das führt uns zu dem Schluß, daß es nicht das Erlebte selbst ist, sondern die Art und Weise, wie wir darauf reagieren (wie bei der Kirsche), die eine Indikation für Orangen-Essenz liefert.

Wir sind in unserer Gesellschaft mit ziemlich schockierenden Zahlen über Depression konfrontiert:

- Klinische Depression betrifft etwa zwanzig bis dreißig Prozent aller Erwachsenen zu irgendeinem Zeitpunkt ihres Lebens.
- Das Risiko, irgendwann aufgrund einer depressiven Störung Selbstmord zu begehen, liegt bei fünfzehn Prozent — eine höhere Todesrate als bei vielen ernsten körperlichen Störungen.
- Depressionen und Angstzustände sind bei Frauen zwei- bis dreimal häufiger als bei Männern. Die Wahrscheinlichkeit von Depressionen oder Angstzuständen ist bei ihnen in den Jahren zwischen Mitte Dreißig und Mitte Vierzig am höchsten.

Ich erinnere mich an einen Nachmittag in meiner Praxis, an dem vier verschiedene Menschen zu mir kamen, die in ihrem Leben jeweils schweren Mißbrauch durchgemacht hatten. Einer der Männer hatte ernste Selbstmordgedanken, eine Frau hatte sich entschieden, lesbisch zu leben, ein anderer Mann war seit Jahren in Therapie, und eine weitere Frau war Grundschullehrerin geworden. Alle hatten ähnliche Mißbrauchssituationen erlebt und dies je nach Persönlichkeit bewältigt. Jeder einzelne aber war ein Fall für Orangen-Essenz.

Die positive Orange ist der liebevolle Elternteil, den wir vielleicht niemals hatten, der uns aber nun sanft bei der Hand nimmt und sagt: »Du bist jetzt in einer schwierigen Phase, aber es wird auch wieder besser. Wir schaffen das schon.«

Orange ist die Essenz der Wahl bei allen chronischen Depressionen, die die Kompetenz der Kirschen-Essenz übersteigen. »Ich nahm Orange, um gegen meine Stimmung nach einem schweren Unfall mit Gehirnerschütterung anzugehen«, schrieb Patrick. »Man sagte mir, es würde lange dauern, bis das Gehirn heilt, und ich müsse geduldig sein. Mit Orangen-Essenz konnte ich die ersten Wochen ohne größere Probleme überstehen – ich war kaum bedrückt und emotional sehr ausgeglichen, sogar mehr als sonst, ehe ich ins Krankenhaus kam.«

NEGATIVE INDIKATIONEN

Die Orange verkörpert eine Haltung, die nicht aufgibt und nicht nachgibt, auch wenn sie allen Grund zu einer Depression hätte. Orangen-Essenz ist bei jedem Ereignis angezeigt, das uns das Gefühl gibt, wir könnten nicht weiter: der Tod eines geliebten Menschen, eine Scheidung, eine Fehlgeburt, chronische Krankheiten, Selbstmordgedanken, ein behindernder Unfall oder eine entstellende Operation. Die Orange kündet von Hoffnung und führt uns auch durch lang andauerndes Leiden zum Licht am Ende des Tunnels.

Im negativen Orange-Zustand ist man so schlecht drauf, daß die Kirschen-Essenz nichts mehr nützt. Im negativen Kirsche-Zustand fühlt man sich vielleicht so, als sei man mit dem falschen Bein zuerst aus dem Bett gestiegen – aber im negativen Orange-Zustand will man mit dem Rest seines Lebens nichts mehr zu tun haben. Orangen-Essenz hilft bei anhaltenden Problemen – oder einer andauernden unproduktiven Haltung im Umgang mit diesen.

Der negative Orange-Zustand, besonders, wenn er anhält, entspricht dem Gefühl, am Ende der Kräfte zu sein. Vielleicht sind andere Therapieformen zusätzlich zur Orangen-Essenz nötig. (Hier noch einmal die Warnung: Blütenessenzen ersetzen nicht eine angemessene ärztliche Behandlung.)

»Ich war den ganzen Tag depressiv«, gestand Vera. »Das passiert mir sonst nie, aber es kam wie angeflogen. Ich war so down, daß ich nicht mal den Laden schließen wollte und eine Schachtel Kekse in mich hineingefuttert habe. Dann habe ich um eine Antwort gebetet und bin zu dem Regal mit den Blütenessenzen gegangen. Ich suchte mir das Fläschchen mit der Orangen-Essenz aus und fühlte mich schon nach der ersten Dosis besser. Am nächsten Tag habe ich das wiederholt. Die Depression ist verschwunden.«

Depression kennzeichnet eine Lebensphase, in der wir uns innerlich leer und hoffnungslos fühlen. Im negativen Orange-Zustand ist es leicht, Gründe für den Mangel an Freude im Leben zu finden. Orange ist die Essenz, die uns durch ihre Schwingung aus diesem Gestrüpp herausholt.

Orange als Themenessenz

Orangenholz ist für seine Biegsamkeit bekannt, und das ist symbolisch für die Widerstandskraft dieser Typen angesichts ungeheurer Schwierigkeiten. Vier oder fünf reife Orangen können einen Orangenzweig tief herabbeugen, ohne daß er bricht. Daher ist das Holz beliebt für Bögen. Orange-Typen können ebenfalls viel ertragen und überleben es immer. Man erkennt sie leicht an einer bestimmten Schwerfälligkeit und Langsamkeit in ihren Bewegungen. (Das ist eine allgemeine Regel, doch Ausnahmen sind nicht selten. Manche Orange-Typen sind sehr leichtfüßig.) Ihr Leben scheint aus einer Abfolge von Schwierigkeiten zu bestehen, aber in Verbindung mit der Widerstandskraft, sie zu überwinden. Orange-Typen überstehen fast alles – aus diesem Grund sind sie sehr anregende Menschen. Man spürt ihr tiefes inneres Glück und ihre Hoffnung, die sie durch nichts anderes erlangt haben als durch zahlreiche Probleme. Mit dieser Tapferkeit werden sie zu Helden des Alltags. In den Feuern kolossaler Schwierigkeiten geläutert, tauchen sie in unbesiegbarer Gelassenheit immer wieder auf.

Berühmte Orange-Persönlichkeiten

Ananda Moi Ma
Franz von Assisi
Betty Ford
Red Buttons
Rose Kennedy
Victor Frankl
Elizabeth Taylor
Charlie Chaplin
Mira Bai

»Von Freude durchdrungene Mutter« bedeutet der Name, den Yogananda der bengalischen Heiligen Ananda Moi Ma gab. Heilige zeigen kaum noch einen Typ, weil ihre Persönlichkeit von den niederen Eigenschaften geläutert ist, aber wir können noch Überreste ihres Themas erkennen. Yogananda beschreibt in seiner Autobiographie die Begegnung mit dieser Heiligen, deren Gesicht »von unauslöschlicher Freude geprägt war, das ihr den Namen ›glückselige Mutter‹ eingebracht hat«.[10] Sie war ein Orange-Typ von ungewöhnlicher Stärke, und ihre bloße Gegenwart beglückte die Menschen derart, daß sie viele Wunderheilungen bewirkte. Über das Leben dieser Heiligen existieren zahlreiche Legenden, aber eine muß uns hier reichen. Sie wurde 1896 im Herzen des ländlichen Bengalens geboren, und ihr sonniges Wesen brachte ihr schon als Kind die Namen H*asi*, die Lächelnde, und K*husir* M*a*, die Glückliche. Sie weinte sehr selten — nur nach dem Tod ihrer drei jüngeren Brüder, die zwischen ein paar Wochen und sieben Jahre alt wurden. Sie sah die ungeheure Trauer ihrer Mutter überfließen und brach selbst in Schluchzen aus. Darauf hörte ihre Mutter zu weinen auf, um das kleine Mädchen zu trösten, das wiederum die Mutter tröstete, weil Kummer das Leben aller Menschen beherrscht, es sei denn, man verwandelt ihn in tiefe innere Freude. Ananda Moi sagte im späteren Leben, man solle soviel lachen wie möglich, wann immer man eine Gelegenheit dazu habe. Dadurch würden alle Verspannungen und Knoten im Körper gelöst. Oberflächliches Lachen sei allerdings nicht genug — das ganze Wesen müsse im Lachen eins sein, innerlich wie äußerlich.[11] Yogananda beschrieb die Höhen, die die Orange erreichen kann und die in dieser Frau so wunderbar zutage traten, in seinem berühmten Gedicht »Samadhi«: »Aus Freude kam ich, für Freude lebe ich, in heiliger Freude schmelze ich dahin.«[12]

BEKENNTNISSE EINES ORANGE-TYPS: JACK

»Meine Kindheit? Nun, zuerst habe ich bei meiner Großmutter und meinem Großvater gelebt. Meine Eltern hatten sich getrennt, und meine Mutter ließ mich bei den Großeltern, weil sie woanders arbeitete. Als ich acht oder zehn war, starb meine Großmutter, und meine Mutter kam zurück. Den Rest meiner Kindheit habe ich mit ihr gelebt. Ich war meistens allein und wurde ziemlich zum Einzelgänger, denn ich mußte lernen, alles allein zu bewältigen. In der Schule hat es mir zwar gefallen, aber ich war nicht gern mit anderen Kindern zusammen. Meine Kindheit war aber nicht schrecklich unglücklich.

Meine Gefühle? Ich neige dazu, sie zu unterdrücken. Ich würde allerdings sagen, daß ich ein glücklicher Mensch bin. Warum auch nicht? Ich würde nicht sagen, daß ich ein schweres Leben hatte. Es gab kaum mehr Schwierigkeiten als bei anderen Leuten — weniger sogar –, daher würde ich es nicht als schwierig bezeichnen. Ich habe oft Schweres erlebt, aber rückblickend erschien alles gar nicht so schwierig. Ich hatte oft im Leben das Gefühl von Kampf, von Druck und Mühen. Aber das würde ich nicht als schweres Leben bezeichnen. Das ist nur ein Ausdruck für die Energie, die man braucht, um etwas vom Leben zu haben und etwas damit anzufangen.

Ja, ich hatte früher im Leben mit Depressionen zu kämpfen. Die ersten Jahre nach der High School und im College und in meinen Zwanzigern war ich oft depressiv, bis ich mit Meditation anfing. Das hat mir geholfen, mich daraus zu lösen. Ich hatte anschließend noch ein paar depressive Phasen, doch sie sind allmählich immer seltener geworden.

Als ich vor Jahren in Arizona lebte, habe ich immer gern Orangen gegessen. Ich habe sie kistenweise gekauft und auch oft Fastenkuren mit Orangensaft gemacht. Tonnenweise Orangensaft. Ich esse sie sehr gern. In letzter Zeit bin ich nicht mehr so scharf auf sie. Aber ein-, zweimal im Jahr kaufe ich mir einen Beutel Orangen. Den tiefgefrorenen Saft mag ich nicht, und ich trinke lieber frischgepreßten Saft, als die Früchte zu essen.«

ZUSAMMENFASSUNG

Untersuchungen an der Yale-Universität haben ergeben, daß im Orangenöl ein Stoff enthalten ist, der antidepressiv wirkt. Und so wirkt auch die Orange als Blütenessenz. Sie zeigt uns, daß das Leben ein Traum ist. Wir werden immer wieder geliebte Menschen verlieren, die uns auf bestimmte, einzigartige Weise berührt und verwandelt haben, und vor unserem inneren Auge rollen die Ereignisse endlos ab wie die Glasbilder in einem Kaleidoskop. Der Kummer von heute wird morgen zur Erinnerung, genau wie die große Freude von gestern heute nur noch ein angenehmer Gedanke ist.

Wir haben vielleicht schweren Mißbrauch durch Menschen erlitten, die grausam oder dumm waren, aber auch das geht stets vorbei. Unsere Lektion heißt, Freundlichkeit aus der Unfreundlichkeit anderer zu lernen und hoffnungsvoll weiterzugehen. Das Lied der Orange ist das Lied des Lebens, der Liebe und des Loslassens. Durch Freude verwandeln wir Resignation und Bitterkeit in Akzeptieren, und aus Verlust und Mangel werden Reichhaltigkeit und Fülle, die uns mit unserem höchsten Potential in Verbindung bringen.

Gegensatz- und Begleitessenzen

ORANGE	Gegensatz	Begleiter
Avocado	für Gedanken und Gefühle, die unsere emotionale Zukunft umwölken	für die Erinnerung daran, daß Freude den Kern unseres Lebens bildet
Kirsche	für vergängliche Launen	für ein aktives Verständnis, daß Freude auf allen Ebenen unser wahres Wesen ausmacht
Kokosnuß	bei Hartnäckigkeit in allen möglichen Prüfungen, zu denen nicht unbedingt Depression gehört	für Ausdauer in besonders schwierigen und emotional fordernden Prüfungen
Birne	für emotionale Ausgeglichenheit	für die Fähigkeit, schwere Zeiten zu überwinden, bei größeren Katastrophen
Spinat	um dem inneren Kind zu helfen, das eine unglückliche Kindheit erlitt	um die Restschwingungen einer dysfunktionalen Kindheit zu vertreiben

POSITIVE AUSDRUCKSWEISEN

Freudig
Transzendent
Begeistert
Hartnäckig
Widerstandsfähig
Glücklich
Gelassen
Hoffnungsvoll
Energisch
Ausdauer ausstrahlend
Vital
Voll Interesse am Leben
Von innen heraus lächelnd

Negative Zustände

Depressiv
Bedrückt
Apathisch
Resigniert
Desinteressiert
Negativ
Melancholisch
Energielos
Belastet
Verzweifelt
Hoffnungslos
Unschlüssig

Verstärkung

Begeben Sie sich in therapeutische Behandlung oder suchen Sie andere Formen konstruktiver Hilfe.
Suchen Sie eine Selbsthilfegruppe mit Menschen, die ähnliche Probleme haben.
Treten Sie einer Organisation bei, in der Sie jenen helfen und Unterstützung geben können, die ähnliche Schwierigkeiten durchmachen wie die, die Sie überwunden haben.
Betrachten Sie Ihr Leben — besonders die schwierigen Phasen — als einen vorübergehenden Traum. Reagieren Sie dabei nicht emotional oder depressiv, sondern so, als sähen Sie das Leben eines anderen Menschen.
Suchen Sie Freude in den kleinen Dingen des Lebens, und weiten Sie das allmählich aus. Lesen Sie ein gutes Buch, legen Sie einen Blumengarten an, gehen Sie mit Ihrem Hund spazieren.

Visualisierung

Für diese Übung sollten Sie sich vor einen Spiegel stellen.
Blicke in das Spiegelbild deiner Augen. Was siehst du dort? Lachen deine Augen? Sind sie traurig, zufrieden oder mürrisch? Und jetzt betrachte die Form deines Gesichts, die Farbe und Beschaffen-

heit deiner Haut. Wie hältst du Kopf und Schultern? Was sagt dir deine Haltung über dich selbst? Bist du selbstbewußt? Zurückgezogen? Einseitig? Zufrieden?

Nachdem du deine Körpersprache und deinen Gesichtsausdruck eingeschätzt hast, lege die Spitzen deiner Zeigefinger in die Mundwinkel und betrachte dabei die ganze Zeit das Gesicht, das dir aus dem Spiegel entgegenblickt. Schiebe die Mundwinkel nach oben und bilde eine Art Lächeln — zumindest den Anfang eines Lächelns. Nun laß die Hände fallen und behalte die Miene bei. Laß dieses Lächeln über alle Züge deines Gesichts strahlen wie ein Sonnenstrahl, der langsam hinter einer Wolke auftaucht. Während du lächelst, laß dein Gesicht in Freude baden.

Beobachte dein Abbild, wenn das Lächeln deine Augen erreicht. Achte auf die Veränderungen in deiner Energie, in deiner Haltung und in deinem Herzen. Und dann sprich die folgende Affirmation.

AFFIRMATION

Energie und Freude erfüllen mich. Ich bin ein Brunnen der Freude für alle Menschen.

Kapitel fünfundzwanzig

Brombeere —
»Der grosse Reiniger«

Rubus alleghenienses
(»Wilde Beere aus den Alleghenies«)

»Ich arbeite in einem kleinen Geschenkeladen und muß zugeben, daß ich extrem emotional reagiere und immer schwere prämenstruelle Depressionen habe, oft weinerlich bin und Angstanfälle habe. Außerdem bin ich sehr hart zu mir selbst und schimpfe mich oft aus. Nach drei Tagen mit Brombeer-Essenz habe ich etwas völlig Neues an mir entdeckt: einen Sinn für Humor! Ich bin jetzt viel heiterer, und alles ist gar nicht so schlimm, wie ich immer dachte.«

M. M., *Springdale*

»Brombeer-Essenz läßt mich mehr aus dem Augenblick heraus leben und bringt mich aus meiner Verleugnung heraus. Letzte Woche hatte ich das Gefühl, viel vernünftiger geworden zu sein. Was habe ich nur vorher immer gemacht!«

C. C., *Plano*

»Mit Brombeer-Essenz habe ich viel klarere Gedanken und schärfere Sinne, kann schneller sprechen — und bin geistreicher.«

R. M., *Dallas*

»Brombeere war eine wunderbare Erleichterung für mich. Noch nie habe ich eine Essenz so wirksam gefunden. Ich war völlig down, ehe ich sie einnahm.«

A. H., *Albuquerque*

»Wenn ich nachmittags keine Brombeer-Essenz einnehme, werde ich immer ganz unruhig. Doch nach ein paar Tropfen lasse ich mich von meinem vierjährigen Sohn nicht mehr so leicht nerven.«

V. Y., *Nevada City*

»Aus der Reinheit des Körpers gewinnt der Geist
ein Geheimnis – mitfühlende Hilfe.«

Thomson

Pflanze – Frucht – Heilkunde

Brombeeren, von denen es heute an die zweihundert verschiedene Sorten gibt, sind Ureinwohner von Europa und Nordamerika. Diese winterharten Kletterpflanzen bilden ihre Früchte in dicken Büscheln am Ende des vorjährigen Holzes. Die zarten Blüten dieser dornigen Pflanze sind klein und lavendelrosa. Brombeeren enthalten viel Eisen, Kalzium und Phosphor und sind ausgezeichnet zur Blutbildung und Darmregulierung. Brombeerblättertee reinigt das Blut und die Haut und stärkt das Herz.

Qualität: Reinheit der Gedanken
Botschaft: Freundlichkeit, Optimismus, geistige Klarheit, Inspiration; das Gute in sich selbst und anderen sehen; klar und direkt, aber sanft in der Sprache; Umweltbewußtsein, Entrüstung über schlechte Behandlung aller Lebewesen; zur Reinigung
Disharmonien: Negativität, Pessimismus, Sarkasmus, Zynismus; Nörgeln, Abruptheit, Taktlosigkeit; dunkle, unfreundliche Gedanken, die zu einem Absinken der Energie führen

Position im Spektrum

Die Brombeere bringt uns in den vierten und letzten Quadranten, den des Winters und der späten Jahre. Mit diesem Haus kehren wir auch in die weibliche Hälfte des Spektrums zurück. Die letzten fünf Essenzen besitzen alle eine Weichheit, Sanftheit und Freundlichkeit, wobei die Brombeere an der Nahtstelle auch die männliche Eigenschaft der Unterscheidungsfähigkeit aufweist. Sie ist zwar kindlich unschuldig, aber strahlt doch die Reife und Tiefe des vierten Quadranten aus. Dieser Quadrant markiert den Anfang des Rückzugs in das Selbst, um gelernte Lektionen zu bewahren – genau wie die Natur sich bei Beginn des Winters in den Erdboden zurückzieht.

Die Brombeere enthält die Energie ihrer Vorgängerin, der Orange. Sie verinnerlicht das tiefe Glück der Orange, das in den Feuern vieler Schwierigkeiten geläutert wurde, und fängt die Reinheit durch Licht und Güte in sich ein. Sie beansprucht eine Klarheit, die auf ehrlicher Selbsterkenntnis und Selbsteinschätzung beruht. Darüber hinaus strahlt sie die Weisheit der Reife aus und repräsentiert daher die Fähigkeit, aus den Schwierigkeiten des Lebens mit Klarheit von Verstand und Gefühl aufzutauchen.

Positive Anwendungen

Der positive Brombeer-Zustand verkörpert die Schwingungen der Klarheit, der Konzentration und der Fähigkeit, die Dinge so zu sehen, wie sie tatsächlich sind: Er ist die Antithese zu Dunkelheit, geistiger Trübheit und Verleugnung. Die Brombeere ist Unschuld, die nicht aus Unwissenheit entsteht, sondern im Gegenteil aus Wissen durch Erfahrung. Ein Verstand, der frei von Vorurteilen und Negativität ist, ist die Inkarnation der Brombeere.

Wenn wir uns und andere abschätzig behandeln oder Vorwürfe machen, wenn wir das Gefühl haben, daß Dinge, die wir in der Vergangenheit gesagt oder getan haben und nicht mehr ändern können, unrecht waren, ist Brombeer-Essenz angezeigt. Sie hilft uns, die Ereignisse als Träume zu betrachten, die vorbei sind, und ermöglicht uns, eine neue Seite im Buch des Lebens aufzuschlagen.

»Wenn ich Brombeere zusammen mit der Affirmation benutze, werde ich schlechte Gefühle wie zum Beispiel Groll immer sehr schnell los«, schrieb Mario. »Das klappt bei mir immer.«

Der positive Brombeer-Zustand wird durch Menschen verkörpert, die sich der Umwelt bewußt sind. Man würde Brombeer-Typen nie dabei erwischen, wie sie Abfall auf die Straße werfen! Sie sind in der Regel politisch informiert, belesen, gebildet und treffen bewußte Entscheidungen. Man findet sie in Tierschutz- und Umweltschutzgruppen, als Freiwillige im Gemeinwesen, beim Sammeln alter Zeitungen, Glasflaschen und Plastikbehälter. Abgesehen davon, daß sie die Umwelt aufräumen, reinigen sie sich auch selbst gern durch Fasten und andere Prozeduren.

Die höchste Oktave der Brombeere ist eine tiefe und echte Beziehung zur Wahrheit. Ehrlichkeit sich selbst gegenüber ist ein Muß. Ehrlichkeit von anderen wird selbstverständlich vorausgesetzt. Die Brombeere ist die klarste Essenz: direkt, aber freundlich, taktvoll, aber präzise.

Negative Indikationen

Der negative Brombeer-Zustand tritt bei emotional unreifen Menschen auf, die — oft ohne sich dessen bewußt zu sein — unfreundliche Dinge sagen, bei Menschen, die zynisch, sarkastisch oder negativ sind. All das spricht von einem Bedürfnis nach Brombeer-Essenz. Menschen im negativen Brombeer-Zustand haben über nichts und niemanden etwas Gutes zu sagen. Sie klatschen gern und erzählen oft beleidigende, rassistische Witze auf Kosten anderer, besonders derjenigen, die gezwungen sind, sie anzuhören. Oft erzeugen sie unbewußt eine schlechte, negative Energie um sich her, die sie bald zu einer unangenehmen Gesellschaft macht.

»Mein Mann, mit dem ich einundzwanzig Jahre lang verheiratet war, hatte immer an allem etwas auszusetzen«, meinte Lisbeth nach einigem Zögern. »Als wir in den Mittelwesten zogen, gefiel ihm in dem neuen Haus überhaupt nichts. Die Vorhänge waren zu blaß, die Nachbarn zu laut, die Wände zu dünn. Ich nahm Brombeer-Essenz, weil seine Negativität so ansteckend war. Nach wenigen Tagen mit Brombeere sah ich alles, was ringsum gut war. Ich lernte, seinen Bemerkungen mit Optimismus zu begegnen, und konnte das Leben viel besser genießen.«

Eine leichtere Version des negativen Brombeer-Zustandes findet sich in den Menschen, die — ohne es recht zu merken — einfach unangenehme Zeitgenossen sind. Sie sind vielleicht launisch wie die Kirsche oder haben die starken negativen Emotionen des Salats, aber der Brombeer-Zustand vermittelt darüber hinaus ein unreines, schmutziges Gefühl, so als hätten sie die schönen Dingen des Lebens ein für allemal verpaßt.

Die Brombeere ist außerdem die Essenz bei Frustration, einem Zustand, den wohl jeder von Zeit zu Zeit erlebt, wenn unsere Gedanken verwirrt sind oder im Widerstreit liegen. Wenn unsere Energie blockiert ist, hilft die Brombeere, den Schmutz von den geistigen Fenstern zu spritzen.

Brombeere als Themenessenz

Brombeer-Typen haben oft sehr ausgeprägte, auffallende Gesichtszüge. Sie haben häufig einen durchdringenden Blick und schauen einem immer direkt ins Gesicht. Sie drücken sich klar aus und schleichen nicht um den heißen Brei herum. Oft machen Sie zwischen den einzelnen Sätzen eine Pause und suchen nach dem richtigen Wort, um ihre Gedanken präzise auszudrücken, oder sie korrigieren sich zuweilen (ähnlich wie die Feige-Typen), denn die Wahrheit ist für sie von höchster Bedeutung.

Brombeer-Typen sind sich ihrer Gedanken immer genau bewußt. Sie sind wachsam und gewissenhaft und wissen genau, wie diese Gedanken sie selbst und andere beeinflussen können. Da Selbsterforschung und Ehrlichkeit für sie so wichtig sind, sind sie ausgezeichnete Therapeuten und Berater und machen bei der eigenen Therapie oft sehr schnell Fortschritte. Sie geben ehrliche, zuverlässige Freunde ab. Sind Sie verwirrt? Ist etwas unklar? Verbringen Sie eine Weile in Gegenwart eines Brombeer-Typs. Im Licht ihrer erfrischenden Reinheit kommen Sie bald zu neuen Einsichten.

BERÜHMTE BROMBEER-PERSÖNLICHKEITEN

Paracelsus
Barbara Walters
Martin Luther King jr.
Diana Troi
Louis Pasteur
Francis Bacon
Sokrates
Lucy von den »Peanuts«
George Washington

Kennzeichnend für den Brombeer-Typ Paracelsus ist die Tatsache, daß das Wort »bombastisch« von seinem Namen Philippus Theophrastus Bombastus von Hohenheim abstammt. Er wurde in der Nähe von Zürich geboren und spielte als Arzt in der Renaissance eine einflußreiche Rolle bei der Umwandlung der Medizin in eine naturwissenschaftlich orientierte Disziplin. Er hat wohl als erster das Konzept der Homöopathie angewandt, indem er erklärte, daß das, was den Menschen krank macht, ihn auch kuriert.

Paracelsus war sehr unbeliebt bei seinen Kollegen und anderen Akademikern, so daß er es an keinem Ort lange aushielt. Seine rückhaltlose Kritik verschaffte ihm viele Feinde, doch wegen seiner brillanten Diagnostik, seiner Erfolge und seiner Freundlichkeit wurde er von seinen Patienten sehr verehrt. Mit seinem Wunsch, Klarheit und optimale Resultate in die Medizin zu bringen, entwickelte Paracelsus viele bahnbrechende Therapien. Dabei zeigte sich immer seine innere Verpflichtung zur Wahrheit, gleichgültig, wie seine Zeitgenossen darauf reagierten. Er benutzte als erster Chemotherapie, setzte sich für die Anwendung von Quecksilber zur Behandlung von Syphilis ein und erklärte, die Lungenprobleme von Bergarbeitern seien auf das Einatmen von Giften zurückzuführen und nicht von bösen Geistern verursacht.

Dieser streitsüchtige und freimütige Sprecher der medizinischen Wissenschaft ist ein gutes Beispiel für den aufklärerischen Charakter der Brombeere.

BEKENNTNISSE EINES BROMBEER-TYPS: BERT

»Ich hatte eine schöne Kindheit, aber ich wurde auch zuviel behütet und beschützt. Es gab teilweise emotionalen Mißbrauch, aber meine Eltern haben ihr Bestes gegeben. Ich habe viel an mir gearbeitet – natürlich gibt es immer noch Themen, die ich bearbeiten muß. Aber da mir heute klarer und bewußter ist, um welche Themen es sich handelt, merke ich sofort, wann sie auftauchen, und dann liegt es in meiner Hand, was ich damit mache.

Ich bin Yogalehrer und habe einen ziemlich regen Verstand, manchmal geradezu überaktiv. Ich verzettle mich manchmal zu sehr in Einzelheiten.

Ich versuche, meine Gefühle mehr und mehr anzunehmen.

Aber ich bin in einer Umgebung aufgewachsen, in der Gefühle nichts galten, besonders, wenn sie nicht positiv waren. Daran mußte ich schwer arbeiten, als ich begann, die Verantwortung für mich selbst zu übernehmen.

Ich bin nicht extrovertiert und nicht besonders gesellig. Gesellschaftlicher Small talk ist für mich sehr schwierig. Dagegen führe ich gern tiefschürfende Gespräche, mit Freunden, aber auch mit Menschen, die ich nicht sonderlich gut kenne. Alles andere ist für mich Zeitverschwendung. Das ist nun mal meine Natur.

Ich bewundere Menschen, die offen sind und bei denen man stets weiß, woran man mit ihnen ist, die ehrlich und zuverlässig sich selbst und anderen gegenüber sind. Da weiß man immer, was läuft. Das ist für mich sehr wichtig.

Ich glaube, ich suche mir im Leben immer den schweren Weg aus, vielleicht, weil ich damit stärker wachsen kann. Wenn die Dinge zu leicht wären, würde ich nicht soviel Energie aufbringen. Ich weiß auch, daß ich dem Wesen nach dazu neige, andere zu stark zu verurteilen, zu kritisch und analytisch zu sein.

Ich muß immer wieder bewußt dagegen ankämpfen, nicht zu negativ zu sein.

Ich mag Brombeeren. Seit ich hier lebe, habe ich kaum jemals welche gefunden, aber ich habe sie als Kind oft gepflückt und mag sie gern. Ich mag Beeren überhaupt lieber als anderes Obst.«

ZUSAMMENFASSUNG

Die Qualität der Reinheit ist Yogananda zufolge in allen Beeren zu finden, außer der Himbeere und der Erdbeere, die andere spezielle Qualitäten aufweisen. Wir haben für die *Master's* Essenzen die Brombeere ausgewählt. Ihre Energie ist direkt, vertrauenswürdig und vor allem rein. An der Grenze zwischen männlicher und weiblicher Hälfte des Spektrums integriert sie den klaren Verstand mit reinem Gefühl.

»Reinheit kommt gleich nach Göttlichkeit«, heißt es in einem englischen Sprichwort. Der Wunsch nach einer sauberen Umwelt und einem reinen, ordentlichen Verstand sind typische Brombeer-Qualitäten. Behalten wir im Auge, daß dieses Mittel die Neigung hat, die Dinge schlechter oder größer erscheinen zu lassen, als sie tatsächlich sind — besonders Wut. In Wirklichkeit macht uns die Brombeere nur unsere negativen Züge bewußter. Doch die Bereitwilligkeit, Probleme zu betrachten, ist eigentlich ein sehr positives Zeichen und der erste Schritt zur Fähigkeit, sie aus dem Bewußtsein zu vertreiben.

Gegensatz- und Begleitessenzen

Brombeere	Gegensatz	Begleiter
Apfel	bei sorgenvollen, ängstlichen Gedanken	für eine gesunde Haltung sich selbst und anderen gegenüber
Kirsche	bei Launen und negativen Gefühlen	für reines Glück
Salat	bei stark negativen Gefühlen wie Wut und Groll	für kreative und konzentrierte geistige Klarheit

Positive Ausdrucksweisen

Rein
Unschuldig
Humorvoll
Klar
Ehrlich
Direkt
Wahrheitsliebend
Konzentrationsfähig
Scharfsinnig
Moralisch
Ehrenhaft
Vernünftig
Reif
Freundlich
Einsichtig
Introspektiv
Sauber

Negative Zustände

Zynisch
Sarkastisch
Negativ

Pessimistisch
Gemein
Grausam
Beleidigend
Schwatzhaft
Überkritisch
Engstirnig
Taktlos
Unklar im Denken
Nörglerisch
Ausweichend
Konfrontativ
Unehrlich
Frustriert
Unverschämt

Verstärkung

Nehmen Sie sich am Ende eines Tages die Liste mit den positiven und negativen Zuständen vor. Kreuzen Sie diejenigen Eigenschaften an, die Sie bei sich festgestellt haben. Beurteilen Sie danach, an was Sie am meisten arbeiten müssen.
    Lesen Sie Selbsthilfebücher zu den Themen, an denen Sie gerade arbeiten.
    Denken Sie vor dem Schlafengehen nur an angenehme, freundliche Dinge, damit diese Ihr Unbewußtes durchdringen.
    Achten Sie darauf, in Ihren Mitmenschen vor allem das Gute zu sehen und ihre Fehler zu verzeihen.

Visualisierung

Der Herbst ist so rasch gekommen, daß er mit seinen silbernen Spinnwebfäden den Sommer in eine stumme Ecke gedrängt hat. Mutter Natur hat ihr grünes Kleid beiseite gelegt und durch leuchtend bunte Farben ersetzt.
    Die Mittagssonne streichelt warm deinen Nacken, und der Pfad erstreckt sich vor dir, als habe er schon viele Jahreszeiten lang keinen menschlichen Schritt mehr zu spüren bekommen. Die ausladen-

den Brombeerbüsche strecken dir ihre Ranken entgegen, wie knorrige Hände mit Dornen statt langen spitzen Nägeln. Die Beeren scheinen dich anzulächeln mit ihren dunklen Farbtönen und ihrer Saftigkeit. Ihr dorniger Schutzmantel macht das Pflücken schwierig, man muß höllisch dabei aufpassen.

Je mehr Beeren du pflückst und sammelst, um so fleckiger werden deine Finger. Die reifen fallen dir fast freiwillig in die Hände. Sie sind leicht säuerlich und samenreich, und ihr Saft reinigt Blut und Gedanken.

Je mehr Beeren du ißt, um so stärker denkst du an die psychologische Natur dieser wilden Frucht. Die Samen sind wie die Samen von Gedanken, neuen Ideen, reinen Einsichten und klaren Beobachtungen. Das reinigende Fruchtfleisch klärt und baut gleichzeitig auf. Und die Dornen sind Mahnungen, in Körper und Geist rein zu bleiben.

Von dieser willkommenen Speise genährt und gereinigt, setzt du deinen Weg fort.

Affirmation

Reine Gedanken erfüllen meinen Geist wie Sonnenlicht. Ich strahle Güte aus, und alle guten Dinge kommen zu mir.

Kapitel sechsundzwanzig

Dattel —
»Die Zärtlich-Süsse«

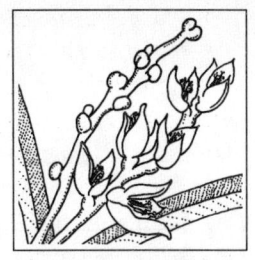

Phoenix dactylifera
(»Die fingerartige
Dattelpalme«)

»Seit dem Tod meiner Mutter habe ich viele Enttäuschungen erlebt, besonders mit Freunden. Mit der Dattel-Essenz konnte ich aber allen nur das Beste wünschen. Es ist, als sei in mir ein ganz neuer Mensch aufgetaucht. Das ist ein wunderbares Gefühl.«

A. L., Albuquerque

»Mit Dattel-Essenz hatte ich das Gefühl, als würde eine unsichtbare Freundlichkeit aus meinem Innern heraus auf andere ausströmen. Mir steigen die Tränen in die Augen, wenn ich die Tropfen nehme. Sie haben meine Mauern der Kritik zum Schmelzen gebracht.«

K. C., Cedarburg

»Dattel-Essenz hat meinem achtjährigen Sohn geholfen, eine innere Süße zu finden, die er sonst nur bei Zucker zu finden glaubte. Ich gebe ihm nur selten weißen Zucker, und er bittet auch nicht oft darum. Doch heute morgen wollte er etwas Süßes. Wir sind vor kurzem von der Stadt aufs Land gezogen, und er hatte Sehnsucht nach seinen Freunden. Ich gab ihm Dattel-Essenz, um dieses emotionale Bedürfnis nach Süßem zu befriedigen, und der Heißhunger verschwand nach wenigen Stunden.«

M. S., Mesquite

»Ich nahm Dattel-Essenz, weil ich immer Heißhunger auf Zucker hatte, und es wurde sofort besser. Interessant war, daß drei meiner Freunde sich dadurch ihres eigenen Bedürfnisses nach Süßem in ihrem Leben bewußter wurden.«

J. R., Mountain View

»Ich habe meinem Mann Dattel-Tropfen in den Tee gegeben, und er wurde viel weicher. Er ist inzwischen sogar einer Selbsthilfegruppe beigetreten.«

C. R., Novato

»Süße Worte erweichen oft ein knurriges Herz.«
Sir Philip Sidney

Pflanze – Frucht – Heilkunde

Die subtropische Dattelpalme wurde schon vor über fünftausend Jahren in Mesopotamien und im Niltal kultiviert. Jahrhundertelang ernährten sich die arabischen Karawanen auf ihren langen Trecks durch die Wüste fast ausschließlich von Datteln. Ein gesunder Baum, der bis zu dreißig Meter hoch wächst, trägt pro Jahr bis zu etwa hundertfünfzig Pfund Datteln. Die männlichen und weiblichen Blüten wachsen auf verschiedenen Pflanzen, und ein einziger männlicher Baum reicht aus, um fünfzig bis hundert weibliche Bäume zu befruchten.

Datteln sind reich an Kalzium, Phosphor, Eisen – und Kalorien. Sie enthalten bis zu siebzig Prozent Zucker und sind daher gute Energiespender. Datteln wirken ausgezeichnet als Verdauungshilfe und Abführmittel und sollen gegen einige Formen von Krebs wirksam sein.

Qualität: Süße, Zärtlichkeit
Botschaft: Offenheit, Empfänglichkeit, Kommunikationsfähigkeit; Herzlichkeit, magnetische Ausstrahlungskraft; freundlich im Umgang mit anderen Menschen; fähig, sich selbst auf allen Ebenen zu nähren und sich auf die Gefühle anderer einzustimmen
Disharmonien: Kritisch, ablehnend und intolerant gegenüber anderen, leicht gereizt, wenig gastfreundlich, unangenehmes Wesen

Position im Spektrum

Nachdem wir die Fähigkeit der Brombeere integriert haben, in allen und jedem nur das Gute zu sehen, werden wir liebenswürdig. So vollzieht sich auch die Entwicklung zum zweiten Haus des vierten Quadranten. Die Klarheit der Brombeere trägt zur Fähigkeit der Dattel bei, etwas neutral zu beobachten. Wegen ihrer Süße fällt die Dattel in die weibliche Hälfte des Spektrums; ihre Reife spiegelt sich in der Alterslosigkeit des letzten Quadranten.

Positive Anwendungen

Die positive Seite der Dattel strahlt eine Wärme und Freundlichkeit aus, die andere Menschen anzieht. Bedingungsloses Akzeptieren ist eine magnetische Eigenschaft mit der Kraft, Freunden wie Fremden Freundlichkeit zu entlocken. Die folgende Geschichte ist eine meiner Lieblingsanekdoten: »Erst als ein Freund mir Dattel-Essenz empfahl, merkte ich, wie ablehnend und kritisch ich bin«, schrieb Peter. »Ich nörgele dauernd an meiner Freundin herum — ein Wunder, daß sie es bei mir aushält. Ich nahm jedenfalls eines Abends ein paar Tropfen Dattel-Essenz und fühlte mich gleich anders, aber ich kann nicht sagen, wie. Am nächsten Morgen machte ich eine Radtour, und da passierten die seltsamsten Dinge. Alle Leute — wirklich alle! — winkten mir zu. Zwei wildfremde Leute hielten an, um mit mir zu plaudern. Ich nahm weiterhin Dattel ein, und in den nächsten drei Wochen riefen mich dauernd Freunde an, von denen ich lange nichts mehr gehört hatte, und wollten sich mit mir treffen. Es waren nicht bloß einer oder zwei, es war ungefähr ein halbes Dutzend.«

Der positive Dattel-Zustand strahlt außerdem Zärtlichkeit aus. Oft fühlen sich andere, ohne es zu wissen, von ihrer bedingungslosen und vorurteilsfreien Liebe umarmt. »Ich glaube, das mit der Dattel klappt«, sagte Christina. »Ich habe heute morgen ein paar Tropfen genommen, und heute nachmittag lächelte mein Mann mich an und sagte, ich sähe so *süß* aus!«

Dattel und Pfirsich haben eine interessante Schwingung gemeinsam: Beide sind in der weiblichen Hälfte des Spektrums angesiedelt. Der Pfirsich symbolisiert die junge Mutter, während die Dattel die nachsichtige Großmutter darstellt, die uns ständig mit ihrer süßen Liebe verwöhnen will. Die Dattel hilft uns begreifen, daß wir alle zum menschlichen Zirkus gehören: Ob als Publikum oder Schauspieler, Clown oder Akrobat, alles ist eins. Wenn wir andere nicht mehr verurteilen, werden wir freundlicher. Wir sind nicht mehr so engherzig und werden immer zärtlicher.

Negative Indikationen

Der negative Dattel-Zustand ist alles andere als nett. Hier sehen wir den Geizhals, der niemals seine guten Seiten zeigt, immer gereizt und aufbrausend ist. Im negativen Dattel-Zustand fängt man oft an zu kritisieren, statt klar zu urteilen, zu nörgeln, statt offen seine Meinung auszusprechen. Wenn man diesem Geisteszustand nachgibt, steht man bald ohne Freunde da, einsam und ziemlich unbeliebt. Denn im negativen Dattel-Zustand stößt man ähnlich wie bei der Brombeere andere Menschen ab.

Der negative Dattel-Zustand hat eine gewisse Engstirnigkeit: Man sieht egozentrisch alles nur mit Blick auf sich selbst. Sicher ist es natürlich, sich selbst als Maßstab zu nehmen, aber gemeint ist hier die negative Seite, wenn alles in der Welt nur in Verbindung zu einem selbst gesehen wird — oder wenn wir erwarten, daß andere Menschen genauso sind wie wir. Aus dieser Position heraus ziehen wir ständig Vergleiche. Andere Menschen aber sind von Natur aus anders als wir, und ehe man sich versieht, vergleicht man nicht nur, sondern hängt anderen auch Etiketten an. »Sie ist größer als ich — ich kann nicht mit ihr ausgehen.« »Er kleidet sich so komisch, dieser Stil war doch schon vor Jahren altmodisch.« Als Folge dieser lieblosen Haltung beurteilen wir andere nicht nur, sondern setzen uns auch von ihnen ab. Bei solchen Einstellungen hilft die Dattel.

DATTEL ALS THEMENESSENZ

Nun darf man aber den Dattel-Typ nicht einfach als fröhlichen Dicken oder zärtliche Großmutter sehen, denn diese Essenz ist viel subtiler und wird daher leicht mit anderen verwechselt. Die Dattel hat eine ganz andere Süße als das, was Ring Lardner humorvoll beschreibt als »ein Blick, den man auf eine Waffel träufeln könnte«. Dattel-Typen sind alles andere als sirupartig süß; ihr Mitgefühl, ihre Weisheit und ihre Empathie gehen sehr tief. Die Gesichter von Dattel-Typen drücken Weichheit und Kraft zugleich aus. Man findet Reste der sachlichen Brombeere in Verbindung mit der Freundlichkeit der Dattel. Die Stimme von Dattel-Typen ist entweder so leise und süß wie das Fruchtfleisch oder so fest und kräftig wie der Kern dieser Frucht. So wie Spinat den Erwachsenen im Kind enthüllt, so zeigt Dattel das Kind im älteren Menschen. Bewegungen und Haltung von Dattel-Typen sind gleichzeitig langsam und rasch. Sie werden von anderen leicht geliebt und akzeptiert. Wenn wir die tiefe Liebe spüren, die sie durchzieht, fühlen wir uns aufgefordert, uns ähnlich zu verhalten: sensibel, herzlich und ohne Vorurteile. Diese liebenswürdigen und liebevollen Menschen sehen das Kind in jedem.

Berühmte Dattel-Persönlichkeiten

St. Nikolaus
Joan Plowright
Aschenbrödels gute Fee
Die gute Hexe im »Zauberer von Oz«
Snoopy
Charlie Brown
Ellen Burstyn
Mr. Rogers
Mr. Greenjeans
Harrison Ford
Sherry Lewis

Ganz und gar nicht im Gegensatz zu dem vorigen wollen wir als perfekte Verkörperung des Dattel-Typs den Nikolaus vorstellen. Er ist noch fürsorglicher als Pfirsich, und wenn wir diesen zeitlosen Charakter tief in den Sack seiner Geschenke greifen sehen – sind seine größten Gaben Freundlichkeit und Offenheit. Der Nikolaus sieht in allen Kindern nur das Gute, ohne nach Unarten oder Artigkeit zu fragen. Für ihn sind Fremde wie Freunde Mitglieder einer einzigen großen Familie. Er ist zudem im winterlichen vierten Quadranten angesiedelt, in den Jahren der Reife. Der Nikolaus mit seinem freundlichen Gesicht, besonders um die Augen herum, ist auch die Inkarnation der physischen Dattel-Eigenschaften. Bei ihm strahlen das liebevolle Wesen und die vertrauensvolle Offenheit der Dattel aus allen Poren.

Bekenntnisse eines Dattel-Typs: Marilyn

»Innerlich würde ich gern alles und jeden akzeptieren. Irgendwie habe ich das Gefühl, daß es in diesem Leben meine Aufgabe ist, genau das zu bearbeiten – diese Schwierigkeit, die ich mit dem Akzeptieren anderer Menschen habe. Und mit dem Akzeptieren kommt Verständnis. Ich freue mich darüber, wie viele Fortschritte ich darin schon gemacht habe. Doch gleichzeitig weiß ich, daß ich noch einen weiten Weg vor mir habe.

Ja, ich neige zu Vorurteilen. Ich habe meine Freunde und meinen Partner aufgefordert, mir immer zu sagen, wenn das passiert, denn

Vorurteile möchte ich aus meinem Leben verbannen. Ich bin in einer sehr engstirnigen Gesellschaft aufgewachsen, zuerst in Schottland. Die Schotten bleiben unter sich und halten sich den Engländern für überlegen. Dann zog ich nach Afrika, wo die Weißen sich den Schwarzen überlegen fühlen. Danach war ich bei Buren, die sich besser fühlen als die Engländer!

Es ist interessant, daß Sie nach meiner Beziehung zu Freundlichkeit und Zärtlichkeit fragen, denn als ich in dieses Haus kam, war es völlig leergeräumt – bis auf eine Karte an einer Wand –, und ich hatte das Gefühl, als wäre es eine Botschaft an mich, denn darauf stand ›Zärtlichkeit‹. Ich überlegte damals: Was habe ich mit Zärtlichkeit zu tun? Ich weiß, daß ich Kindern gegenüber sehr viel Zärtlichkeit empfinde. Mein Herz schmilzt dahin, selbst wenn sie sich aufspielen, fluchen, streiten und toben. Ich habe jahrelang ein Pflegeheim für mißbrauchte und verlassene Kinder geleitet. Ich empfinde große Zärtlichkeit und Mitgefühl für sie, und ich weiß, daß ihr Verhalten nur etwas aussagt über ihren großen inneren Schmerz.

Ich empfinde die gleiche Zärtlichkeit für mein eigenes Kind, doch damals fiel mir auf, daß ich sie weder für mich noch für meinen Partner empfinde. Ich bin immer sehr verantwortlich, und manchmal nimmt man sich bei all der Verantwortung nicht die Zeit, zärtlich zu sein. Daher versuche ich jetzt, wirklich zärtlich zu meinem Partner und mir selbst zu sein.

Ich finde Babys und Tiere süß. Aber eigentlich sage ich nicht gern ›süß‹, weil manche Menschen nur äußerlich süß sind. Ich weiß aber eins über mich, und darauf machen mich auch andere Menschen immer wieder aufmerksam, nämlich daß ich sehr solide bin. In mir gibt es einen sehr festen, soliden Kern.

Ich liebe Datteln. Als ich eine Weile in einem arabischen Land gelebt habe, bin ich mit den Beduinen herumgezogen und habe ständig Datteln gegessen. Das war schön, sie frisch vom Baum zu pflücken. In Afrika hatten wir sie auch, aber da waren sie importiert und schmeckten nicht so gut.«

Zusammenfassung

Alle fünf Essenzen im vierten Quadranten bringen eine Botschaft von großer Kraft: der Kraft der Sanftheit, der Weichheit und der tiefen Zufriedenheit. Die Dattel ist außen fleischig, aber ihr Kern ist

Symbol einer unerschütterlichen Solidität. Die Weigerung der positiven Dattel, sich von anderen reizen zu lassen, spricht von der Akzeptanz ihrer eigenen Fehler wie der anderer.

Ein kluger Mann sagte einmal, daß der Heißhunger auf Süßigkeiten eigentlich ein Bedürfnis nach mehr Süße im Leben sei. Süßigkeiten stehen für Genuß. Sie haben einen angenehmen Geschmack und sind daher so beliebt — besonders Schokolade. Untersuchungen haben ergeben, daß ein chemischer Stoff in der Schokolade, Phenylethylamin (PEA), auch vom Gehirn produziert wird, wenn man verliebt ist. Wie oft setzen wir also Süßigkeiten ein, um das Gefühl von Verliebtsein zu erzeugen und damit eine Lücke in unserem Leben zu füllen? Dattel-Essenz erinnert uns daran, daß wir nicht in die Bonbonschachtel zu greifen brauchen, um das zu finden, was uns zu fehlen scheint. Die Dattelfrucht hat sehr viel Eigensüße — so viel, daß nur ein paar nötig sind, um unseren Heißhunger auf Süßes zu stillen, genau wie nur ein paar der liebevollen Eigenschaften von Dattel-Essenz nötig sind, um uns süß zu machen.

Da die Dattel nichts und niemanden verurteilt, ermöglicht sie uns, Frieden mit uns selbst und unseren Mitmenschen zu schließen — jenen, mit denen wir Tag für Tag leben, und jenen, die wie zufällig in unser Leben zu treten scheinen, um uns auf die Probe zu stellen. Dattel weckt die Wahrheit, die wir bereits kennen: daß die Süße, die wir durch üppige Nachspeisen suchen, bereits überreich in unserer eigenen Natur angelegt ist.

Gegensatz- und Begleitessenzen

DATTEL	Gegensatz	Begleiter
Feige	kritisch sich selbst gegenüber, ein harter Antreiber	für Ausgewogenheit durch das Akzeptieren von sich selbst und anderen, Fehler tolerant hinnehmen
Pfirsich	für Mitgefühl	für Sensibilität anderen gegenüber und um Beziehungen liebevoller zu gestalten

Positive Ausdrucksweisen

Süß
Liebevoll
Zärtlich
Akzeptierend
Sensibel
Urteilsfähig
Empfänglich
Offen
Zufrieden
Herzlich
Scharfsichtig
Einfühlsam
Mitfühlend
Weise
Solide
Stark
Verantwortlich

Negative Zustände

Verurteilend
Einsam
Reizbar
Aufbrausend
Heißhunger auf Süßes
Kritisch
Intolerant
Ablehnend
Unangenehmer Mitmensch
Nicht gastfreundlich
Säuerlich
Unzufrieden
Engstirnig
Vorurteilsbeladen
Verärgert

Verstärkung

Entwickeln Sie Ihre Gastfreundlichkeit, indem Sie Freunde zum Essen und Kaffeetrinken einladen oder Familientreffen sowie Zusammenkünfte anderer Gruppen organisieren.
Achten Sie darauf, wie Sie sich im Verkehr schlechten Autofahrern gegenüber verhalten. Bleiben Sie ruhig, statt sich aufzuregen oder zu ärgern.
Tun Sie Ihren Freunden und Ihrer Familie etwas Gutes, und versuchen Sie, ihnen die Wünsche von den Augen abzulesen. Bieten Sie alleinerziehenden Freunden Ihre Hilfe an, kochen Sie etwas für Kranke, bringen Sie Blumen bei Geburtstagen oder einem Einzug vorbei.

Visualisierung

Es ist kalt draußen, viel kälter als gewöhnlich. Du ziehst dich warm an, mit Mütze, Schal und Handschuhen, ohne daß dich jemand dazu ermahnt — außer den Schneeflocken, die zur Tür herein wehen, sobald du sie öffnest. Alles sieht größer aus, größer als du dich erinnern kannst. Aber das liegt daran, daß du viel kleiner geworden bist. Du bist wieder mitten in der Kindheit.
Die Bäume wirken größer, die Schneewehen am Gehsteigrand sind höher. Mit der Phantasie eines Kindes weißt du, daß der Nordpol nur einen Steinwurf weit weg liegt. Alle paar Schritte kickst du mit dem Stiefel in den tiefen Schnee, nur um zu sehen, wie sich das anfühlt.
Da steht die Hütte aus schneeweißem Stein. Der Schornstein atmet träge eine kleine Rauchsäule in den dämmrigen Himmel. Du klopfst an die Tür und wirst von Nikolaus persönlich begrüßt. Du reichst zwar gerade eben nur bis zum breiten Gürtel des Mannes im roten Mantel, aber du fühlst dich herzlich willkommen und stumm hineingebeten. Der Duft von heißem Punsch lockt dich weiter hinein. Ist es deine Phantasie — oder ist der Raum wirklich von Lachen und Glöckchengeklingel erfüllt?
Deine Kinderaugen heften sich an den gemütlichen roten Bauch, den weißen, rauschenden Bart und die weißen Locken, die unter der roten Mütze hervorquellen. Am meisten aber bist du von den liebevoll zwinkernden Augen fasziniert: ein lebendiges Wunder, auf

das Kinder seit Anbeginn der Zeit warten, seit sie zum erstenmal auf seinem Schoß saßen und ihre Wünsche vortragen durften.

Du weißt, daß du den alten Nikolaus um alles bitten kannst: Spielzeug, Schätze, Süßigkeiten, Gold. Allein das Wissen, daß du alles wünschen kannst, was du willst, macht das Bitten zu einer sehr ernsthaften Angelegenheit. Was wünscht du dir? Spielzeug, Schätze, Süßigkeiten, Gold?

»Ja, Nikolaus«, hörst du dich sagen, »ich will all das in Form von Liebe, die ich dann an andere weitergeben kann, jung oder alt.« Er antwortet nicht mit Worten, sondern mit einem breiten, gütigen Lächeln, und in diesem liebevollen Lächeln liegt alle Süße, die du dir jemals gewünscht hast.

Affirmation

Die Welt gehört mir. Ob Familie, Freunde, Feind oder Fremde, ich schicke allen eine Welle liebevoller Güte.

Kapitel siebenundzwanzig

Erdbeere —
»Die Edle«

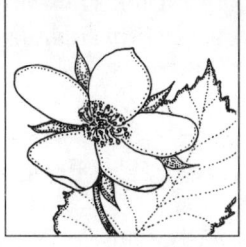

Fragaria chiloensis
(»Die süß duftende
Erdbeere aus Chile«)

»Erdbeer-Essenz hat mir nicht nur geholfen, mich besser um mich selbst zu kümmern, sondern auch meinen Mann besser zu verstehen. Mit dieser Essenz erkenne ich besser, was seine Arbeit für ihn bedeutet und wie sehr er sie liebt. Das war mir vorher nicht klar. Sie ermöglichte mir auch, ihm zu sagen, daß ich umziehen will, daß wir in einer Gegend wohnen, die mir nichts bietet.«

U. K., *Plano*

»Ich wollte die Essenzen für meinen Laden ausprobieren. Ich fand, daß ich mehr Erdung brauchte. Ich bin nämlich sehr sensibel und zu wenig mit meinem Körper in Verbindung. Erdbeer-Essenz hat die Dinge in Bewegung gebracht und mich stabilisiert. Der Erfolg war bemerkenswert.«

J. L., *Guerneville*

»Mir fiel auf, daß meine Energie mit Erdbeer-Essenz viel gleichmäßiger und stabiler war — ich ließ mich nicht mehr so leicht aus der Fassung bringen, etwa wenn die Kinder sagen. ›Ich hasse die Schule und gehe da nie wieder hin!‹«

A. B., *Nevada City*

»Ich fühlte mich zentrierter und viel selbstbewußter, wie ein anderer Mensch! Erdbeer-Essenz gab mir eine andere Perspektive zu mir selbst. Ich habe mich irgendwie verändert, selbst meine Handschrift. Ich fühle mich, als sei nach langer Zeit endlich wieder das Licht angeknipst worden.«

V. K., *Nevada City*

»Ich spürte schon in den ersten paar Tagen mit Erdbeer-Essenz einen Unterschied, weil sich meine Einstellung mir selbst gegenüber änderte. Die Tonbänder in meinem Kopf, die ich sonst immer spielte, wurden durch neue ersetzt, die mir mehr Auftrieb gaben. Ich fand, daß ich mich auf einer tiefen, subtilen Ebene verändert hatte. Äußere Veränderungen, auf die ich das hätte zurückführen können, gab es nicht. Und innerlich hatte ich mich schon lange erfolglos darum bemüht.«

J. C., *Sacramento*

> »Doch wenn ein Mensch sich selbst findet ... hat er einen Palast,
> in dem er für den Rest seines Lebens in Würde leben kann.«
>
> James Michener

Pflanze – Frucht – Heilkunde

Der botanische Name der Erdbeere, *Fragaria*, kommt aus dem Lateinischen und bedeutet duftend, weil diese Frucht sehr süß riecht. Sie gehört zur Familie der Rosengewächse, stammt ursprünglich aus Nord- und Südamerika, und die ersten Sorten entstanden bereits im 16. Jahrhundert. 1643 sagte Roger Williams: »Gott hätte eine bessere Beere erschaffen können, hat er aber nicht.« Die Erdbeere ist allerdings keine echte Beere, denn ihre Samen sitzen außen, nicht im Innern. Die Erdbeerstaude mit kleinen weißen Blüten und büscheligen Blättern wächst dicht am Boden und breitet sich durch Ableger aus. Die Frucht enthält reichlich Vitamin C, Kalium und Fruchtzucker. Frische Erdbeeren entfernen Flecken von den Zähnen, lindern Sonnenbrand und hellen Sommersprossen auf. Sie enthalten reichlich Faserstoffe, reinigen den Darm und werden als »Speise der Jugend« betrachtet.

Qualität: Würde
Botschaft: Starkes, ruhiges Selbstwertgefühl, Gelassenheit, Zuverlässigkeit; Anmut, gute Haltung; gibt ein gutes Körpergefühl und eine gute Verbindung zur Erde und zur physischen Welt; hilft, eine schlechte Kindheit hinter sich zu lassen
Disharmonien: Schuldgefühle, Selbstvorwürfe, Gefühle von Wertlosigkeit; wenig Selbstachtung, Unsicherheit, Unverantwortlichkeit; bei emotionalem Mißbrauch durch die Eltern; bei seelischer Überempfindlichkeit; bei der Neigung, sich selbst mit anderen zu vergleichen

Position im Spektrum

Diese Essenz ist im mittleren Teil des vierten Quadranten angesiedelt und verkörpert weibliche Reife, Fülle, Erquickung und Gelassenheit. Die Süße der Dattel hat uns gütig gemacht, jetzt macht uns die Erdbeere anmutig und edel. Diese Essenz kennt sich selbst sehr gut, aber auf weichere, stillere Art als die auffällige Ananas. Die Erdbeere, von der zunehmenden Weisheit des vierten Quadranten bereichert, liebt die Schönheit des Lebens, sucht sie bewußt auf und findet sie.

Positive Anwendungen

Erdbeer-Essenz hilft besonders gut in Zeiten des Übergangs, denn dann neigen wir mehr als sonst dazu, an uns zu zweifeln. Vielleicht brauchen wir uns nur an bestimmte Veränderungen im Körper oder in der Umwelt anzupassen: während der Pubertät, in der Lebensmitte oder in den Wechseljahren. Erdbeere hilft auch bei der Auflösung von Beziehungen, wenn jemand verlassen wird, Kindern, die mit einer Scheidung fertig werden müssen. Sie hilft uns, im Augenblick zu leben und uns mit allen Problemen zu konfrontieren, um schließlich zu erkennen, daß alle unsere Bedürfnisse von innen heraus befriedigt werden und daher alle Mangelgefühle wegfallen.

Vor einigen Jahren kam ein bekannter Astrologe zu mir in die Praxis. Die Frau, in die er verliebt war, schien sich nicht eindeutig für ihn entscheiden zu können, und er litt sehr unter dieser Situation. Nach einer Woche mit Erdbeer-Essenz beschloß er, die Beziehung zu klären und eindeutig Position zu beziehen. Er stellte sie vor die Wahl: Entweder du entscheidest dich nun für mich, oder ich gehe. Die Sterne standen günstig für ihn. Sie war von seiner Entschiedenheit beeindruckt. Sie sind nun schon seit einiger Zeit glücklich verheiratet.

Man redet dieser Tage häufig von Selbstwertgefühl — einem Wort, das entweder den Glauben an einen selbst definiert — oder aber Überheblichkeit. Die Botschaft der Erdbeere lautet nicht so sehr, uns selbst zu schätzen, sondern aus der wahren inneren Quelle unserer Würde heraus zu gehen, zu sprechen und zu atmen — aus unserer Göttlichkeit. Ist das nicht viel besser, als bloß sich selbst zu achten?

Negative Indikationen

Die Erdbeere verkörpert Probleme, die wir alle zuzeiten angehen müssen. Vielleicht erleben wir Augenblicke — oder sogar Jahrzehnte — von Selbstzweifel und Wertlosigkeit. Wenn die Kindheit nicht ausgesprochen ideal war — und das trifft wohl für die meisten Menschen zu —, kann es Probleme mit der Selbstachtung geben. Jedesmal, wenn wir bei etwas versagen, sagen wir uns: »Ich bin einfach nicht gut genug«, »Ich kann nichts richtig«. Solche Gedanken weisen auf ein Bedürfnis nach Erdbeer-Essenz hin. Sie ist auch die Essenz der Wahl bei Selbstvorwürfen, Minderwertigkeitsgefühlen und Schuld, auch bezüglich Sexualität.

Selbstwertprobleme dieser Art werden Kindern von den Eltern eingeimpft. Wenn Kinder erwachsen werden, wiederholen sie diese Muster und setzen damit möglicherweise generationenlang ungesunde Familienbeziehungen fort. Aber mit Energie, Einsicht und Gnade kann dieser Bann gebrochen werden. Erdbeere ist ein ausgezeichnetes Mittel, um uns von diesen tief eingeprägten, schmerzhaften Verhaltensmustern zu befreien.

Diese wichtige Essenz fördert mit ihren Schwingungen Erdung, Zentriertheit und körperliche Integration, besonders in der Jugend. Sie ist hilfreich für Kinder wie Erwachsene, die leicht wegdriften, verträumt sind oder zu Verantwortungslosigkeit neigen. Aufgrund ihrer erdenden Wirkung stärkt sie Menschen, die seelisch zu sensibel sind und einen Schutz brauchen, um sich von den Energien anderer nicht so sehr beeinträchtigen zu lassen.

ERDBEERE ALS THEMENESSENZ

Vor vielen Jahren begegnete mir einmal ein kleines Mädchen von höchstens zehn Jahren, das die Erdbeere wunderbar verkörperte. Ich hatte bei meinen Reisen durch Indien das Glück, mehrere Tage auf einem Hausboot auf dem Dal-See in Kaschmir zu verbringen. Das Mädchen paddelte ihr Boot neben die *shikaras* der Touristen und verkaufte frisch gepflückte Lotusblüten. Als sie die Blüten in unser Boot warf, fragte ich: »Wieviel kosten sie?« »Was Sie wollen«, antwortete sie in Englisch, und das unterschied sie ungeheuer von den anderen Händlern, die nur hinter unseren Rupien her waren. Das Mädchen wirkte in ihrer Würde eher wie eine Adlige statt wie ein Bauernmädchen und beleidigte uns weder durch Bettelei noch durch Stolz.

Unter den Erdbeer-Typen finden wir Menschen mit königlichem Geist, die auch die Rolle von Bettlern oder Dienern mit großer Anmut spielen können. Diese Menschen haben eine gewisse königliche Haltung, die allein schon sagt: »Ich verdiene es, mich gerade zu halten.« Ihre Körpersprache ist anmutig, die Gesten neigen zu Größe, aber auf stillere Weise als bei den Ananas-Typen, die ausladend sein können und nicht die Anmut der Erdbeere aufweisen. Und was macht Erdbeer-Typen so schön? Ihre Fähigkeit, überall und in allem und jedem Schönheit zu sehen — auch in sich selbst.

Interessant bei der Erdbeere ist, daß die Frauen in der Regel sehr weiblich sind und die Männer auffallend maskulin (was nicht mit machohaft zu verwechseln ist), als würden sie die höhere Oktave ihres jeweiligen Geschlechts verkörpern. Designer, Kunsthandwerker, Ballettänzer, Opernstars — solche kunstliebenden Menschen stehen für das Erdbeer-Thema. Sie wirken sehr heilsam auf ihre Mitmenschen. Ihre stille Haltung erinnert uns daran, daß wir es alle verdienen, an der Fülle des Lebens teilzuhaben.

Berühmte Erdbeer-Persönlichkeiten

Sophia Loren
Grace Kelly
Rudolph Valentino
Jacqueline Onassis
Fred Astaire
Prinzessin Diana
Das häßliche Entlein
Susi (aus Susi und Strolch)
Die Prinzessin auf der Erbse
Amelita Galli-Curci

Nicht alle Erdbeer-Typen sind äußerlich schön, doch ihre Würde macht sie von innen heraus schön. Sophia Loren ist ein klassischer Erdbeer-Typ. Sie kam in Neapel als Sophia Scicolone auf einer Station für unverheiratete Wöchnerinnen zur Welt und heiratete schließlich einen Multimillionär. Wichtiger aber ist, daß sie durch Pflichtbewußtsein und harte Arbeit zu einem der größten Erdbeer-Typen wurde, die jemals die Filmleinwand zierten. Sophia Loren teilt uns in ihrer Autobiographie mit, daß sie sich nie unter Preis verkauft oder an den Maßstäben anderer Menschen mißt. Sie strebt hohe Ideale an und übernimmt stets die volle Verantwortung für ihre Erfolge wie ihr Scheitern.

Oft raubt der Alterungsprozeß dem Menschen seine körperliche Schönheit und enthüllt dahinter die »Gemeinheiten des Herzens«, wie es in den Yogalehren heißt. Sophia aber definiert Alter einfach so, wie man sich fühlt. Sie ist inzwischen Anfang Sechzig und im Laufe der Jahre immer umwerfender geworden. »Ich bin sicher, daß äußere Schönheit direkt mit innerer Schönheit zu tun hat«, bekennt sie. »Augen sind nicht einfach schön, weil sie groß sind und weit auseinanderstehen, sondern weil sie etwas ausdrücken, das aus der inneren Frau herausstrahlt. Meine Augen sind der Spiegel meiner Seele.«[13] Diese Aussage repräsentiert in bester Manier das wahre Erdbeer-Thema.

Bekenntnisse eines Erdbeer-Typs: Linda

»Meine Kindheit fiel aus dem Rahmen, denn wir reisten viel umher, nachdem ich in Australien auf die Welt gekommen war. Mit sechs zogen wir für drei Jahre nach Burma, dann für ein Jahr nach Amerika, und weitere drei Jahre nach Singapur. Mein Vater war Verkaufsleiter einer internationalen Firma für Klimaanlagen. Er war Australier und meine Mutter Amerikanerin. Meine Kindheit war soso; es war kein besonders gutes oder besonders schlechtes Familienleben. Mein Vater hatte ein Problem mit Alkohol, doch er hat sein ganzes Leben lang gearbeitet. Meine frühen Jahre waren gekennzeichnet von Cocktailpartys und Dienerschaft.

Meine Stärken? Ich glaube, ich bin eine loyale Freundin, eine gute Mutter, eine gute Ehefrau. Eine gute Mutter zu sein heißt einfach, eine gute Mutter sein zu *wollen*. Man weiß nie wirklich, was ein anderer braucht, man kann nur versuchen, so weit wie möglich da zu sein, um die Bedürfnisse anderer zu erkennen. Ich denke, daß ich in gewisser Hinsicht überverantwortlich bin. Ich versuche ständig, die Bedürfnisse anderer Menschen zu erfüllen. Auch Schuldgefühle sind für mich ein Problem — nie fühle ich mich gut und wertvoll genug.

Ich würde sagen, ich habe eine Menge Würde. Würde bedeutet für mich, in sich selbst zu ruhen. Es hat auch mit einem Bewußtsein davon zu tun, wie man sich verhält. Ich wurde von meinem Vater erzogen, mit einem britischen Verständnis für gute Manieren — ›das tut man‹ und ›das tut man nicht‹. Ich glaube, das trägt zu einer gewissen sozialen Selbstkontrolle und einem Gefühl von Würde bei.

Ich mag Erdbeeren gern, bin aber nicht verrückt danach. Man bekommt so selten gute Erdbeeren. Die in den Läden sind immer so wäßrig, daher habe ich nur eine verschwommene Erinnerung daran, wie sie schmecken, wenn sie richtig süß sind. Ich habe diesen Sommer versucht, selbst welche zu ziehen, hatte aber nicht viel Glück damit.«

ZUSAMMENFASSUNG

Gelassene Würde entspringt tiefer Selbsterkenntnis. Die Erdbeere erlaubt uns, unseren wahren Wert und unsere innere Kraft zu erkennen. Ihre durchdringende Ruhe entspringt dem Akzeptieren, daß das Leben gibt und nimmt, je nach unserer Rolle im großen Plan aller Dinge. Aus der Eigenschaft der kleinen Erdbeere, sich selbst zu akzeptieren, wird schließlich die Anerkennung des wahren Selbst. Wie rechtmäßige Könige oder Königinnen sitzen wir dann auf dem Thron der eigenen Göttlichkeit.

Gegensatz- und Begleitessenzen

ERDBEERE	Gegensatz	Begleiter
Banane	für stille Würde durch Demut	um Störungen als einen Teil des Lernprozesses zu betrachten
Pfirsich	für stabile, klare Energie	für Integrität durch den Akt des Gebens; für Mütterlichkeit mit gesunden Grenzen
Ananas	für ein gut entwickeltes Selbstbild und gesundes Selbstvertrauen	für Charakterstärke und eine integrierte Persönlichkeit

POSITIVE AUSDRUCKSWEISEN

Würdevoll
Gutes Selbstwertgefühl
Entschieden

Verläßlich
Solide
Reif
Still
Unauffällig
Schweigsam
Königliche Haltung
Erlesener Geschmack
Praktisch
Pflichtbewußt
Schönheitsliebend
Integer
Gesundes Körpergefühl
Elegant
Voll Selbstrespekt

Negative Zustände

Schüchtern
Schuldbewußt
Schlechtes Selbstbild
Ohne Selbstwertgefühl
Nicht zentriert
Verantwortungslos
Entwurzelt
Unsicher
Stolz
Hypersensibel
Ungeschickt
Ambivalent
Unentschieden
Entschuldigt sich ständig
Fühlt sich minderwertig
Vergleicht sich mit anderen
Angst vorm Altern
Beziehungsschwierigkeiten
Selbstvorwürfe
Verlassenheitsgefühle

Verstärkung

Gehen Sie in die Oper, ins Konzert, Ballett oder Theater.
Gehen Sie einkaufen. Kaufen Sie sich etwas ganz Besonderes, das Ihnen sagt: »Das bist du wert.«
Laden Sie sich selbst in ein Restaurant ein.
Achten Sie auf Ihre Haltung. Besonders die Schultern sollten gerade sein und nicht nach vorn sinken.
Identifizieren Sie sich mit Ihren Stärken, Ihren Talenten und Ihrem ganz besonderen inneren Wert. Lassen Sie sich nicht von negativen Gedanken herabziehen.

Visualisierung

Schließe die Augen. Konzentriere dich auf deinen Atem. Stell dir vor, daß du bei jedem Einatmen größer und majestätischer wirst. Bei jedem Ausatmen entspannst du die Gesichtsmuskeln mehr. Bringe deine Aufmerksamkeit auf einen Punkt etwas oberhalb der Mitte zwischen den Augenbrauen. Lächle dabei und entspanne die Augenmuskeln. Indem du dich auf diesen Punkt konzentrierst, befreist du dich von allen geistigen Ketten, die dich dein Leben lang so sehr belastet haben. Stell dir nun vor, daß alle Gefühle von Wertlosigkeit, von Fehlerhaftigkeit und Mängeln mit jedem Atemzug von dir abfallen.

Du schwebst, schwebst im Raum, schwebst nach oben auf Wolken des Trostes und der Zufriedenheit. Tiefe Erfüllung durchdringt den Tempel deines Körpers, deinen Geist und deine Seele. Das sind königliche Schätze — aber sie werden nicht in Gold und Edelsteinen gemessen. Es sind die Reichtümer des Charakters, edle Eigenschaften, die du über viele Jahre hinweg angesammelt hast: wertvolle Jahre, glückliche Jahre, veredelnde Jahre.

Kehre nun zu deinem Atem zurück. Wenn du bereit bist, öffne die Augen und wiederhole stumm die folgende Affirmation.

Affirmation

Mein Geist ist edel. Ich bin innerlich erfüllt und sammle die reifen Früchte meines Lebens.

Kapitel achtundzwanzig

Himbeere —
»Die Heilerin«

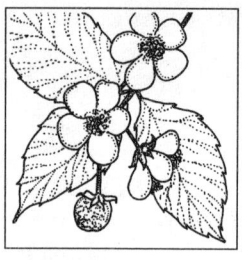

Rubus strigosus
(»Stachlige, borstige Beere«)

»Ich wollte einen ehemaligen Liebhaber vergessen und mich von ihm lösen. Das habe ich mit Himbeer-Essenz geschafft. Außerdem wollte ich meiner Tochter nicht länger Vorwürfe machen und ihr und mir selbst Dinge vergeben, die zwischen uns geschehen waren. Mit Himbeer-Essenz habe ich in mir eine echte Verwandlung erlebt, so daß sich meine Einstellung gegenüber Juliette veränderte. Ich glaube, die Wunden sind tatsächlich geheilt.«

C. N. F., *Palo Alto*

»Mein Chiropraktiker hat mit Hilfe eines kinesiologischen Tests festgestellt, daß Himbeer-Essenz gut für mich wäre. Er nannte mich eine ›harte Nuß‹. Ich nahm die Essenz eine Woche lang und konnte erkennen, daß ich in vielen Beziehungen immer nur an mich selbst gedacht hatte.«

J. P., *Los Angeles*

»Ich arbeite viel mit anderen Menschen zusammen und veranstalte manchmal monatelange Seminare. Es war mir wichtig, die Verbindung zu meinen Studenten nicht zu verlieren. Himbeer-Essenz hat mir dabei geholfen.«

J. V., *Nevada City*

»Nachdem ich die Himbeer-Essenz eine Woche lang genommen hatte, begann ich darüber nachzudenken, wie ich mich in Beziehungen anderen gegenüber verhalte. Ich habe auf diese Essenz sehr stark reagiert.«

J. P., *Ventura*

»Meine einundzwanzigjährige Tochter bemerkte einen deutlichen Unterschied, als ich Himbeer-Essenz einnahm — sie fragte mich, was mit mir los sei.«

C. L., *Cottage Grove*

»Freundlichkeit im Sprechen erzeugt Vertrauen.
Freundlichkeit im Denken erzeugt Tiefe.
Freundlichkeit im Geben erzeugt Liebe.«
Lao-Tse

Pflanze – Frucht – Heilkunde

Diese winterharte Spezies der Familie der Rosengewächse wurde vor vierhundert Jahren zum ersten Mal in Europa angebaut und wächst heute wild auf der gesamten nördlichen Halbkugel. Aus den kleinen weißen Blüten an den dornigen Trieben dieser Rankenpflanze entwickeln sich die süßen, weichen Beeren. Himbeeren sind eine gute Quelle für die Vitamine A und C. Sie wirken schleimlösend bei Katarrhen und entschlacken den Körper. Himbeerblättertee ist ein ausgezeichnetes Stärkungsmittel für Frauen, besonders in der Schwangerschaft und bei schmerzhafter Menstruation.

Qualität: Freundlichkeit
Botschaft: Freundlichkeit, Mitgefühl, Einfühlungsvermögen; Gutmütigkeit, Großzügigkeit; zum Heilen alter Wunden; Verantwortlichkeit, Hilfsbereitschaft; Vergebung; die Fähigkeit, auch die andere Wange hinzuhalten
Disharmonien: Unsensibilität, Unfreundlichkeit, Verständnislosigkeit, Groll, Bitterkeit; empfindsames Wesen, das sich leicht verletzt fühlt und alles zu persönlich nimmt; Überreaktion, wenn andere verletzende Dinge sagen, andere angreifen und ihnen Vorwürfe machen; sich ungerecht behandelt fühlen – »das habe ich nicht verdient«

Position im Spektrum

Das vierte Haus des vierten Quadranten bezeichnet den Wendepunkt vom Selbstwertgefühl der Erdbeere zur Sensibilität der Himbeere gegenüber anderen. Es ist das Haus der Freundlichkeit, der Sympathie, des Mitgefühls. Himbeere ist die Essenz der Heiler und vereinigt in sich die weibliche Eigenschaft der Herzensintuition mit der gereiften Weisheit, die für diesen letzten Quadranten typisch ist. Sie bildet den geeigneten Übergang zur großzügig liebenden und fürsorglichen Weintraube.

Positive Anwendungen

Man könnte die Himbeere die Essenz für die neunziger Jahre nennen – mit der weiblichen Sanftheit und der mitfühlenden Fürsorge, die in diesen schwierigen Zeiten so sehr gebraucht werden. Der positive Himbeer-Zustand ist verzeihend und mitfühlend. Ähnlich wie die anderen Essenzen im vierten Quadranten spiegelt die positive Himbeere unsere Erkenntnis, daß die Verletzungen, die wir erleben, uns gleichzeitig eine Lehre erteilen. Das führt dazu, daß wir mit Liebe reagieren, wenn andere uns schlecht behandeln. Es ist nicht unsere Aufgabe, uns zu rächen, sondern Unfreundlichkeit an uns abgleiten zu lassen und uns so von den emotionalen Wunden innerer Konflikte freizuhalten.

Menschen, die diese Lektion der Himbeere begriffen haben, sind ausgezeichnete Lehrer, Therapeuten und Berater. Sie sind für jeden Beruf geeignet, bei dem man in engem Kontakt zu anderen Menschen arbeitet, denn sie haben die Fähigkeit gemeistert, negative und schädliche Emotionen zu verwandeln. Angestauter Groll richtet bei einem selbst viel mehr Schaden an als bei demjenigen, gegen den er gerichtet ist. Vorwürfe sind wie Ziegelsteine, die einer nach dem anderen eine Mauer des Grolls bauen, die alle Energiebewegungen nach vorn versperrt. Groll macht das Herz schwer und hart statt liebevoll und freundlich.

Der positive Himbeer-Zustand ist Balsam für die Wunden des Herzens. In den heilenden Berufen finden wir viele Menschen mit Himbeer-Qualitäten, weil sie durch eigenes Leid das notwendige Mitgefühl gelernt haben. Mitgefühl, Empathie und Zuhörenkönnen sind ihre Kennzeichen. Aber man braucht natürlich keineswegs emotional verletzt zu sein, um Himbeere zu nehmen. Diese Essenz hilft auch netten Leuten, noch freundlicher zu werden.

Negative Indikationen

Der negative Himbeer-Zustand macht sich in Menschen bemerkbar, wenn sie leicht verletzt sind, überemotional reagieren, ohne ersichtlichen Grund um sich schlagen und einfach »nicht nett« sind. All diese Verhaltensweisen können entweder auf Unreife hinweisen, im Sinne von noch nicht vollzogenen Entwicklungsschritten, oder auf Nachwehen einer emotionalen Verletzung, die noch nicht verheilt ist. Es sind häufiger Männer als Frauen, die dieses Muster alter Wunden aufweisen, weil ihnen in unserer Gesellschaft nicht erlaubt ist, ihre Gefühle offen auszudrücken. Und wenn sie das einmal tun, werden sie oft verspottet, wodurch sie ihre wahren Gefühle noch weiter verdrängen.

Himbeere ist die Essenz der Vergebung, und der negative Himbeer-Zustand entspricht Bitterkeit, Vorwürfen und Schuldzuweisungen. Mit dieser Essenz läßt sich das Problem entweder auflösen oder durch Gespräche bereinigen.

Himbeere ist die geeignete Essenz, wenn sich langjährige Beziehungen auf unbefriedigende Weise auflösen: wenn eine gute Freundschaft mit einer bitteren Note endet, wenn Paare sich trennen, ohne daß die Freundschaft gerettet werden kann, wenn eine Ehe zu einem häßlichen Drama vor Gericht wird oder in schwärender Feindseligkeit endet. Leider leben wir in einer Gesellschaft der Scheidungen. Sicher gibt es Ehen, bei denen keine andere Möglichkeit besteht, doch besonders wenn Kinder da sind, hilft die Himbeere, eine friedliche Freundschaft aufzubauen und die emotionalen Wunden aller Beteiligten zu lindern.

Himbeere als Themenessenz

Die körperlichen Merkmale des Himbeer-Typs sind subtil. Im Gegensatz zur Dattel, die eine Weichheit um die Augen hat, zeigt er Sanftheit im Blick selbst. Wenn man einem Himbeer-Typ in die Augen sieht, will man ihr oder ihm das Herz ausschütten. Die unausgesprochene Botschaft lautet: »Ich bin für dich da. Erzähl mir alles, das dir hilft, mit dir selbst Frieden zu schließen.« Ein Himbeer-Typ ist verschwiegen, vertrauenswürdig und als Gesprächspartner sicher. Achte auf die rosigen Himbeerwangen, die so typisch für diese Menschen sind.

Im Licht der Öffentlichkeit findet man nicht viele Himbeer-Typen – sie wirken eher heilend hinter den Kulissen. Sie sind die stillen Anführer, die Helden der Menschlichkeit, die Therapeuten, Lehrer und Freiwilligen. Wie die Banane-Typen geben sie wunderbare Zuhörer ab. Und ähnlich wie die Mandel-Typen bleiben sie unauffällig und verschwinden unbemerkt in der Menge. Man könnte sagen, daß Himbeer-Typen »ganz aus Herz« bestehen, und das Herz zeichnet sich vor allem durch liebevolle Empfänglichkeit aus.

Nach der Theorie der Trennkost ist die Himbeere die einzige Frucht, die man mit sauren wie auch basischen Speisen zu sich nehmen kann. Metaphorisch gesprochen sind Himbeer-Typen ruhig und anpassungsfähig und kommen mit den unterschiedlichsten Persönlichkeitstypen aus, von den Säuerlichen und Streitsüchtigen bis zu den Gelassenen und Schwerfälligen.

BERÜHMTE HIMBEER-PERSÖNLICHKEITEN

Forrest Gump
Dr. Edward Bach
Joseph Cornell
Anne Frank
Maria Montessori
Oprah Winfrey
Carrie Chapman Catt
Edgar Cayce
Corrie ten Boom

»Ich bin nicht besonders klug, aber ich weiß, was Liebe ist.« Mit diesen Worten akzeptiert Forrest Gump (aus dem gleichnamigen Film) die Ablehnung seines Heiratsantrags. Keine Bitterkeit, kein Drang zu Rache, nur ein Bekenntnis direkt aus dem Herzen. Der Film »Forrest Gump« umspannt drei Jahrzehnte der amerikanischen Geschichte. Als Fußballegende, Vietnamkriegsheld und trotz Ehrungen durch das Weiße Haus und den Präsidenten bleibt Gump trotzdem der schlichteste Mensch der Welt. Er nutzt die Ressourcen seines Herzens und seiner Brieftasche, um das Leben aller seiner Mitmenschen zu bereichern.

Der junge Forrest hatte Kinderlähmung und mußte Beinschienen tragen. In einer der stärksten Szenen des Films sehen wir eine Nahaufnahme seiner Beine in Zeitlupe. Als er zu rennen anfängt, »wie der Wind«, löst sich Forrest aus diesen Schienen und seiner vermeintlichen körperlichen Hinfälligkeit. Ironischerweise wird er von Schultyrannen gehetzt, gegen die er eigentlich nichts hat. Der junge Forrest ist die Inkarnation von Fürsorglichkeit und Vergebung, da er seinen Angreifern stets nur mit Liebe antwortet: seinen unfreundlichen Schulkameraden, dem bitteren Leutnant und der Frau, die ihn jahrelang immer wieder abweist.

Man mag sich vielleicht versucht fühlen, Forrest wegen seines unterdurchschnittlichen IQ-Werts als Spinat-Typ zu betrachten. Doch die kindliche Unschuld des Spinats ist hier nur ein Unterthema. Forrests Unschuld und sein Vertrauen in das angeborene Gute im Menschen wirken besonders inspirierend vor dem Hintergrund der rebellierenden Hippies. Der sarkastische, vorwurfsvolle Leutnant Dan (ein perfektes Beispiel für den negativen Himbeer-Zustand), der im Krieg beide Beine verloren hat, bellt Gump an: »Gump, hast du Jesus immer noch nicht gefunden?« Und Forrest antwortet mit typischer Schlichtheit: »Ich wußte nich', daß ich ihn suchen sollte.«

BEKENNTNISSE EINES HIMBEER-TYPS: DENISE

»Ich bin gern mit anderen Menschen zusammen. Große Freude machen mir Unterhaltungen unter vier Augen, die tief gehen. Bei Small talk bin ich nicht so gut, und ich habe auch nicht viel Spaß daran. Ich weiß dann nie, was ich sagen soll. Es gibt aber so viel zu sagen, daß ich mir immer ganz albern vorkomme. Ich rede lieber aus dem Herzen heraus.

Welche Eigenschaften ich an anderen am meisten schätze? Eine ganze Menge! Besonders bewundere ich bedingungslose Liebe, Vorurteilsfreiheit, Offenherzigkeit und Ausgeglichenheit zwischen Herz und Kopf. Ich schätze Herzensgüte. Wenn ich weiter darüber nachdenke, habe ich ungeheuren Respekt vor Menschen, die viel Herz haben, aber auch klar denken können und praktisch sind.

Ich gebe mir große Mühe, freundlich zu sein. Ich finde, daß meine Mutter die Verkörperung von Herzensgüte ist – einfach nur liebevoll und großzügig zu anderen. So wäre ich auch gerne. Ich weiß nicht, wie weit ich davon entfernt bin, aber es ist mein Ideal, und das strebe ich weiterhin an.

Meine Gefühle sind sehr verletzlich, und ich muß mir Mühe geben, nicht immer alles so persönlich zu nehmen. Im Moment denke ich viel über mich nach. Ich arbeite an der Heilung alter Wunden. Ich habe das Gefühl, als hätte Gott gesagt: ›Ich werde dir ein wunderbares Zuhause geben und ein Leben, in dem du alle alten Wunden heilen kannst.‹ Heute morgen habe ich zu meinem Mann gesagt, daß ich mich fühle wie eine weise alte Frau. Das möchte ich gern sein – die weise Alte, die anderen aufgrund ihrer Erfahrungen helfen kann, weil sie einfach Bescheid weiß.

Ich liebe Himbeeren! Himbeermarmelade mache ich oft und verschenke sie zu Weihnachten in kleinen Gläsern. Das ist meine Lieblingssüßigkeit. Auch Torten überziehe ich nicht mit Zuckerguß oder Schokolade, sondern lege einfach Himbeeren darauf.«

Zusammenfassung

Es gibt eine Geschichte von einem Rabbiner, der seine gesamte Familie — seine Frau, sein Kind und seine Eltern — im Konzentrationslager verloren hatte. Dieser Mann, eine Inkarnation des positiven Himbeer-Zustands, entschied sich für Vergebung statt für Bitterkeit und Groll. Zur Begründung sagte er, er wollte Hitler nicht bei seinem Umzug nach Amerika im Gepäck mitnehmen.

Vergebung heilt den Körper wie das Herz. Doch das Gegenteil ist ebenfalls wahr. Untersuchungen haben ergeben, daß es dem Körper schadet, wenn man vergangene Verletzungen immer und immer wieder im Geist durchgeht und daß schon die Erinnerung an einen ungelösten, bitteren Vorfall das Herz stark belastet. Unverheilte emotionale Wunden werden oft mit Infarkten, hohem Blutdruck und geringer Krankheitsresistenz in Verbindung gebracht.

Himbeere ist eine lebenswichtige Essenz für das emotionale Wohlbefinden. Wer alte Verletzungen losläßt, entscheidet sich für Gesundheit. Konfuzius ermahnte uns: »Wenn einem unrecht getan wird, bedeutet das nichts — außer man erinnert sich daran.« Wenn wir für unsere Handlungen Verantwortung übernehmen — und liebevoll sind, statt Verletzungen immer wieder aufzuwühlen —, werden wir auf eine Weise gesund und heil, daß wir anderen bei deren Heilung helfen können. Die Himbeere ist der Heiler alter Wunden, der Tröster im Schmerz, der Balsam für den verletzten Krieger, der sich weigert, das Schlachtfeld zu verlassen, bis er alle Hindernisse ausgeräumt hat. Das Ziel ist die Fähigkeit zu vollkommener Liebe.

Gegensatz- und Begleitessenzen

HIMBEERE	Gegensatz	Begleiter
Kirsche	für Leichtherzigkeit	um Leichtigkeit mit tiefer Einsicht auszugleichen
Weintraube	für Beziehungen ohne Erwartungen oder Bedürfnisse	für ein Herz, das offen und furchtlos ist
Pfirsich	für Mitgefühl und tiefe Fürsorge für andere	um für andere in Not dazusein

POSITIVE AUSDRUCKSWEISEN

Gutherzig
Wohlwollend
Gutmütig
Einfühlsam
Mitfühlend
Liebevoll
Verzeihend
Großzügig
Fähig, Wunden heilen zu lassen
Fähig, sich zu lösen
Verständnisvoll
Weise
Gut zuhören können

NEGATIVE ZUSTÄNDE

Bitter
Vorwurfsvoll
Leicht verletzt
Überreagierend
Unsensibel
Gibt anderen die Schuld
Empfindlich

Grollend
Gemein
Grausam
Unangenehm
Unfreundlich
Um sich schlagend
Überemotional

Verstärkung

Pflegen Sie Ihre Freundschaften. Rufen Sie einen guten Freund oder eine Freundin an und hören Sie ihnen einfach mal zu.

Versuchen Sie, Freundschaften oder Beziehungen, die in Bitterkeit endeten oder ungelöst sind, zu heilen. Wenn das nicht möglich ist, weil der andere tot oder nicht zu einem Gespräch bereit ist, beten Sie, um in sich selbst eine Lösung zu finden. Suchen Sie notfalls Unterstützung durch Selbsthilfebücher oder eine Therapie.

Wiederholen Sie die folgende Visualisierung, bis Sie das Gefühl haben, daß die fragliche Beziehung von aller Negativität gereinigt ist.

Visualisierung

Setz dich an einen bequemen Platz. Konzentriere deine Aufmerksamkeit mit geschlossenen Augen auf die Herzgegend — nicht auf das Organ, sondern auf das entsprechende Chakra, das Liebe gibt und empfängt. Das körperliche Herz ist begrenzt, der Geist des Herzens ist unendlich. Du spürst, wie die Grenzen deines Herzens sich ausweiten. Identifiziere dich mit dieser grenzenlosen Fülle. Nun rufst du dir geliebte Freunde und Angehörige ins Gedächtnis. Vielleicht sind einige verstorben oder fortgezogen. Doch Zeit und Entfernung können den Fluß der freundlichen, liebevollen Gedanken an sie nicht unterbrechen.

Stell dir diese geliebten Menschen einen nach dem anderen vor, nimm sie einen nach dem anderen bei der Hand und geh mit ihnen über eine blühende Bergwiese. Du spürst den Strom der Liebe von deinem Herzen durch den Arm und die Hand in sie überfließen.

Konzentriere dich weiter auf dieses Bild der Wiese. Nun nimm die Hand von jemandem, der dich zutiefst verletzt hat. Widerstehe dem instinktiven Wunsch, deine Hand zu entziehen. Sende ganz bewußt und freiwillig einen Strom von Herzenergie an diesen Menschen. Denke nicht über die Einzelheiten oder irgendwelche alten Grollgefühle nach, sondern konzentriere dich ganz auf das Verströmen der Liebe. Laß zu, daß sich diese Wellen der Liebe mit dem Duft der wilden Blumen und der kühlen Bergbrise vermischen.

Denen Liebe zu geben, die einem teuer sind, ist nur natürlich. Liebevolle Freundlichkeit denen zu schenken, die einen verletzt haben, ist wahre Güte.

AFFIRMATION

Ich bin in Licht gebadet. All meine Gedanken, Worte und Taten sind von Freundlichkeit durchdrungen.

Kapitel neunundzwanzig

Weintraube —
»Die grosse Belohnung«

Vitis viniferus
(»Die kultivierte
Weinrebe«)

»Ich trank jede Menge Traubensaft, daher beschloß ich, auch die Essenz einzunehmen. Sofort fühlte ich mich ruhig und liebevoll und spürte ein inneres Lächeln. Es schien, als würde meine Energie andere anziehen. Die achtzehnjährige Tochter einer Freundin bat mich, sie in den Arm zu nehmen, und in einem Restaurant kam eine ganze Familie an unseren Tisch und fing mit mir ein Gespräch an. Das war im Urlaub, und der war für mich wie für meinen Mann sehr schön und liebevoll.«
J. S., *Plano*

»Ich war einsam und fühlte mich als alleinerziehende Mutter ziemlich überfordert und ausgebrannt. Außerdem hatte ich einen häßlichen Pickel im Gesicht, der mir sehr zu schaffen machte. Irgendwie wurden dadurch in mir eine Menge Themen über mein Körperbewußtsein angerührt. Als ich mit der Trauben-Essenz anfing, spürte ich gleich am nächsten Morgen nach dem Aufwachen, daß es mir eindeutig besser ging. Vorher war ich ziemlich unglücklich gewesen.«
M. H., *North San Juan*

»Trauben-Essenz half mir bei meinen regelmäßigen emotionalen Problemen vor der Periode. Früher litt immer die ganze Familie. Jetzt habe ich nur noch zwei harte Stunden pro Monat, statt zwei harte Wochen.«
S. V. C., *Nevada City*

»Trauben-Essenz half mir zu erkennen, wer ich bin. Mein Mann kann mir nicht viel Nähe geben. Mit Trauben-Essenz fühle ich mich leichter und kann auch gut zu mir selbst sein.«
U. K., *Salt Lake City*

»Trauben-Essenz half mir innerhalb einer einzigen Woche. Ich begann, Gedichte zu schreiben. Das hatte ich noch nie vorher gekonnt. Ich fühlte mich, als würde sich mein Herz öffnen — die Verse kamen mir einfach so, also schrieb ich sie nieder. Als ich die Essenz absetzte, hörte das auf — also fange ich wohl wieder damit an.«
B. M., *Dallas*

»Ich wünschte mir schon eine ganze Weile eine Beziehung. Schon am ersten Abend, als ich Trauben-Essenz einnahm, traf ich eine Frau und begann eine Romanze mit ihr. Das passiert mir nicht oft.«
R. R., *Pahoa*

»Liebe ist eine Frucht, die zu jeder Zeit reift.«
Mutter Teresa

Pflanze – Frucht – Heilkunde

Die Weintraube ist eine der ältesten Kulturpflanzen der Geschichte und wurde schon vor sechstausend Jahren von den Ägyptern angebaut. Die Ranken halten sich mit Ausläufern beim Klettern fest und produzieren kleine grünliche Blütentrauben. Man kennt an die sechs- bis achttausend verschiedene Sorten. Weintrauben enthalten beträchtliche Mengen an Ballaststoffen, Magnesium, Kalium und die Vitamine A, B und C. Sie wirken lindernd auf das Nervensystem, unterstützen aber auch die Funktion von Darm, Leber, Nieren und Blase. Traubensaft wird gern zur Unterstützung von Fastenkuren getrunken. Die blauen Sorten haben einen hohen Eisengehalt, was sie zu einem guten Blutbildungsmittel macht.

Qualität: Liebe und Hingabe
Botschaft: Reinheit, Transzendenz; Erkenntnis der inneren Quelle von Liebe; Liebe ohne Bedingungen, Ansprüche oder Erwartungen; Geduld mit den Fehlern anderer; im Einklang mit den längeren Rhythmen einer Beziehung; für gesunde Sexualität
Disharmonien: Grausamkeit, Einsamkeit, Unverbundenheit, Entfremdung, Unverbindlichkeit, Verletzlichkeit; negative Gefühle wie Neid, Gier, Lust, Eifersucht; bei Verlassenwerden, Trennung, Scheidung oder Tod

Position im Spektrum

Unsere Reise endet im letzten Haus des vierten Quadranten mit der Eigenschaft der Liebe. Die Weintraube ist im Zenit der weiblichen Hälfte des Spektrums angesiedelt, denn Liebe macht uns empfänglich. Wir haben nun unsere innere Odyssee durch alle Essenzen hinweg beendet und die besonderen Gaben einer jeden eingesammelt wie einen Strauß Wiesenblumen. Aus der Sehnsucht der Himbeere, alte Wunden der Menschheit zu heilen, erhebt sich die hingebungsvolle Liebe der Weintraube. Wenn wir die Lehren dieses letzten Hauses in uns aufnehmen, ist unsere Suche nach Ganzheit endlich beendet.

Positive Anwendungen

Liebe ist die Essenz aller Beziehungen zu Partnern, Kindern, Eltern, Freunden und zu uns selbst. *Wir sind gesellige Wesen* — wir brauchen andere Menschen. Nicht jeder hat oder wünscht eine enge Liebesbeziehung, doch hier sind ein paar interessante Fakten: Statistiken belegen ein angeborenes Bedürfnis nach Beziehungen. Menschen, die lange Zeit allein leben, neigen früher oder später zu mehr oder minder ausgeprägten Depressionen; sie haben ein geschwächtes Immunsystem und sind anfälliger für Krankheiten; außerdem haben sie eine kürzere Lebenserwartung. Sie sind weniger effizient bei der Arbeit und können Krisen und Enttäuschungen schlechter überstehen. Nicht selten geht es verwitweten Menschen im ersten Jahr nach dem Verlust des Partners schlechter, sie werden öfter krank oder sterben sogar — egal, ob die Ehe nun glücklich war oder nicht. Und zahlreiche Untersuchungen haben die katastrophalen Folgen von Vernachlässigung und Mangel an Zuwendung bei Babys eindeutig belegt.[14]

Im positiven Weintraube-Zustand hat man ein offenes Herz und ist bereit, die Risiken einzugehen, die ein Öffnen anderen gegenüber bedeutet. »Ich werde lieber tausendmal verletzt«, sagte ein Freund einmal, »als meine Fähigkeit zu lieben zu verlieren.« Eine verbreitete Reaktion auf Weintrauben-Essenz ist Weinen — ein Zeichen eines verhärteten Herzens, das sich öffnen will. »Ich hatte mich nach vielen Verletzungen in Beziehungen richtig abgeschottet«, gestand Chloe ihrem Masseur. »Mit der Trauben-Essenz weinte ich zwei Tage lang und fühlte mich dann besser — verändert.« Philip kann sich an eine ähnliche Geschichte erinnern: »Ich weinte mehrere Tage hintereinander jeden Tag drei Stunden lang. Ich war einfach auf allgemeine Weise traurig, weil die Menschheit sich selbst so entfremdet ist. Danach hatte ich ein viel schärferes Bewußtsein. Mir sind viele Einsichten gekommen.«

Auch Laurels Geschichte zeigt, wie Trauben-Essenz uns im Tanz der Beziehungen guttun kann, in dem wir dem anderen so manchmal auf die Zehen treten.

»Jeff und ich stehen beide unter starkem Druck, weil wir unser Haus verkaufen wollen, um in einen anderen Bundesstaat zu ziehen. Da kommt eine Menge hoch, und manche Verhaltensmuster sind so alt wie unsere Beziehung selbst. Wir hatten wieder einmal eine unserer Streitphasen, und das war wie immer ganz fürchterlich. Er brüllt, ich weine. Wir scheinen beide in einer Grauzone aus Mißverständnissen festzusitzen.

Als er zur Arbeit ging, gab ich zwei Tropfen Trauben-Essenz in ein Glas mit Quellwasser, stellte es auf den Tisch und nahm jedesmal, wenn ich daran vorbeikam, einen Schluck davon. Schon nach wenigen Stunden fiel mir auf, daß ich mich anders fühlte als sonst in einer solchen Situation, irgendwie weicher. Meine Gedankenstruktur hatte sich gelockert. Mir war nicht mehr so schwer ums Herz, und ich konnte freundlicher zu meinen Kindern sein. Auch ohne ein klärendes Gespräch mit Jeff hatte sich etwas aufgelöst.

Ich möchte noch hinzufügen (so komisch das wirkt, wenn ich es aufgeschrieben sehe), daß mir irgendwann am Spätnachmittag, als ich über die Geschehnisse nachdachte, der Gedanke kam, daß ich zu reiner Liebe geworden war. Es war ein sehr tiefes Gefühl. Obwohl es nicht blieb, kann ich mich noch gut daran erinnern.«

Die schlichte Botschaft der Weintraube ist bedingungslose Liebe. »Man lernt lieben, indem man liebt«, erklärte Franz von Sales. »Man fängt als Lehrling an, und die Macht der Liebe selbst führt einen dazu, die Kunst bald zu meistern.«

Humorvoll beschreibt ein jüdisches Sprichwort die Liebe der Traube, die alles akzeptiert: »Liebe deinen Nachbarn, auch wenn er Trompete spielt.«

Negative Indikationen

Dichter aller Zeitalter haben die Macht und Schönheit der Liebe besungen. »Ohne Liebe wird die Welt zum Grab«, sagte Robert Browning. »Solange der Mensch liebt, ist er nie ganz schlecht«, philosophierte der englische Essayist Charles Lamb. Doch im negativen Traube-Zustand fühlen wir uns mehr als schlecht. Diese Essenz befaßt sich mit einem Mangel an Liebe oder mit Liebesverlust, sei es durch Tod, Scheidung, Trennung, Einsamkeit, Leere oder wenn wir uns verlassen fühlen.

Jedes Gefühl von Bedürftigkeit, Isolation oder Verbindungslosigkeit ist ein Zeichen für den negativen Traube-Zustand. Wie erkennen wir ihn? Man fühlt sich einfach nicht wohl. Irgend etwas fehlt, und zwar ein Teil von uns selbst.

Die Weintraube ist die beste Essenz beim Verlust eines geliebten Menschen. Die Botschaft dieser Essenz lautet, sich nach innen zu wenden und dann anderen jene Liebe zu geben, die wir verloren zu haben glauben.

»Es ist besser, jemanden geliebt und verloren zu haben«, rät uns der Dichter Tennyson, »als überhaupt nicht geliebt zu haben.« Wenn wir geliebt und die Liebe verloren haben, reagiert unser normaler Schutzmechanismus — ein Symptom des negativen Traube-Zustands —, indem wir Mauern um uns aufrichten, um die Angst vor zukünftigen Enttäuschungen abzuwehren. Leider erzeugt diese Haltung nur noch mehr Probleme.

Der negative Traube-Zustand zeigt sich auch als Neid, Gier, Haß und Eifersucht. Diese Gefühle sind so negativ für Körper und Seele, daß man sie am besten im Keim erstickt. Sexuelle Probleme, ein ganz eigenes Thema, sind ebenfalls Indikatoren für Trauben-Essenz.

Liebe ist mächtig, und ihr Fehlen kann Ursache für großes Leid sein. Mutter Teresa von Kalkutta, die Tausende von Obdachlosen, Hungernden und Kranken versorgt hat, sagte einmal, das schlimmste Leid, das sie je gesehen hätte, sei die Einsamkeit der Menschen in den dichtbevölkerten amerikanischen Großstädten gewesen. Noch schlimmer wird es, weil wir daran gewöhnt sind, nach äußerer Befriedigung zu suchen, um diesen tiefen Schmerz zu heilen. Beziehungen sind zwar eine Quelle von Verbundenheit und Fürsorge, aber die Botschaft der Traube ist, daß man Liebe in sich selbst finden muß. Die beste Kur gegen Einsamkeit ist, sich mit Einsamen zu befreunden, das Heilmittel gegen Trauer ist, Trauernde zu trösten. Daher sagt die Affirmation der Traube: »Indem ich Liebe gebe, werde ich heil. Bedingungslose Liebe durchströmt mich.«

Weintraube als Themenessenz

Weintraube-Typen neigen zu Rundlichkeit. Selbst wenn sie kein Übergewicht haben, strahlen sie eine gewisse Fülle aus. Manchmal kann man sich kaum an ihre Züge erinnern, wenn sie nicht zugegen sind. Der Grund für dieses Phänomen ist einfach, daß ihre Seele einen Eindruck hinterläßt, nicht ihre äußerliche Erscheinung. Ein Weintraube-Typ erwähnte einmal, daß ihr enge Freunde und Verwandte immer sagen, sie habe abgenommen — obwohl sie seit der Schulzeit immer das gleiche Gewicht hat. Sie kaufen ihr auch unweigerlich alle Kleider immer zwei Nummern zu groß.

Weintraube-Typen sind sehr verschmust. Ihre Umarmungen sind

Ausdruck ihrer Zugänglichkeit und Wärme. In ihrer Gegenwart fühlt man sich akzeptiert und versorgt wie ein Kind und inspiriert zu bedingungsloser Liebe.

Berühmte Weintraube-Persönlichkeiten

Padre Pio
Albert Einstein
Norman Rockwell
Paramahansa Yogananda
Therese von Lisieux
Johann Sebastian Bach
Bruder Lawrence
Johannes vom Kreuz
Daniel Considine

Das Traube-Thema wird auf wunderbare Weise von einem italienischen Priester verkörpert, Padre Pio, der in den letzten fünfzig Jahren seines Lebens die Stigmata an Händen und Füßen trug. Seine Liebe war so stark, daß seine ständig blutenden Wunden ihm zwar unaufhörliche Schmerzen bereiteten, ihn aber kaum zu beeinträchtigen schienen. Ehe er 1968 im Alter von einundachtzig Jahren verschied, kamen Tausende zu ihm, um zu beichten und die Messe zu hören, die oft Stunden dauerte statt der traditionellen zwanzig Minuten. Große Menschenmengen erlebten seine vollständige Versunkenheit in eine grenzenlose Ergebenheit und stellten fest, daß in ihrem eigenen Herzen die gleiche bedingungslose Liebe geweckt wurde.

Der Kapuziner beschrieb seinen Seelenzustand folgendermaßen: »Sobald ich zu beten anfange, wird mein Herz von einer feurigen Liebe erfüllt. Dieses Feuer hat nichts mit den Feuern dieser Erde zu tun, sondern ist eine süße, reine Flamme, die alles verzehrt, aber keinen Schmerz erzeugt. Sie ist so süß und rein, daß sie meinen Geist befriedigt und erfüllt, bis er gänzlich gesättigt ist.« Padre Pios schlichtes Leben war von zahlreichen Wunderheilungen geprägt. Bis auf den heutigen Tag besuchen über eine Million Menschen jährlich sein Grab in der kleinen Stadt Foggia, und ihre Pilgerfahrt ehrt die göttliche Liebe, die sich so mühelos aus seinem demütigen Geist ergoß.

BEKENNTNISSE EINES WEINTRAUBE-TYPS: CONNIE

(Connie ist ein Weintraube-Typ mit Himbeere als ausgeprägtem Unterthema. Sie hat den Geist der Weintraube mit solcher Klarheit formuliert, daß ich ihre Aussagen praktisch ungekürzt wiedergebe.)
»Ich bin in einer großen, liebevollen Familie als drittes von vier Kindern aufgewachsen. Wir waren eine typische amerikanische Mittelstandsfamilie, lebten in einem schönen Vorort und hatten alles, was es so gab, den ersten Farbfernseher in unserer Straße, einen großen Swimmingpool – einfach alles. Bis ich vierzehn war und mein Vater mit dem Trinken anfing. Meine Mutter war damals vermutlich in den Wechseljahren, aber niemand hat jemals darüber gesprochen, wenn etwas mal nicht so gut lief. Aus dieser Phase meines Lebens trage ich heute noch ein paar Probleme mit mir herum. Damals ging man ja nicht zur Therapie. Wir kannten nicht einmal Leute, die geschieden waren, denn wir lebten in der heilen Welt der fünfziger Jahre.

Ich war ein sehr glückliches Kind – wirklich! Ich war extrovertiert, eine ausgezeichnete Schülerin, sah niedlich aus und war der Liebling der Lehrer. Dadurch hatte ich es sehr leicht. Ich glaubte immer, die ganze Welt läge mir zu Füßen. In der Pubertät änderte sich aber alles, weil ich keinen Körper wie Barbie hatte. Dazu kam noch die Hippie-Bewegung, und ich suchte nach einem Sinn im Leben. Ich stürzte mich also in die Subkultur-Szene, die mir sehr bedeutsam vorkam, als wäre das alles genau richtig für mich. Ich war ein guter Hippie.

Mein Vater hat die Natur sehr geliebt, daher haben wir unseren Vorort und den kleinen Garten oft hinter uns gelassen, um in die Wälder Michigans zu fahren. Von klein an spürte ich Gott am stärksten in der freien Natur. Dort holte ich mir meine Inspirationen. Mir war bewußt, wie weit offen und anders ich mich da draußen fühlte. Ich fühlte mich genährt. Die Natur war für mich Nahrung. Alles ergab einen Sinn. Es war in Ordnung, wenn ein Baum starb, denn er kehrte ja zurück zur Erde. Auch die Hierarchie im Tierreich war sinnvoll. Aber das Stadtleben ergab für mich keinen Sinn. Ich wollte keine Blusen mit Rüschen tragen.

Mein Beruf? Ich bin Familienberaterin. Ich habe jede Menge Humor und mache oft Scherze, um die Leute aufzumuntern, wenn die Lage schwierig ist. Man sagt mir, daß ich sehr fürsorglich bin. Das war immer schon so – ich fühle mich erfüllt, wenn ich anderen etwas gebe.

Ich würde sagen, daß ich ein sehr liebevoller Mensch bin. Ich liebe Menschen, wirklich. Ich empfinde eine Menge bedingungslose Liebe und Mitgefühl für andere. Ich glaube, die meisten Menschen fühlen sich mit mir sicher. Sie können mir die schlimmsten Dinge von sich erzählen und sicher sein, daß ich ihre Freundin bleibe und das für mich behalte. Ich glaube, mein Weg ist Hingabe: Ich möchte meine Herzenswärme verstärken und die Liebe, die ich für andere empfinde, so weit ausdehnen, daß ich Gott in ihnen sehe. Ich glaube, das ist mein Weg.

Ich liebe meine Kinder so sehr, daß ich mich stark an sie gebunden fühle. Es war sehr schwer für mich, meine Älteste loszulassen, als sie aufs College ging. Ich habe einen richtigen Trauerprozeß durchgemacht – der mich ziemlich unerwartet traf und viel tiefer und grundlegender war, als ich gedacht hätte. Es war für mich ein Akt des Freisetzens, sie hinaus in die Welt gehen zu lassen, wo ich sie nicht mehr beschützen konnte – und zu sehen, daß das auch nicht meine Aufgabe war. Die Erkenntnis, daß sie trotzdem beschützt sein würde, war sehr wichtig.

Ich liebe Weintrauben sehr und habe ganz viele Sorten in meinem Hof angepflanzt. Ich liebe sie einfach, den Saft, Wein – alles. Ich sitze oft in meiner Weinlaube, nehme mir mein Tagebuch und lasse mich auf einer Decke dort nieder. Wir haben sehr schöne Gitter für die Ranken. Und ich mag die Form der Weinblätter. Ich mache jedes Jahr eine Fastenkur mit Traubensaft, meist so drei, vier Tage lang.

Wenn ich in meiner Weinlaube sitze, denke ich oft an meine Großmutter. Sie wohnte an einem See, und ihr Hof war von Weintrauben umrankt. Ich weiß noch, wie glücklich ich dort immer war. Wir haben immer Wein gemacht, und wir Kinder durften die Trauben in einem kleinen Faß zerstampfen. Das war jedes Jahr eine große Familienangelegenheit, und alle fuhren zu ihr.«

Zusammenfassung

Weintrauben haben einen wichtigen Platz in Mythen und Volksweisheiten. Die Bibel erwähnt sie schon zu Noahs Zeiten. Alte Yogalehren sagen uns, daß fermentierte Trauben eine Schwingung von Leidenschaft tragen statt reiner Liebe. In Omar Chajjams berühmtem Epos »Rubaijat« werden Trauben in vier verschiedenen Versen erwähnt. Dort symbolisieren sie die ekstatische Liebe.

In der Weintraube ist außerdem die Qualität der Hingabe verkörpert. Wenn wir uns der Liebe verpflichten, wird diese Liebe zur Hingabe. Hingebungsvolle Liebe verändert sich nie, wenn auch die Zeit vergeht.

Zu oft wird bloße Anhänglichkeit für Liebe gehalten. Nicht nur heutige Popsongs, sondern die Musik aller Zeitalter verherrlicht diese Art von gegenseitiger Abhängigkeit. »I'm gonna make you love me«, heißt es in einem Popsong der Siebziger. Und in einem deutschen Schlager: »Marmor, Stein und Eisen bricht, aber unsre Liebe nicht.« Doch selbstsüchtige Liebe fesselt, echte Liebe ist befreiend. Wahre Liebe findet ihre Erfüllung im reinen Akt des Liebens.

Traube hilft uns also, den Schleier der emotionalen Verarmung zu entfernen, der klammheimlich im Laufe der Zeit alles überzieht, und die Dürre des Herzens zu heilen, die aus dem Leid des Lebens entsteht. Sie hilft uns, die natürliche Liebesfähigkeit des Herzens zu entdecken und uns selbst dabei so weit zu vergessen, daß Liebender, Geliebter und der Akt des Liebens eins werden. Liebe trägt ihre eigene Belohnung in sich.

Es heißt, daß wir im Tod auf der anderen Seite einem Engel begegnen, der uns einfach nur fragt: »Hast du jeden Tag mehr geliebt als am Tag zuvor?« Wenn wir das mit Ja beantworten können, haben wir das Größte in diesem Leben erreicht.

Gegensatz- und Begleitessenzen

Weintraube	Gegensatz	Begleiter
Kirsche	für innere Freiheit von äußeren Umständen	für innere Erfüllung und ein verspieltes, liebevolles Wesen
Pfirsich	aus Fülle statt aus Bedürftigkeit lieben	selbstlose Liebe, liebevoller Dienst
Birne	für den Frieden, den echte Liebe schenkt	für aufwärts gerichteten Energiefluß und starke, unerschütterliche Liebe
Himbeere	für Mitgefühl und tiefe Zuneigung	für ein offenes und furchtloses Herz

Positive Ausdrucksweisen

Liebevoll
Hingebungsvoll
Inspirierend
Friedlich
Gesunde Sexualität
Standhaft
Höflich
Rücksichtsvoll
Anspruchslos
Ehrerbietig
Nicht besitzergreifend
Respektvoll
Freundlich
Rein
Bedingungslos liebend
Geduldig
Transzendent
Pflichtbewußt

Negative Zustände

Arrogant
Autoritär
Einsam
Bedürftig
Anklammernd
Grausam
Herrisch
Frigide
Impotent
Sexuelle Probleme
Anspruchsvoll
Überheblich
Besitzergreifend
Kritisch
Vorwurfsvoll
Rücksichtslos

Neidisch
Gierig
Eifersüchtig
Kontaktarm
Entfremdet
Bindungsunfähig
Egoistisch
Verletzlich
Bei Trennung, Scheidung oder Tod eines geliebten Menschen

Verstärkung

Beobachten Sie beim Einkaufen, im Restaurant, in der Schlange vor dem Kino oder sonst in der Öffentlichkeit, wie Menschen miteinander umgehen: Mutter und Kind, Gleichaltrige gleichen Geschlechts, Paare. Achten Sie auf die Dynamik zwischen Menschen. Sind sie liebevoll und höflich oder grob und kurz angebunden? Geben sie einander Raum, oder klammern sie sich fest??
Prüfen Sie die Beziehungen in Ihrem Leben: Wieviel Liebe geben Sie anderen? Achten Sie auf Bereiche, die Sie verbessern wollen, und beginnen Sie, daran zu arbeiten.
Meditieren Sie und beenden Sie jede Sitzung mit einem konzentrierten Gebet aus dem Herzen heraus, mit dem Sie Ihre Liebe in die Welt schicken.
Stellen Sie sich in die Sonne, und saugen Sie mit jeder Körperzelle die Strahlen der Liebe in sich auf, um sie auszusenden.
Kaufen Sie Blumen für sich selbst oder einen geliebten Menschen.
Eine Kur gegen Einsamkeit: Freunden Sie sich mit sich selbst an. Unternehmen Sie herausfordernde, kreative Projekte. Gehen Sie allein aus. Genießen Sie die Zeit, in der Sie allein sind.

Visualisierung

Träume ich? fragst du dich. So kann das doch nicht sein, wenn man stirbt: kein Schmerz, nur ein müheloses Hinaufschweben in die Wolken. Es sind leichte Wolken, nicht die Wolken eines heraufziehenden Gewitters, sondern die weichen, wattigen, die vom geringsten Hauch an einem sonnigen Wintermorgen fortgeweht werden.

Du schwebst, schwebst, viele Pfunde leichter, als du es von der Erde in Erinnerung hast. Du kannst noch sprechen, aber deine Stimme ist jetzt nur noch ein Echo. Du kannst dich sehen, bist aber nur noch ein durchsichtiger Schatten. Licht, alles ist Licht. Und das wunderbarste ist, daß du keine Angst hast und nur noch von tiefem Frieden und einem noch tieferen Gefühl von großer Liebe umfangen zu sein scheinst.

Du kannst fliegen! Wie schön, von oben auf die Berge herabsehen zu können. Wie klein sie sind, wie winzig die Erde nun ist. Dein Leben sieht von hier aus wie ein Schachbrett, deine Freunde und Angehörigen sind die Schachfiguren, die sich hin- und herbewegen.

Der Wind ist wie ein warmer Hauch und bläst dich von hinten an. Er nimmt Gestalt an und formt langsam Worte. »Hast du jeden Tag mehr geliebt als am Tag zuvor?« Die Stimme ist zugleich nirgendwo und überall. Als sich der Gedanke an eine Antwort formt — fliegt ein Flugzeug vorbei. Es reißt dich aus deinen Träumen. Du wachst auf.

AFFIRMATION

Indem ich Liebe gebe, werde ich heil. Bedingungslose Liebe durchströmt mich.

Teil III

Kapitel dreissig

Herstellung und Einnahme der Essenzen

»Wenn ich eine Blüte berühre, berühre ich nicht einfach nur eine Blüte, ich berühre die Unendlichkeit. Diese kleine Blume existierte schon lange, ehe es Menschen auf dieser Erde gab. Sie wird noch Tausende, ja Millionen Jahre weiterexistieren.«

George Washington Carver

Die Essenz einfangen

Die Zubereitung einer Blütenessenz ist kein mechanischer, sondern ein magischer Prozeß. Als erstes bereitet man sich selbst darauf vor. Die Energie, mit der man die Blütenessenzen herstellt, beeinflußt die Qualität des Endprodukts, weil ja die Hände ständig Energie verströmen. Man sollte sich in den Augenblick vertiefen und sich sehr positiv fühlen. Vorher nimmt man sich vielleicht ein wenig Zeit ganz für sich und holt ein paarmal tief Luft, um sich in den Prozeß einzustimmen. Man kann auch selbst eine Essenz einnehmen, um die Energie klären zu helfen.

Dann stellt man das benötigte Material zusammen: eine schlichte, klare Kristallschale (oder eine Glasschüssel, wenn man etwas gegen den Bleigehalt von Kristall hat), reines Quellwasser und hochprozentiger Branntwein als Konservierungsmittel. (Quellwasser aus der Flasche geht auch, aber destilliertes Wasser nicht. Der Ionisierungsprozeß bei der Destillation zerstört die Lebenskraft des Wassers, die notwendig ist, um die Wirkungskraft der Essenz aufzunehmen.) Und schließlich braucht man dazu einen wolkenlosen, sonnigen Morgen, denn wenn auch nur eine einzige Wolke die Sonne überzieht, wird der Energiefluß unterbrochen, den man braucht, um die Lebenskraft aus den Blüten ins Wasser zu ziehen.

Man füllt zunächst die Schüssel mit Quellwasser. Dann umwickelt man die Finger mit Blättern der betreffenden Pflanze oder des Baums, damit man nicht direkt mit den Blüten in Berührung kommt. Man wählt die Blüten wie Obst auf dem Markt — nur die größten, frischesten, strahlendsten Exemplare auf dem Höhepunkt ihrer Entwicklung. Man nimmt nur Blüten, die zahlreich vorhanden sind, und nur einige wenige von jeder Pflanze, damit ihre Fortpflanzungsfähigkeit unversehrt bleibt. Am besten verwendet man organisch gedüngte Bäume und Pflanzen, die so natürlich wie möglich wachsen konnten.

Die gesammelten Blüten sollten die Wasseroberfläche vollständig bedecken. Dann stellt man die Schüssel an einen sonnigen Platz, so daß in den nächsten drei bis vier Stunden kein Schatten — auch nicht der eigene — darauf fallen kann. Gegen Ende dieser Zeitspanne sieht man, daß eine magische Verwandlung stattgefunden hat: Die Lebenskraft der Blüten ist durch die magnetische Energie der Sonne ins Wasser übergegangen.

Dann hebt man mit einem Blatt der Pflanze, von der die Blüten stammen, die Blüten vorsichtig aus dem Wasser und gießt die so gewonnene *Mutteressenz* in eine unbenutzte dunkle Glasflasche. Wenn man ganz sicher gehen will, daß keine Blütenreste in die Flasche gelangen, kann man die Flüssigkeit auch durch einen ungebleichten Kaffeefilter gießen. Man füllt die Flasche nur halb mit der Essenz und gießt mit Branntwein oder einem anderen hochprozentigen Alkohol auf. Der Alkohol dient zwei Zwecken: erstens als chemisches Konservierungsmittel und zweitens als »Anker«, um die subtilen Schwingungen der Essenzen im Wasser zu binden.

Dies ist die *Sonnenmethode* der Herstellung. Hat man keinen ununterbrochenen Sonnenschein zur Verfügung, bedient man sich der *Kochmethode*. Dazu pflückt man die Blüten bei vollem Sonnenlicht am Morgen. Anschließend bringt man sie in einem neuen, unbenutzten Emailletopf mit reinem Quellwasser zum Kochen. Dann schaltet man die Hitze herunter und läßt eine halbe Stunde weiterköcheln. Die Abfüllung und Mischung mit Branntwein erfolgt wie beschrieben. (Schüssel und Topf dürfen zur weiteren Herstellung von Essenzen verwendet werden, wenn man sie zwischendurch immer mit warmem Meerwasser ausspült. Das verhindert eine »Schwingungsverunreinigung« durch den vorherigen Gebrauch.)

Wenn die Blütenessenzen richtig und hygienisch einwandfrei hergestellt werden, halten sie bis zu zehn Jahre lang.

Konservierung und Aufbewahrung der Essenzen

Für ein Konzentrat gibt man zwei Tropfen Mutteressenz in ein kleines Glasfläschchen (30 ml) mit Glasstöpsel und füllt mit Branntwein auf. Die zubereitete Essenz muß vor Sonnenlicht geschützt werden. Mutteressenz, Konzentrat und Dosierungsfläschchen sollte man an einem trockenen, kühlen und dunklen Ort aufbewahren – daher sollte die Flasche dunkel sein. Plastikstöpsel werden häufig von dem Branntwein angegriffen, was einen unangenehmen Geschmack zur Folge hat, daher stets Glasstöpsel benutzen.

Die Mutteressenz wird nicht direkt eingenommen, aber das Konzentrat kann auch unverdünnt verwendet werden – ein bis vier Tropfen täglich unter die Zunge. Als Therapeut oder wenn man das Konzentrat länger verwenden will, nimmt man sich die Zeit, eine verdünnte Dosierung zuzubereiten. Dazu gibt man zwei Tropfen des Konzentrats in ein 30-ml-Fläschchen, fügt einen Teelöffel Branntwein hinzu und füllt dann mit reinem Quellwasser auf. Von Essenzen in dieser verdünnten Form nimmt man viermal täglich vier Tropfen. Konzentrat wie auch Verdünnung können unter Wasser, Saft oder Tee gemischt und über den Tag verteilt getrunken werden.

Nützliche Hinweise

Wenn die Verwendung von Alkohol vermieden werden soll – für Kinder, Patienten, die unter Candida oder anderen Krankheiten leiden, und Antialkoholiker –, kann man diesen fortlassen und die Fläschchen im Kühlschrank aufbewahren. Die Essenz behält dann einen Monat lang ihre Wirkungskraft. Man kann das Konzentrat oder die Dosierungsmischung auch einem kochendheißen Getränk beifügen, damit der Alkoholgehalt verfliegt. Als Alternative zur oralen Einnahme kann man auch ein paar Tropfen wie Parfüm am Handgelenk verreiben.

Blütenessenzen bieten unendlich viele kreative Anwendungsmöglichkeiten. Hier ein paar Vorschläge:

Probieren Sie zwei Tropfen Konzentrat auf 100 ml Massageöl oder Körperlotion, vier Tropfen Konzentrat in einem Sprüher, um den Körper einzusprühen, oder sechzehn Tropfen Konzentrat auf ein Vollbad. Im Notfall, aber auch in weniger dringlichen Situationen trägt man die Tropfen direkt auf die Haut auf, besonders an den Stellen, die dies besonders brauchen, und reibt sie ein.

Geben Sie die Tropfen auf die Akupressurpunkte. Bei Akupunkturbehandlungen kann das Konzentrat auf die Meridiane gegeben werden.

Man kann bis zu vier Tropfen Konzentrat in eine Babyflasche geben und sie so den Kleinen verabreichen. Stillende Mütter können die Essenz für das Baby einnehmen und sie durch die Milch weitergeben.

Fügen Sie ein paar Tropfen einem Fruchteis der gleichen Geschmacksrichtung hinzu.

Fürchten Sie sich nicht vor Experimenten, und probieren Sie ruhig alles aus. Ein Mann gestand mir einmal, daß er die Konzentratfläschchen nachts unter dem Kopfkissen liegen hat, damit sie immer in der Nähe sind.

Blütenessenzen werden im Unterschied zu homöopathischen Mitteln nicht durch den Genuß von Kaffee, schwarzem Tee, Schokolade, Pfefferminze oder anderen kräftigen Gewürzen unwirksam. Im Unterschied zur Homöopathie gibt es auch keine bestimmen Potenzierungen. Konzentrat und Verdünnung sind in entsprechender Dosierung gleich wirksam.

Bei allopathischen Medikamenten lesen wir häufig von Kontraindikationen und Nebenwirkungen. Darum braucht man sich bei Blütenessenzen keine Sorgen zu machen. Sie verstärken und ergänzen vielmehr andere Medikamente, Kräuter, Therapien und Behandlungen.

Eine häufigere Einnahme als die vorgeschlagene Mindestregel von viermal täglich kann sehr nützlich sein, besonders in Extremsituationen und Krisen. Dann kann man die Essenz bis zu zwanzigmal täglich einnehmen. Die einzelne Dosierungsmenge zu erhöhen hilft meist nichts — schadet aber auch nicht. Einzelne Therapeuten empfehlen unterschiedliche Dosierungen, von jeweils zwei bis jeweils vier Tropfen. Ich kenne eine ausgezeichnete Therapeutin, die die Einnahme von jeweils einer ganzen Pipette voll empfiehlt und behauptet, damit bei allen Klienten große Erfolge zu erzielen. Gehen Sie daher mit den Regeln spielerisch um, und nehmen Sie ein, was bei Ihnen selbst am besten wirkt.

Renée machte zum Beispiel folgende Erfahrung: »Ich hatte eine Erkältung, nichts Schlimmes, aber sie zog sich schon eine ganze Weile hin und wurde und wurde nicht besser. Ich probierte alles mögliche, aber nichts half. Dann nahm ich Apfel-Essenz, aber nicht auf die vorgeschriebene Weise. Ich drückte mir vielmehr alle zwei Stunden eine ganze Pipette voll unter die Zunge — einfach so in den Mund. Am nächsten Tag war meine Erkältung verschwunden. Es war, als hätte ich eine Klinikpackung auf einmal genommen.«

Allerdings möchte ich empfehlen, die Essenzen nicht zu verschwenden, ob als Konzentrat oder in der Dosierungsverdünnung. Nehmen Sie nicht zu viel auf einmal. Blütenessenzen sind allerdings niemals schädlich. Das ist aufgrund ihrer Reinheit unmöglich. Die Essenzen haben ein eingebautes Sicherheitsventil, und wenn man mehr als die empfohlene Dosis nimmt, verschwendet man sie bloß. Mich rief einmal eine Mutter in heller Aufregung an, da ihr Sohn ein ganzes Fläschchen Weintrauben-Essenz geschluckt hatte. »Muß er sofort ins Krankenhaus?« fragte sie panisch. »Nein«, antwortete ich, »das ist überhaupt kein Problem. Aber Sie müssen sich ein neues Fläschchen besorgen.«

Oft — eigentlich zu oft, um es zu ignorieren — sagen mir Klienten, sie könnten die entsprechende Frucht oder das Gemüse riechen. Vielleicht prägen sich Geruch und Geschmack als Schwingung der entsprechenden Pflanze in die Essenz ein.

Eine oder mehrere?

Wie viele Essenzen sollte man auf einmal nehmen? Darauf gibt es viele Antworten, ebenso viele, wie es Blütentherapeuten gibt. Einige empfehlen bis zu acht Essenzen, andere die Einnahme einer einzigen. Da wir zu jeder Zeit viele verschiedene Probleme bearbeiten, könnte es da nicht sinnvoll sein, ebenso viele Essenzen zu nehmen? Ich habe erlebt, daß Therapeuten Essenzkombinationen verschrieben und phantastische Resultate damit erzielten. Vermutlich tritt auch eine gewisse Wechselwirkung zwischen dem Therapeuten und den Essenzen auf, so daß ganz verschiedene Anwendungen plausibel sind.

Bei meiner fast zwanzigjährigen Forschungstätigkeit mit den Master's Essenzen habe ich mehrere Jahre lang mit Essenzkombinationen gearbeitet, empfehle aber heute immer nur eine einzige. Warum? Jede Essenz ist ein vollständig in sich abgeschlossenes Abenteuer, das weit über die einzelne Eigenschaft hinausreicht, mit der sie verbunden ist. Die Banane, die besonders für Demut steht, befaßt sich etwa auch mit Problemen der Gelassenheit, der Nichtidentifizierung, der Bindungslosigkeit, Sanftheit und Stärke. Wenn wir immer nur eine einzige Essenz nehmen, können wir besser herausfinden, welche bei uns am besten anschlägt, die Wirkung rascher und eindeutiger feststellen und uns auf diese bestimmte Essenz und ihre entsprechenden Eigenschaften konzentrieren. Meine Klienten erhalten weiterhin fünf Essenzen pro Monat, aber nacheinander und nicht gleichzeitig (siehe Kapitel 33).

Als Beispiel will ich den Fall von Karen anführen. Wir begegneten uns vor einigen Jahren in ihrem kleinen Naturkostladen. Es war ein hektischer Tag gewesen, gestand sie mir. Wir unterhielten uns kurz, und ich ließ ihr ein Fläschchen mit Tomaten-Essenz da, für Kraft und Mut. Drei Tage später rief sie mich mit dem folgenden Bericht an: »Ich nahm die Essenz häufig ein, und ich spürte mehr Kraft und kämpferische Energie. Ich habe nun das Gefühl, meine Arbeit besser schaffen zu können und mich nicht so sehr von den unterschiedlichen Energien beeinflussen zu lassen, die im Umgang mit der Öffentlichkeit auf mich zukommen. Ich versuche schon seit Jahren durch gesunde Ernährung, Kräuter und Vitamine das zu erreichen, was mit der Tomaten-Essenz wie über Nacht eintrat. Meine Gedanken haben sich geklärt, und auch meine Träume veränderten sich — sie haben jetzt mehr Farbe und Gestalt. Und obwohl ich inzwischen wieder verheiratet bin, mußte ich auch noch ein paar Restprobleme von meiner Scheidung vor achtzehn Jahren klären.«

Oft löst eine einzige Essenz, wie bei Karen, bestehende tiefsitzende Probleme, derer wir uns nicht einmal bewußt sind. Das ist vergleichbar mit einer Massage, die verknotete Muskelstränge lockert — erst danach erkennen wir, wieviel Spannung sich in unserem Körper festgesetzt hatte, ohne daß wir dies wußten. Blütenessenzen lösen seelisch-emotionale Spannungen auf ähnliche Weise.

Die Therapie mit einer einzigen Essenz bietet ein gewisses Paradox. Man kann eine einzelne Essenz verwenden, um andere Therapien und Behandlungen zu unterstützen und zu verstärken, aber in Kombination mit anderen Essenzen scheint die Wirkung schwächer zu sein, wie mir eine ganze Reihe von Klienten bestätigt haben. Warum? Sie blenden einander gewissermaßen aus — so als würde man gleichzeitig zu mehreren Akupunkteuren oder Psychotherapeuten gehen. Daher wendet man besser jeweils nur eine Essenz an, statt für verschiedene Probleme mehrere gleichzeitig einzunehmen. Das heißt nicht, daß man nur einen einzigen Bereich des Lebens bearbeitet. Ganz im Gegenteil! Würde man denn gleichzeitig fünf Radioprogramme hören? Nein, denn eines ist eindeutig genug. Von Vorteil ist, daß die meisten Menschen ihre Essenzen viel schneller aufbrauchen, wenn sie nur eine einzige nehmen. Die übliche Einnahmedauer für ein Mittel beträgt zwischen drei Tagen und zwei Wochen. Man kommt vielleicht später wieder auf diese Essenz zurück, wenn man bei einem bestimmten Problem auf eine tiefere Ebene gehen möchte. Einsichten erfolgen manchmal spontan, und Veränderungen können sich sehr schnell ereignen. Doch es gibt auch andere Fälle: Frank nahm zum Beispiel sechs Monate lang Kirsch-Essenz, um eine besonders schwierige Scheidung zu bewältigen, bei der es um Kinder und heftige emotionale Konflikte ging.

Wann beginnt man, wann hört man auf?

»Oh, verdammt, ich habe meine Birnen-Tropfen vergessen!« sagte eine Verkäuferin in der Kosmetikabteilung eines größeren Reformhauses. Woher wußte sie, daß sie diese Essenz brauchte? Sie wußte es einfach. Die Erfahrung hatte ihr gezeigt, daß an hektischen Tagen Birnen-Essenz genau das Richtige für sie war, um mit den vielen Menschen, den Fragen und den Reibereien fertig zu werden.

Es gibt noch andere Anzeichen, daß es an der Zeit ist, mit einer bestimmten Essenz zu beginnen:

1. Man empfindet einen bestimmten Mangel im Leben, etwa an Klarheit, wenn Entscheidungen getroffen werden müssen (Brombeere und Avocado), oder an Toleranz gegenüber den Eltern, Schwiegereltern oder anderen Verwandten (Dattel, vielleicht auch Salat). (Siehe auch Kapitel 8, Handlungsessenzen.)
2. Alles läuft gut, aber man hat das Gefühl, es könnte noch besser sein: Sie haben vielleicht nur den zweiten Platz beim Backwettbewerb der Gemeinde gewonnen (Pfirsich), oder Sie haben gerade einen tollen Vortrag vor der Elternvereinigung gehalten, meinen aber, Sie hätten die eigenen Erwartungen noch übertreffen können (Ananas). (Siehe auch Kapitel 8, Themenessenz.)
3. Andere machen Bemerkungen darüber, was Sie für sich selbst tun könnten. Es ist vielleicht nicht immer leicht, aber man sollte ihnen trotzdem zuhören — und eventuell Bananen-Essenz nehmen, um besser zuhören zu können.

4. In Phasen der Veränderungen. Allzuoft wehren wir uns gegen Veränderungen, weil wir sie bedrohlich oder überwältigend finden. Doch solche Zeiten sind phantastische Gelegenheiten für inneres Wachstum. Mais-Essenz ist dabei besonders nützlich, aber auch andere Essenzen.
5. Man fühlt sich von einem bestimmten Nahrungsmittel angezogen, ißt mehr davon als gewöhnlich oder hat sogar Heißhunger darauf. Man kann sich auch von einer bestimmten Speise abgestoßen fühlen, die man vorher gemocht hat. Probieren Sie in jedem Fall die entsprechende Essenz aus, und beobachten Sie die Reaktionen.
6. Sie möchten mehr über die Essenzen lernen. Dann werden Sie zum Versuchskaninchen für Blütenessenzen. Durch die direkte Erfahrung mit ihnen öffnet sich die Tür für die erfolgreiche Arbeit mit anderen Menschen.

Wie erkennt man, wann man mit einer Essenz aufhören soll? Achten Sie darauf, ob Sie sich wohl fühlen und die erzielten Veränderungen sich stabilisiert haben. Das ist der richtige Zeitpunkt aufzuhören und mit einer anderen Essenz zu beginnen — oder eine Weile »essenzlos« zu leben. Denken Sie stets daran, daß Essenzen vor allem zum »Ankurbeln« dienen. Man braucht sie nicht endlos lange oder ständig zu nehmen. Vertrauen Sie einfach Ihrer Intuition.

Es gibt einen sehr zuverlässigen Hinweis darauf, wann man eine Essenz abgeschlossen hat: Man vergißt, die Tropfen einzunehmen. Denn wenn uns etwas hilft, dann nehmen wir es in der Regel auch. Wenn man aber vom ersten Tag an die Einnahme vergißt, dann ist das etwas anderes: nämlich Nachlässigkeit.

Wenn die Mittel nicht wirken

Manchmal können wir nach der Einnahme einer Essenz keinen erkennbaren Unterschied feststellen. Hier ein paar mögliche Gründe dafür:

1. Unregelmäßigkeit. Wenn ein Klient mir sagt, er empfinde keine Veränderungen, frage ich erst einmal, wie oft er die Essenz denn einnimmt. »Oh, vielleicht einmal oder zweimal am Tag, ich bin nicht sicher«, oder: »Ich nehme meine vier Tropfen alle auf ein-

mal, das ist leichter für mich«, höre ich da recht häufig als Antwort, und in neun von zehn Fällen ist genau das der Grund für das Versagen des Mittels. Man muß die Essenzen genau nach Anweisung nehmen, damit sie ihre Wirkung entfalten können. Sie müssen mindestens viermal am Tag ins Energiefeld eingebracht werden.
2. Die »falsche« Essenz. Es gibt zwar in Wirklichkeit keine falsche Essenz, aber es gibt Mittel guter und weniger guter Wahl. Verwenden Sie Ihre Intuition und Ihren gesunden Menschenverstand, um festzustellen, was Ihre dringendsten Bedürfnisse sind — und vertrauen Sie sich selbst. Wenn ein Mittel nach drei Tagen keine Wirkung erzielt, treffen Sie eine andere Wahl.
3. Der falsche Zeitpunkt. Wenn Sie gerade mit einem neuen Körpertraining begonnen haben, Ihre Ernährung radikal umstellen oder neue Vitamin- und Mineralstoffpräparate einnehmen, kann ein Essenzen-Programm einfach zuviel sein. Am besten warten Sie, bis Sie wieder eine Routine gefunden haben, ehe Sie eine Kur mit Blütenessenzen beginnen, denn nur dann können Sie sich voll und ganz darauf konzentrieren.
4. Keine wirkliche Notwendigkeit. Genau wie wir auch nicht ständig das Öl im Auto wechseln müssen, gibt es Phasen im Leben, in denen wir einfach keine Essenzen zu nehmen brauchen. Wenn unser innerer Motor mit Energie, Einsicht und in Frieden läuft, dann können wir mit der positiven Schwungkraft arbeiten, die die Essenzen und unsere Bereitwilligkeit zu Wachstum erzeugt haben. Genießen Sie solche Phasen!
5. Zeiten dunkler Nacht. Haben wir nicht alle schon einmal so stark gelitten, daß es uns schien, kein anderer Mensch habe jemals solche Verzweiflung erlebt? Verschiedene Religionen bezeichnen solche Zeiten als »dunkle Nacht der Seele«. Es ist ein Zustand unendlicher Verzweiflung, bei dem alle äußerlichen Hilfen, auch die Blütenessenzen, versagen. Was kann man dagegen tun? Meditation, Gebet und Geduld sind hier altbewährte Heilmittel. Das Gespräch mit guten Freunden kann ebenfalls helfen. Vielleicht finden Sie auch Trost und Hoffnung in den folgenden Zitaten:

»Ein Diamant kann nicht ohne Reibung poliert werden,
noch kann ein Mensch ohne Opfer weise werden.«
Chinesisches Sprichwort

»Während das Herz um das weint, was es verloren hat,
freut sich die Seele über das, was sie gewonnen hat.«
                                                    Sufi-Weisheit

»Liebe erträgt alles, glaubt alles, duldet alles...
Die Liebe hört niemals auf.«
                                                    Paulus

»Ich kenne nichts anderes als Wunder.«
                                                    Walt Whitman

AFFIRMATIONEN IN DER FLASCHE

Man kann Blütenessenzen, diese reinen Schwingungen von hoher Qualität, auch als »Affirmationen in der Flasche« bezeichnen. Affirmationen verwendet man am besten vor dem Einschlafen oder kurz nach dem Aufwachen, den sogenannten hypnogogischen Phasen. Diese Phasen kurz vor dem Einschlafen und kurz nach dem Aufwachen — und das gilt auch für den Mittagsschlaf — sind die besten Zeitpunkte, um Affirmationen zu wiederholen und Blütenessenzen einzunehmen. Es sind Phasen, in denen wir am leichtesten in das Reich des Überbewußten eindringen können, das auch das Höhere Selbst genannt wird, jener Ort in unserer Seele, wo wahre Weisheit und Intuition ihren Sitz haben. Man könnte auch sagen, es sind die Zeiten, in denen die Tür zum Unterbewußten offen steht und die Essenzen leichter eindringen können als während der normalen Wachperioden.

Da unsere Gedanken eine so starke Wirkung auf unser körperliches Selbst haben, ist es überaus wichtig, sich ihres Inhalts und ihrer Qualität bewußt zu sein. Unsere Gedanken drücken aus und prägen, wer wir sind.

Worte haben Macht. Sie können verletzen, und sie können heilen. Wohl jeder weiß, wie sehr ein unfreundliches Wort schmerzen kann, und jeder kennt auch die Freude, wenn einem ein nahestehender Mensch sagt: »Ich liebe dich.« Oft denkt der Verstand in Worten. Affirmationen sind Worte, die wir an uns selber richten, wobei wir auf einer tieferen Ebene wissen, daß sie wahr sind, auch wenn sie den äußeren Umständen nicht entsprechen. Sagen Sie sich zum Beispiel die Mais-Affirmation, wenn Sie sich erschöpft fühlen: »Mit unbe-

grenzten Mitteln und grenzenloser Energie stelle ich mich der Welt!«
Eine Affirmation ist keine Verleugnung. Sie ist vielmehr die bewußte Erklärung einer höheren Wahrheit: daß wir unerschöpfliche innere Quellen der Vitalität besitzen, auch wenn unser Körper im Moment in einem Zustand der Erschöpfung ist.

Der beste Zeitpunkt für eine Affirmation ist beim Einnehmen der entsprechenden Essenz. Wenn man allein ist, kann man die Worte laut und nachdrücklich aussprechen, damit sie besser ins Unbewußte eindringen können. Wiederholen Sie die Worte dann ein wenig leiser für das Bewußtsein, und ein drittes Mal stumm und ans Überbewußte gerichtet.

Wie bei jeder Aktivität gilt auch hier: Je mehr man hineingibt, um so mehr gewinnt man daraus. Affirmationen geben uns genau so viel Kraft zurück, wie wir hineinlegen. Ein Klient sagte mir sogar: »Ich nehme die Essenzen gar nicht mehr, ich benutze nur noch die Affirmationen.«

OPTIMALE ZEITEN FÜR DIE EINNAHME

Es gibt noch andere Gelegenheiten, bei denen man von der Einnahme der Essenz maximale Wirkung erwarten kann:

- Auf leeren Magen — sonst wird die Lebenskraft durch den Verdauungsprozeß abgelenkt. Zehn Minuten vor oder eine Stunde nach einer Mahlzeit ist sehr gut.
- Nach der Meditation. Es heißt, daß Meditation geschieht, wenn der Verstand still und das Herz geöffnet ist — ein perfekter Zustand für die Therapie mit Blütenessenzen. Es ist auch eine gute Zeit, um die Wirkung zu spüren.
- Vor, während oder nach einer stillen Aktivität wie Gehen, Yoga, leichte Hausarbeiten, Handarbeiten oder Lesen — allem, was den Körper und den Geist gleichzeitig klärt und entspannt.
- Jedesmal, wenn das Problem auftaucht, für das man die Essenz nimmt. (Ich nahm einmal zwanzigmal in einer Stunde Tomaten-Essenz, um mit dem Stoßverkehr von Los Angeles fertig zu werden, und danach brauchte ich sie ganze zwei Tage nicht mehr beim Autofahren.)

Kapitel einunddreissig

Symptom- und Kernbehandlung

> »Sein oder Nichtsein – das ist hier das Problem.«
> Shakespeares Worte
> in der Übersetzung
> eines italienischen Freundes

Wenn man ein individuelles Essenzen-Programm aufstellt, kann man von zwei verschiedenen Ansätzen ausgehen — der Symptombehandlung und der Kernbehandlung — oder einer Kombination von beiden.

Die Symptombehandlung befaßt sich mit unmittelbaren psychoemotionalen Problemen, nicht mit körperlichen Symptomen. Die Symptommethode verwendet Essenzen für bestimmte Ereignisse — von Situationen, auf die wir vorbereitet sind, bis zu denen, die uns völlig überraschen. Ein solches Essenzen-Programm kann mit dem Ablösen von Blütenblättern verglichen werden, bis wir das Herz oder den Kern erreichen.

Die Kernbehandlung bedeutet, sich mit Problemen und bestimmten emotionalen Zuständen zu befassen, die unter der Oberfläche liegen. Diese Methode wendet sich direkt an die unterschwelligen emotionalen Probleme, die hinter den sie umgebenden Ereignissen liegen.

Wie verbindet man die Symptom- und Kernbehandlung mit den Handlungs- und Themenessenzen? Die Symptombehandlung bedient sich der peripheren Handlungsessenzen, die Kernbehandlung der zentralen Handlungsessenzen — aber auch solcher peripheren Handlungsessenzen, die mehr als nur kurzfristige Bedürfnisse anzeigen. Themenessenzen können bei beiden Methoden eingesetzt werden, je nach Urteil des Therapeuten.

KERNBEHANDLUNG: MARK UND DOREEN

Schauen wir zwei Konsultationen an, bei denen die Kernbehandlung eingesetzt wurde. Die erste Fallstudie zeigt außerdem, wie Blütenessenzen unsere Ausstrahlung verstärken und wie dies durch die anderen gespiegelt wird. Reaktionen und Rückmeldungen von Menschen — besonders in engen Beziehungen — sind eine ausgezeichnete Methode, das innere Wachstum einzuschätzen, das von den Essenzen angeregt wird.

Mark kam in meine Abendsprechstunde. Wir unterhielten uns ausführlich über seine gegenwärtige Situation. Er war vor kurzem in die Gegend gezogen und suchte eine Stelle im Hotelfach. Er hatte dabei aber kein Glück und kämpfte gegen die Entmutigung an, die sich nach zahlreichen erfolglosen Vorstellungsgesprächen einstellt. Aus irgendwelchen Gründen hatte sich ihm noch nicht die Stelle geboten, auf die er mit seiner Erfahrung und seinen ausgezeichneten Zeugnissen hätte hoffen können. Es war keine leichte Beratungsstunde, und ich mußte einiges aus ihm herauslocken. »Gibt es irgend etwas anderes in Ihrem Leben, das vielleicht erwähnenswert wäre?« fragte ich. »Eigentlich nicht«, antwortete er nachdenklich, »außer, daß mein Vater vor kurzem gestorben ist, nachdem er ein paar Wochen lang im Koma gelegen war.«

Ich spürte, daß die unverarbeitete Trauer um seinen Vater ihn daran hinderte, sich erfolgreich um eine Stelle zu bemühen, und schlug Weintraube als erste Essenz in seinem Programm vor — wegen des Kummers und des erlittenen Verlusts.

»Nachdem ich noch am gleichen Abend einen Tropfen Konzentrat genommen hatte«, berichtete er am nächsten Morgen, »fühlte ich mich schon anders, aber ich wußte nicht genau wie. Heute morgen ging ich einkaufen. Es war seltsam, denn die Leute behandelten mich anders als sonst, mit mehr Wertschätzung. Sie blickten mir in die Augen, als wollten sie mit mir Kontakt aufnehmen. Ich hatte zwar am Abend vorher schon etwas gespürt, wußte aber nicht genau was, doch die Veränderung meiner Anziehungskraft am nächsten Morgen war eindeutig und bemerkenswert.«

Das ist ein Beispiel für Kernbehandlung, also die Anwendung von Essenzen, die sich mit tieferliegenden Themen befassen. Wir hätten in diesem Fall auch die Symptombehandlung wählen können: Ananas wegen seiner offensichtlichen Karriere- und Selbstachtungsprobleme. Statt dessen entschied ich mich für die Weintraube, weil dieses unterschwellige Problem höchstwahrscheinlich verhinderte, daß er eine Stelle fand.

In einem anderen Fall von Kernbehandlung beriet ich eine Frau namens Doreen. Sie fragte mich auch nach einer Essenz für ihren Mann, weil er die älteste Tochter ständig beschimpfte, von der er sich innerlich bedroht fühlte. Die Tochter, ein Pfirsich-Typ, war eine ausgezeichnete Verkäuferin. Doreens Mann hatte vor kurzem seine Stelle als stellvertretender Geschäftsführer verloren. Die Familie führte nun zusammen ein erfolgreiches Sportartikelgeschäft.

Statt nun Weintraube gegen seine Streitsucht zu empfehlen (Symptombehandlung), begannen wir das Programm mit Himbeer-Essenz. Ich entschied mich für diese Essenz wegen der emotionalen Wunden, die der Mann in der Kindheit erlitten hatte, als ihm das Gefühl eingeflößt worden war, wertlos zu sein. Darauf folgte Orange, um in sich selbst Freude zu finden, damit er sich von der Tochter nicht so ausgestochen zu fühlen brauchte.

So befaßten wir uns mit Kernthemen, die viel tiefer reichten als die offensichtlichen Oberflächensymptome. Psycho-emotionale Symptome können direkt mit Blütenessenzen behandelt werden — oder aber man betrachtet sie als Spitze des Eisbergs. Dann geben sie uns Hinweise, die zu tiefer verwurzelten und länger anhaltenden Problemen führen — in diesem Fall zum Kernthema des eingeschränkten Selbstwertgefühls des Ehemannes.

Symptombehandlung: Lauren und Jennifer

Lauren beriet ich erst letzte Woche, und ihr Programm entspricht der Symptombehandlung. Man hatte bei ihr einige Jahre zuvor chronische Müdigkeit diagnostiziert. Eine Therapie und Behandlung nach der anderen hatte sie erfolglos ausprobiert. Ihr unangenehmstes Symptom war Schlaflosigkeit; dazu kam Trauer um das aktive, sportliche Leben, das sie vorher geführt hatte. Lauren befand sich Tag für Tag am Rande der Erschöpfung und nachts in einem angespannten und überdrehten Zustand, weil sie nicht die nötige Ruhe finden konnte. Wir sprachen über Salat als erste Essenz der Wahl, weil es gewöhnlich geistige Unruhe ist, die den körperlichen Zustand der Schlaflosigkeit auslöst. Am nächsten Morgen berichtete sie, daß sie leicht und gut geschlafen habe.

Blütenessenzen gehen nicht direkt körperliche Krankheiten an —

in Laurens Fall die chronische Müdigkeit —, sondern die psychoemotionalen Themen, die zur Schlaflosigkeit und nervösen Erschöpfung beitrugen. So bildete die Salat-Essenz hier den Kern einer Symptombehandlung.

Wir fügten dann noch weitere Essenzen hinzu: Kokosnuß für eine lösungsorientierte Haltung gegenüber der Depression, die durch die Müdigkeit ausgelöst wurde, Spinat für die Trauer um ihr verlorenes Selbst, in zweiter Linie auch für Kindlichkeit und die Fähigkeit, dem durch die Krankheit ausgelösten Lernprozeß zu vertrauen, Tomate für den Kampf gegen die Sucht nach Süßigkeiten und Kaffee als seelischer Ersatznahrung und Himbeere, um die vielen Verletzungen und Schwierigkeiten zu heilen, die die Krankheit verursachte.

Jennifers Programm ist ein weiteres Beispiel für eine Symptombehandlung. Sie kam zur Beratung zu mir, als sie gerade zwischen zwei Arbeitsstellen eine Woche frei hatte. Sie war Computerfachfrau in einem Krankenhaus gewesen und hatte nun eine Stelle in einem anderen Krankenhaus angenommen. Jennifer klagte über körperliche und seelische Erschöpfung aufgrund ihrer sehr anstrengenden Arbeit, in Verbindung mit einer unangenehmen Kollegin. Diese Frau, eine alleinerziehende Mutter, hatte Jennifer erzählt, daß sie ihre Kinder ständig verprügele, und hatte mit sämtlichen Kollegen im Büro Streit. Jennifer hatte bereits mit Therapie, Affirmationen und Gebet versucht, diese Frau zu akzeptieren. Ihr war klar, daß diese Kollegin ihre inneren Probleme an der Arbeitsstelle auslebte.

Nun fühlte sich Jennifer schlecht gerüstet, eine neue leitende Stellung mit noch mehr Herausforderungen als vorher anzunehmen. Die neue Position bedeutete auch, Angestellte auszubilden und zu betreuen und sie fest und freundlich zu führen. Sie sorgte sich um die ungelösten Probleme mit der ehemaligen Kollegin und fürchtete, sie würde wie ein Magnet die gleiche schwierige Situation bei ihrer neuen Arbeit anziehen. (Denn es ist eine alte Regel: »Was nicht erkannt wird, bleibt bestehen.«)

Wir stellten ein Programm mit fünf Essenzen für Jennifer auf: Als erstes sollte Brombeere die kollegialen Beziehungen klären und bereinigen. Ich warnte sie, daß man bei dieser Essenz oft ein Aufsteigen von Wut empfindet — nicht, weil man wütender ist als vorher, sondern weil man sich der bestehenden Wut bewußter ist. Dieses oft falsch verstandene Gefühl wirkt, wenn es akzeptiert wird und nicht verleugnet oder übersehen, oft stärker, als es tatsächlich ist, weil Wut etwas so Explosives hat.

Jennifer berichtete mir nach zwei Tagen folgendes: »Die Brombeer-Essenz brachte eine Menge Gefühle und Erinnerungen im Zusammenhang mit meiner ehemaligen Kollegin an die Oberfläche. Sie half mir, ein paar Grundprobleme in den Vordergrund zu rücken, so daß ich sie endlich bearbeiten konnte. Ich hatte zwar emotional schon viel daran gearbeitet, wußte aber, daß ein Teil noch nicht abgeschlossen war. Ich mußte noch mehr vergeben und loslassen: Genau das hat mir die Brombeer-Essenz ermöglicht.«

Die Wut war nach oben gestiegen, und Jennifer konfrontierte sich mit ihr und löste das Problem. Sie erzählte mir auch von zwei Nächten mit lebhaften Träumen von der Kollegin und von neuen Einsichten und Erkenntnissen, die ihr ermöglichten, die innere Arbeit ohne Rest-Konflikte zu bewältigen. (Lebhafte Träume sind eine verbreitete Reaktion auf die Essenzen und deuten an, daß die betreffenden Themen bewußter werden, so als würden Blasen an die Oberfläche eines Sees steigen, und daß die letzten Stadien eines schwierigen Problems sich aus dem Unbewußten lösen.)

Ansonsten bestand Jennifers Essenzen-Programm aus Ananas für mehr Selbstvertrauen und Selbsterkenntnis bei der Übernahme größerer Verantwortung, Tomate für Kraft an einem neuen Arbeitsplatz und das Akzeptieren ihrer Grenzen und Kirsche, ihre Themenessenz, um die neuen beruflichen Herausforderungen gelassen und positiv zu bewältigen.

Essenzen und ihre Programme

Man könnte sagen, daß der Unterschied zwischen der Symptom- und der Kernbehandlung nur ein gradueller ist, wobei die Symptombehandlung sich mehr mit der Oberfläche befaßt. Ich empfehle bei der Beratung gewöhnlich ein Essenzen-Programm, das auf dem individuellen Bedürfnis aufbaut, das Thema stufenweise zu klären und zu bewältigen. Daher wird jedes Programm von folgendem bestimmt:

1. den psychisch-physiologischen Symptomen des Klienten,
2. den Themen, die seine/ihre Persönlichkeit seit der Kindheit prägen,
3. dem Verständnis und der Anwendung der individuellen Themen- und Handlungsessenzen.

Welchen Weg schlägt man nun ein, die Behandlung der Symptome oder des Kerns? Beide Methoden sind gleich wertvoll und miteinander verbunden und bieten einen Rahmen für das Verständnis der Essenzen. Man kann diese Methoden auch bei der Arbeit mit sich selbst, mit Familie, Freunden und Klienten anwenden.

Kapitel zweiunddreissig

Blütenessenzen für Menopause und Co-Abhängigkeit

»Die Arbeit ist einfach und das Heilmittel in Reichweite.
Wenn das Geheimnis sich enthüllt, ist es so schlicht,
daß jeder darüber lachen wird.«

Chang Po-Tuan

Wir sollten uns stets daran erinnern, daß wir nicht mit unseren Symptomen identisch sind – und daß wir durchaus lachen können, während wir sie beheben.

Betrachten wir zwei aktuelle Themen und wie Blütenessenzen hier zur Anwendung kommen: die Menopause und Co-Abhängigkeit. Ich habe diese beiden Probleme ausgesucht, weil jeweils sehr viele Menschen davon betroffen sind, weil die Menopause zwar körperliche Ursachen hat, aber eine ganze Reihe von emotionalen Symptomen hervorrufen kann, und weil Co-Abhängigkeit umgekehrt zwar vornehmlich eine psychische Krankheit ist, aber auch den Körper mit erhöhter Streßbelastung, Eßstörungen und Suchtverhalten beeinträchtigt. Außerdem berühren beide Problemkreise das Leben von Männern und Frauen gleichermaßen. Männer müssen über die Veränderungen ihrer Partnerinnen und Freundinnen in den Wechseljahren gut informiert sein, um sensibel darauf reagieren zu können, und Co-Abhängigkeit betrifft praktisch jeden mehr oder minder.

Blütenessenzen für die Wechseljahre

Die Menopause bedeutet das Ende der reproduktiven Phase der Frau aufgrund verringerter Produktion von Östrogen und Progesteron. Jedes Jahr erreichen etwa 1,3 Millionen Frauen dieses Stadium ihres Lebens. Im Jahre 2010 wird sich diese Zahl verdoppelt haben. Schätzungsweise zehn bis fünfzehn Prozent aller Frauen bringen diese Jahre ohne jede Beeinträchtigung hinter sich, aber ein ebenso großer Anteil fühlt sich sehr stark durch die Symptome belastet. Das Klimakterium beginnt gewöhnlich zwischen dem zweiundvierzigsten und dem fünfundfünfzigsten Lebensjahr, aber viele Frauen erleben diese Umstellung aufgrund von Operationen auch früher. Es gibt zahlreiche Therapien, von Hormongaben bis zu chinesischer Kräutermedizin. Auch Blütenessenzen schenken viel Trost und Kraft.

KÖRPERLICHE UND SEELISCHE SYMPTOME

Zu den physiologischen Symptomen der Menopause zählen:
- Unregelmäßige Perioden
- Starke Blutungen
- Herzrasen
- Hitzewallungen
- Inkontinenz
- Häufiger Harndrang
- Schmerzende Brüste
- Hautempfindlichkeiten
- Flimmern vor den Augen
- Kopfschmerzen
- Übelkeit und Schwindel
- Magenbeschwerden
- Schmerzende Gelenke und Muskeln
- Osteoporose
- Erhöhtes Herzinfarktrisiko
- Schlaflosigkeit
- Erschöpfung
- Gewichtszunahme
- Vaginale Trockenheit
- Weniger sexuelle Lust

Mögliche psycho-emotionale Symptome der Menopause:
- Angstanfälle
- Unsicherheit
- Verwirrung

Sprunghafte Launen
Reizbarkeit
Wut
Depression
Geistige Verwirrung
Streß
Desorientierung
Erinnerungsbeeinträchtigung
Emotionale Überempfindlichkeit
Paranoia

Die Wirkung der Blütenessenzen

Frauen in den Wechseljahren können ganz unterschiedliche Erfahrungen machen — mit sämtlichen der aufgeführten Symptome bis zu gar keinen. Die Reaktion auf die Frage nach den Wechseljahren variiert zwischen: »Kein Problem!« bis zu: »Man hat sein Leben gelebt.«
Gibt es ein Leben nach den Wechseljahren? Die gut informierten Frauen der neunziger Jahre betrachten diese wichtige Übergangsphase inzwischen als eine Zeit der verstärkten Vitalität und Hoffnung und bezeichnen sogar die Hitzewallungen als »Energiestoß«. In unserer Kultur wird traurigerweise nicht nur der falsche Gott der Jugend angebetet, sondern man verehrt auch eher den ergrauten, gebeugten Mann als die anmutig gealterte Frau. Doch langsam beginnen wir endlich, den Typus der weisen Alten und ihren wertvollen Beitrag zur Gesellschaft anzuerkennen.
  Um die Veränderungen und Herausforderungen der Menopause zu erleichtern, können alle zwanzig Blütenessenzen irgendwann zum Einsatz kommen. Wir erkennen hier deutlich, daß alle Essenzen grundsätzlich das gleiche bewirken — sie geben uns das Gefühl von Ausgeglichenheit wieder, da jede Essenz für ein bestimmtes Thema eingesetzt werden kann. Der Schlüssel bei der Auswahl ist, sich auf das individuelle Temperament und die jeweils dringendsten Bedürfnisse einzustimmen. Beachten Sie dabei die folgenden Deutungen der Essenzen:

Ananas — bei Selbstzweifeln, Problemen mit dem Selbstbild und emotionalen Reaktionen auf Gewichtszunahme; für die Fähigkeit, die Symptome positiv zu sehen

Apfel — besänftigt Ängste in bezug auf die körperlichen und emotionalen Veränderungen

Avocado — gibt geistige Klarheit und ein Verständnis für die Prozesse der Menopause; bei Verwirrung und Desorientierung

Banane — für inneren Abstand zu den durch die Wechseljahre eingeleiteten Veränderungen; für tiefe Gelassenheit und Distanz, wenn die Symptome diese Gelassenheit beeinträchtigen; für die Erkenntnis, daß alles vorbeigeht

Birne — bei emotionalen Erdbeben, Unsicherheit, Unentschlossenheit; bei Notfällen aller Art und plötzlichen Veränderungen aufgrund von Hormonabfall

Brombeere — ermöglicht tiefe Innenschau, um Klarheit und die richtige Perspektive hinsichtlich der Symptome zu behalten und diese besser zu bewältigen

Dattel — für liebevollen Umgang mit sich selbst (geben Sie sechzehn Tropfen Dattel-Essenz ins Badewasser, dazu duftende Kräuter, zünden Sie eine Kerze an und gönnen Sie sich diese Pause); wenn man andere vorschnell beurteilt oder in Selbstmitleid versinkt (»Niemand versteht mich«)

Erdbeere — hilft bei Problemen mit dem Selbstwertgefühl, die von der Menopause ausgelöst werden; gibt Würde für die neue Rolle während und nach der Menopause; hilft, sich auf die neuen Signale von Körper und Verstand einzustellen

Feige — wenn man zu hart mit sich selbst ins Gericht geht und sich mit anderen vergleicht; wenn man denkt, man müßte alles eigentlich besser machen

Himbeere — bei Überempfindlichkeit; um verständnisvoller auf die Fehler anderer zu reagieren; für Sensibilität gegenüber den Freuden und Leiden anderer

Kirsche — bei leichteren emotionalen Symptomen wie Reizbarkeit; gibt Hoffnung; hilft an Tagen mit »emotionaler Achterbahn«

Kokosnuß — für die Ausdauer, alles durchzustehen, ob diese Phase nun ein Jahr dauert oder zehn

Mais — hilft in Phasen geistiger Erschöpfung und immer, wenn man einen Energieschub braucht, um die Menopause als ein neues, aufregendes Lebensstadium zu betrachten

Mandel — emotionale Ausgeglichenheit, Gelassenheit, bringt alles in die richtige Proportion

Orange — bei Verzweiflung und Depression aufgrund hormonaler Veränderungen; wenn man sich von den Symptomen überwältigt fühlt und mit nichts mehr fertig wird

Pfirsich — wenn man sich für andere zu sehr verausgabt — um zu erkennen, daß die eigenen Bedürfnisse ebenso wichtig sind; bei Selbstmitleid

Salat — gibt emotionale Ruhe; bei Problemen, die den Schlaf und ausreichende Ruhe verhindern

Spinat — hilft, die Symptome nicht zu ernst und die vielen psychischen und physischen Veränderungen leichter zu nehmen

Tomate — gibt Stabilität bei Hormonschwankungen und notwendiger Anpassung an Medikamente; hilft, die Möglichkeiten zu Wachstum und Reife zu ergreifen

Weintraube — hilft bei Gefühlen von Einsamkeit und Isolation; für das Gefühl, nicht geliebt zu werden; wenn man Wut an anderen ausagiert

Blütenessenzen bei Co-Abhängigkeit

Nun wenden wir uns einem anderen weitverbreiteten Thema zu. Co-Abhängigkeit ist ein neues Wort für ein altes Verhaltensmuster. Man könnte es auch eine Dysfunktion nennen. Was bedeutet das? Dysfunktional zu sein heißt, von den eigenen Gefühlen abgeschnitten zu sein, keinen Kontakt zu ihnen zu haben. Wir fürchten uns vielleicht in einer Beziehung vor dem Verlassenwerden. Doch statt dieses Gefühl zu erkennen und es mit dem Partner zu besprechen, drücken wir Wut aus. Ein funktionaler Mensch hingegen kann seine Gefühle erkennen und steht in Kontakt zu ihnen, kann analysieren, was hinter ihnen stehen mag und sie einem anderen erklären.

Co-Abhängigkeit ist dysfunktionale Fürsorge. Männer wie Frauen sind davon betroffen, auch wenn das typische Männerverhalten darin besteht, sich zurückzuziehen und alle Bedürfnisse komplett zu verleugnen. Dysfunktionale Fürsorge erzeugt Abhängigkeit, gesunde Fürsorge fördert Gesundheit und Unabhängigkeit. Co-abhängige Menschen stammen in der Regel aus einer Familie mit einer oder allen der folgenden Störungen, die eine gesunde und aufrichtige Nähe verhindern: Alkohol- oder Drogenmißbrauch, körperlicher, emotionaler oder sexueller Mißbrauch, extremer Streit und daraus resultierende Spannungen, zwanghaftes Verhalten wie Arbeitssucht, Diätenwahn oder Spielsucht.

Co-Abhängigkeit ist eine Art Sucht — nicht nach einer Substanz, sondern nach anderen Menschen — was sie weitaus subtiler und komplexer als andere Süchte macht. Aus diesem Grund dauert die Entwöhnung auch viel länger. Co-Abhängigkeit kann sich zwischen Mutter und Kind bilden, zwischen Liebes- und Ehepaaren, zwischen Freunden, Geschwistern oder sogar zwischen einem Automechaniker und einem Kunden. Co-Abhängige re-agieren, machen Vorwürfe, fühlen sich machtlos, sind von äußeren Umständen abhängig, um mit sich selbst im reinen zu sein, verleugnen und kontrollieren, werden verleugnet und kontrolliert und suchen Antworten und Bestätigung grundsätzlich außerhalb der eigenen inneren Weisheit. Das führt sie in immer neue Leiden. Die Schönheit und Wahrheit in ihrem Leben bleibt unbeansprucht, unerkannt und unausgedrückt.

Die Wirkung der Blütenessenzen

Diese Definition einer co-abhängigen Persönlichkeit ist nötig, um zu verstehen, wie man hier erfolgreich mit Blütenessenzen arbeiten kann. Die Loslösung von der Co-Abhängigkeit ist ein Prozeß, bei dem man nur Schritt für Schritt vorankommt. Unsere Geschichte ist nicht unser Schicksal. Wir können uns neu erfinden. Denken wir immer an die Macht, die wir haben: die Macht, unser Leben selbst in die Hand zu nehmen, zu lieben und gesund zu sein. Hinter dem oberflächlichen Schlamm der Dysfunktion entdecken wir den perfekten Diamanten unseres wahren Wesens. Die helfende Botschaft der Blütenessenzen ist schlicht und klar: Wir können geheilt werden. Die folgende Liste bietet uns ein paar grundsätzliche Hilfen.

Ananas — bei Mangel an Selbstvertrauen, besonders beruflich; hilft, das eigene Licht nicht mehr unter den Scheffel zu stellen

Apfel — für ein gesundes Selbstbild; für die Auflösung destruktiver Gefühle

Avocado — für die bewußte Erinnerung an die Möglichkeit, unabhängig zu werden; für ein geschärftes Bewußtsein für alte Verhaltensmuster

Banane — hilft zu handeln, statt zu reagieren; für die Erkenntnis, daß wir weder Tadel noch Lob verdienen; rückt die Co-Abhängigkeit in Perspektive

Birne — bei schweren Traumata; bei schwierigen und mißbräuchlichen Beziehungen

Brombeere — für tiefere Einsichten in Symptome und Lösungen; für reine, konstruktive Gedanken

Dattel — gegen die Neigung, an anderen herumzunörgeln, statt sich auf die eigenen Probleme zu konzentrieren; Fürsorge für sich selbst

Erdbeere — löst das Bedürfnis nach Anerkennung auf, räumt Schuldgefühle und Selbstvorwürfe aus; hilft, das durch die Rollenvorbilder der Kindheit beschädigte Selbstgefühl zu heilen

Feige — hilft, die eigenen Gefühle zu achten und zu akzeptieren und nicht zu hart zu sich selbst zu sein, wenn man einmal versagt

Himbeere — bei Wunden durch Mißbrauchsbeziehungen; hilft, dem Täter zu verzeihen und nicht selbst das negative Muster zu wiederholen

Kirsche — für Fröhlichkeit bei Rückschlägen; gegen den negativen Einfluß süchtiger Mitmenschen

Kokosnuß — für Ausdauer in der Selbsthilfegruppe und bei anderen Therapien

Mais — stärkt die Überzeugung, daß jeder Tag eine neue Chance bietet, gesund und glücklich zu sein; vertreibt die Illusion, festzusitzen

Mandel — um eine süchtige Persönlichkeit zu beruhigen, um sich von dem Gefühl der Bedürftigkeit zu lösen; gegen zwanghaftes Verhalten

Orange — bei Hoffnungslosigkeit, Verzweiflung, innerem Aufgeben; für Vertrauen in Dinge, die helfen: Bücher, Freunde, Gruppen, Therapeuten

Pfirsich — gibt anderen aus der eigenen Fülle, nicht aus Bedürftigkeit; sorgt für sich selbst, wenn ein echtes Bedürfnis besteht; für gesundes Helfen

Salat — für klare Kommunikation von Gedanken und Gefühlen; für kreativen Ausdruck; für Sicherheit im eigenen Wissen

Spinat — um eine verlorene Kindheit wiederzugewinnen und für leichteren Umgang mit schwierigen Problemen der Gegenwart

Tomate — gibt den inneren Mut und die Kraft, zu dem liebevollen, gesunden Menschen zu werden, der Sie immer schon sein wollten; bei Suchtverhalten; um Ängste zu konfrontieren und zu überwinden
Weintraube — hilft, die Quelle der Liebe in sich selbst zu finden, statt Liebe von anderen zu erwarten

Die gute Seite

Wir haben nun einen physiologischen und einen psychologischen Zustand gründlich unter die Lupe genommen — die Menopause und Co-Abhängigkeit. Hier können wir das Wechselspiel zwischen Charakterstärken und -schwächen erkennen — und daß unsere Entwicklung ganz in unseren Händen liegt. Die Menopause und Co-Abhängigkeit sind, in diesem Licht betrachtet, Gelegenheiten zu innerem Wachstum.

Wenn wir unser Leben aus unpersönlicher Sicht betrachten, erkennen wir nur Bilder aus Licht und Schatten. Unsere Freuden und Leiden sind wie Muster auf einer Filmleinwand. Blütenessenzen helfen uns, Hindernisse in Chancen zu verwandeln und bei diesem Prozeß lebendig und gesund zu werden.

Kapitel dreiunddreissig

Die Kunst der guten Beratung

»Ein einziges Wort befreit uns von der Last und dem Leid des Lebens, und dieses Wort heißt Liebe.«

Sophokles

Checkliste für einen guten Therapeuten

In diesem Kapitel geht es um die häufigsten Probleme und Fragen bei Konsultation und Beratung. Wie bei der Zubereitung der Essenzen bereitet man sich als erstes selbst darauf vor. Dazu können Sie die folgende Checkliste durchgehen. Kreuzen Sie jeweils eine Zahl zwischen Null und Fünf an, wobei Null bedeutet, daß diese Aussage überhaupt nicht zutrifft, und Fünf, daß sie eindeutig zutrifft, mit den jeweiligen Abstufungen dazwischen.

Aussage	0	1	2	3	4	5
1. Ich bin gut ausgeruht.						
2. Ich bin weder hungrig noch übersättigt.						
3. Mir ist die Zimmertemperatur angenehm – weder zu kalt noch zu warm.						
4. Ich habe alle Sorgen an der Tür zurückgelassen.						
5. Es gibt keine dringenden Bedürfnisse oder Ablenkungen.						
6. Meine Energie ist klar und zentriert.						

Aussage	0	1	2	3	4	5
7. Ich habe keine persönlichen Bedürfnisse in bezug auf eine bestimmte Reaktion des Klienten.						
8. Ich kann gut zuhören.						
9. Ich habe kein persönliches Interesse am Ausgang dieser Sitzung.						
10. Mein Beratungszimmer vermittelt ein Gefühl von Vertrauen und Wohlgefühl.						
11. Ich habe keine Vorurteile.						
12. Mein Klient kann sich voll auf meine Verschwiegenheit verlassen.						

Jetzt zählen Sie die Punkte der Antworten zusammen. Für einen guten Erfolg ist eine Mindestzahl von neununddreißig Punkten notwendig. Je höher die Zahl, um so besser die Beratung.

DER RAUM

Ein friedlicher, sicherer Beratungsraum ist sehr wichtig. Vielleicht waren Sie selbst schon einmal in Therapie und erinnern sich noch in allen Einzelheiten an die einladende Atmosphäre des Gesprächszimmers. Auch Sie sollten einen solchen Ort frei von Ablenkungen gestalten, ohne klingelnde Telefone oder hereinplatzende Kinder: einen Raum, der ein Gefühl von Sicherheit vermittelt. Das Beratungszimmer, seine Atmosphäre und Umgebung, sollte Sie unterstützen und nicht behindern. Die Konsultation kann auch im Freien stattfinden: auf einer abgeschiedenen Wiese, in einem Blumengarten oder an einem schattigen Fleckchen unter einem ausladenden Baum.

Wer eine richtige Praxis hat, kann mit Pflanzen, einem Zimmerbrunnen, Räucherstäbchen, Kerzen, bequemen Sesseln, Kissen, beruhigenden Bildern oder Postern Atmosphäre schaffen. Denken Sie auch an Papiertaschentücher und leise Instrumentalmusik. Fragen Sie Ihre Klienten, ob sie mit Musik, Kerzen oder Räucherstäbchen einverstanden sind.

Die Beratung

Der Zweck einer Beratung ist grundsätzlich, eine Beziehung zwischen dem Klienten und den Blütenessenzen herzustellen, Anregungen zu geben und aufzuheitern. Die Auswahl der Essenz erfordert Intuition. Je mehr man sie einsetzt, um so besser wird sie sich entwickeln. Therapeuten können verschiedene Methoden einsetzen, um ihre Intuition zu überprüfen, zum Beispiel Kinesiologie (Muskelprüfung) und Wünschelruten. Man kann sich auch einfach als Übersetzer betrachten, der sich in der Sprache der Blüten auskennt. Hören Sie dem Klienten zu, und versuchen Sie für jede Essenz mindestens drei Indikationen in seinen Aussagen zu finden.

»Ich fühle mich zu Hause nicht wohl, auch nicht, wenn alle Türen verschlossen sind. Ich erhole mich immer noch von vergangenem Mißbrauch. Mein Nervensystem ist ganz auf Katastrophen eingestellt.« Diese drei Aussagen einer Klientin deuten auf das Bedürfnis nach Birnen-Essenz hin, um sich in sich selbst wohl zu fühlen. Bitte beachten Sie: Wenn Sie in den Aussagen des Klienten keine spezifischen Essenzen finden können, sind für den Anfang Birne oder Brombeere angebracht. Sie klären das Bewußtsein, so als würde sich Schlamm in einem Teich absetzen, damit die Probleme, die behandelt werden müssen, an die Oberfläche steigen können.

Ein Beratungsbeispiel

Versuchen Sie, in einer Sitzung ein Programm von fünf bis sechs Essenzen aufzustellen, die nacheinander im Verlauf von vier bis sechs Wochen genommen werden sollen. Wie schätzt man die Zeitdauer für jede Essenz richtig ein? Am besten richtet man sich nach der Intuition. Ich schlage meinen Klienten gern fünf Tage vor, die sie je nach Wunsch um zwei Tage verkürzen oder verlängern können — das stärkt sie und beteiligt sie aktiver an dem Prozeß. Am Ende des Programms können Klienten eine Folgesitzung verabreden, das erste Programm absorbieren und integrieren, ehe sie ein neues beginnen, oder selbstsicher genug sein, um ihr eigenes Programm festzulegen und sich damit kühn auf neues Terrain zu wagen.

Die Themenessenz sollte gewöhnlich als letzte in einem Programm und über zwei Wochen hinweg genommen werden. Diese Abfolge erlaubt, verschiedene Probleme zu behandeln, ehe man »heimkommt«

zu seiner Themenessenz. Das ist allerdings nur ein Vorschlag. Vielleicht möchten Sie mit dieser Methode experimentieren und dann Ihren eigenen Stil entwickeln. Um eine genauere Vorstellung zu gewinnen, wie sich eine Sitzung abspielen könnte, beschreibe ich hier die fiktive Beratung einer Person, die wir alle kennen, unter Benutzung aller Begriffe, die wir in diesem Buch gelernt haben.

Wenn Rotkäppchen zur Therapie mit Blütenessenzen käme, könnte die Konsultation folgendermaßen aussehen:

Rotkäppchen kam heute morgen in meine Praxis. Aus ihrem berühmten Korb, in dem sie schon die Leckereien für die Großmutter befördert hatte, quoll ein Strauß Wiesenblumen (die sie unterwegs gepflückt hatte – Grund für ihre zehnminütige Verspätung). Sie wirkte leicht verwirrt und verstört aufgrund ihres kürzlich erlittenen Traumas, von einem Wolf verschlungen worden zu sein. Ihre großen, vertrauensvollen Augen blickten etwas mißtrauisch. Ich bemerkte ihr Zögern. Sie schien sich nicht wohl zu fühlen, so als erwarte sie, jeden Moment wieder angegriffen zu werden.

Rotkäppchen erzählte die Geschichte von ihrem Besuch bei der Großmutter in allen Einzelheiten: die Warnung der Mutter, nicht zu trödeln und sich nicht mit Fremden einzulassen, der wunderbare Duft des Kuchens und des Weins aus dem Korb, das verlockende Aroma der wilden Blumen am Waldrand, ihre Arglosigkeit gegenüber den Schmeicheleien des Wolfes, daß sie ihren Instinkten nicht getraut hatte, als die Großmutter so sichtlich verändert war, und der letzte Schlag, bei lebendigem Leib verspeist zu werden.

Anschließend stellten wir ihr Essenzen-Programm zusammen. Rotkäppchen brauchte eine anfängliche Symptombehandlung, um mit den Ereignissen besser fertig zu werden, die sie aus dem Gleichgewicht gebracht hatten. Die erste Essenz hier war Birne (vier Tage lang), um den offensichtlichen Schock und das Trauma einer ziemlich katastrophalen Erfahrung zu bewältigen. Birne als periphere Handlungsessenz konnte helfen, die verstörenden Erinnerungen in all ihren Zellen aufzulösen, damit sie nicht in Zukunft vor allen Wölfen Angst zu haben brauchte. (Außerdem ist Birne eine ausgezeichnete erste Essenz, um Klienten auf den Rest eines Essenzen-Programms vorzubereiten.) Tomate (fünf Tage), eine zweite periphere Handlungsessenz, würde die anfängliche Klärung durch die Birne verstärken. Die Tomate würde restliche Ängste abbauen und Rotkäppchen helfen, sich gründlicher zu erholen.»Ungeschlagen in allen Lebenslagen«, lautet schließlich die Botschaft der Tomate.

Wir fügten eine weitere Handlungsessenz hinzu: Brombeere (eine Woche). Reinigung ist hier die Schlüsseleigenschaft. Diese Essenz kann helfen, das Trauma als einen schlechten Traum zu betrachten, der keine dauerhaften schädlichen Folgen haben wird.

Und so gelangten wir zum Kernpunkt des Essenzen-Programms. Rotkäppchen war nun bereit, zur Kernbehandlung überzugehen und sich mit bereits bestehenden, älteren Lebensproblemen zu befassen. Sie hatte die Warnung der Mutter vergessen, nicht zu trödeln und nicht mit Fremden zu sprechen, hatte im Wald das Gefühl für Orientierung und Ziel verloren, war durch die Blumen abgelenkt worden: drei eindeutige Indikationen für Avocado als zentraler Handlungsessenz (eine Woche lang, zu einem späteren Zeitpunkt zu wiederholen, denn diese zentralen Themen tauchen das ganze Leben lang immer wieder auf). Rotkäppchen erzählte bei der Sitzung außerdem, daß sie ihre Schularbeiten manchmal vergaß oder unvollständig abgab, weil sie sich nicht genügend gefordert fühlte. Die Mutter nannte sie immer verträumt — alles weitere Hinweise auf Avocado als zentrale Handlungsessenz.

Himbeere als Themenessenz, zwei Wochen lang eingenommen, schloß das erste Programm ab. (Auch diese Essenz würde sie in Zukunft öfter verwenden müssen, genau wie die zentrale Handlungsessenz.) Rotkäppchen war nicht nur freundlich und liebevoll zur Großmutter, weshalb sie ja diesen Gang durch den Wald unternommen hatte, sondern wird von allen geliebt, da sie immer freundlich und rücksichtsvoll ist. Daher vermutete sie in dem bösen Wolf auch nur Freundlichkeit. Von Interesse ist außerdem, daß der himbeerfarbene Umhang, den sie täglich trägt, ein weiterer Hinweis auf ihre Themenessenz ist.

Sollte sie eine weitere Sitzung wünschen, würde Spinat zweifelsohne nützlich sein, um ihr Vertrauen wiederherzustellen und es mit gesundem Menschenverstand zu ergänzen, ihre kindliche Unschuld neu zu beleben und schließlich eine unversehrte Kindheit zu garantieren, damit sie zu einem gesunden Erwachsenen heranreift.

Hätte der Wolf seine Missetat überlebt, hätten wir eine Kernbehandlung durchgeführt und uns auf Himbeere als zentrale Handlungsessenz konzentriert — wegen seines unfreundlichen Hangs, seine Opfer ganz zu verspeisen (vielleicht war er ja ein Großmutter-Serienmörder). Weintraube als periphere Handlungsessenz könnte seiner Gnadenlosigkeit und List entgegenwirken, und Brombeere, ebenfalls als periphere Handlungsessenz, seiner Neigung, andere zu täuschen.

Hinweise für eine gut abgestimmte Beratung

Zusammenfassend möchte ich acht Hinweise für eine gut geführte Konsultation geben. Ich habe Essenzen hinzugefügt, um die einzelnen Punkte zu illustrieren. Sie können weitere Elemente hinzufügen, die Sie nützlich finden.

1. *Sicherheit* — Tomate: Eine angenehme und einladende Umgebung sagt stärker als Worte, daß hier ein Ort ist, an dem man seine schützenden Barrieren abbauen kann, um zu heilen und innere Kraft zu erlangen.
2. *Vertrauen* — Spinat: Der sensible Therapeut schafft einen Ort, an dem jeder Klient sich wohl, entspannt und akzeptiert fühlt. Der Heilungsprozeß ist ein gemeinsamer Weg.
3. *Verschwiegenheit* — Erdbeere: Ohne Respekt für die Intimsphäre des Klienten ist kein Fortschritt möglich. Das erfordert einen hohen Grad an Integrität von seiten des Therapeuten.
4. *Akzeptanz* — Dattel: Hier gibt es keine Beurteilung und keine Vorwürfe, weder dem Klienten gegenüber noch denen, über die er spricht.
5. *Zuhören* — Banane: Sehr, sehr oft ist es das, was die Klienten am meisten brauchen. Angehört zu werden ist ein wichtiger Bestandteil des Heilprozesses.
6. *Unterstützung* — Apfel: Für ein ganzheitliches Programm bietet man die entsprechenden Möglichkeiten der *Verstärkungen*, *Visualisierungen* und *Affirmationen* an.
7. *Inspiration* — Kokosnuß: Denken Sie daran, daß wir alle Fehler haben — aber wir sind nicht unsere Fehler. Inspirieren Sie Ihre Klienten, ein Gefühl für ihr volles Potential zu entwickeln.
8. *Hoffnung* — Orange: Es gibt immer Hoffnung, ein Licht am Ende auch des dunkelsten Tunnels. Freude ist unser wahres Wesen. Achten Sie darauf, dem Klienten diese Erkenntnis verbal wie schwingungsmäßig zu vermitteln.

Auf den folgenden Seiten finden Sie mehrere Formulare: ein Konsultationsblatt, die Klientenkopie des Essenzen-Programms und einen Fragebogen zu den Reaktionen auf die Blütenessenzen. Sie können diese gern unter Wahrung des Copyrights zu Ihrem eigenen Gebrauch kopieren.

KONSULTATIONSBLATT

Themenessenz: _____ Name: _____
Datum: _____ Anschrift: _____
PLZ: _____ Ort: _____ Tel.: _____
Geburtsdatum: _____ Verheiratet: _____ Kinder: _____
Erster Kontakt: Telefon: _____ Pers.: _____ Brief: _____
Frühere Erfahrung mit Blütenessenzen: _____ Ja/Nein _____
Beruf: _____
1. Essenz: _____ Dauer: _____

2. Essenz: _____ Dauer: _____

3. Essenz: _____ Dauer: _____

4. Essenz: _____ Dauer: _____

5. Essenz: _____ Dauer: _____

Gesundheitszustand (frühere Krankheiten, Unfälle, Operationen): _____

Emotionaler Zustand (Kindheit, frühere Traumata): _____

Beziehungen (vergangene und gegenwärtige): _____

Bemerkungen: _____

© Copyright 1996

Der Weg zu innerem Wohlbefinden

für

_____

Programm Nr.: _____ Themenessenz: _____ Datum: _____

    Themenessenz: Handlungsessenz: Dauer:

1. _____ _____ _____

Bemerkungen: _____

    Themenessenz: Handlungsessenz: Dauer:

2. _____ _____ _____

Bemerkungen: _____

    Themenessenz: Handlungsessenz: Dauer:

3. _____ _____ _____

Bemerkungen: _____

    Themenessenz: Handlungsessenz: Dauer:

4. _____ _____ _____

Bemerkungen: _____

    Themenessenz: Handlungsessenz: Dauer:

5. _____ _____ _____

Bemerkungen: _____

_____

14618 Tyler-Foote Road, Nevada City, California 95959 - © Copyright 1996

THE ORIGINAL
Master's Flower Essences™
Remedies For Inner Well-Being

Master's Flower Essences Response Sheet

This evaluation form will be used to gather research information on the *Master's Flower Essences*. At your request, it will be held in strict confidence. When you notice specific results from using the MFE, please complete this form and mail to: Master's Flower Essences, 14618 Tyler-Foote Road, Nevada City, CA 95959. *(Questions? Call us at: (916) 478-7655.)* Feel free to write on another sheet of paper if necessary. Thank you for your reply, which will help us compile future literature.

THIS SECTION OPTIONAL:

Name_____Date_____Phone ( )_____
Address_____City_____State____Zip_____
Birthdate_____ Marital status_____Ages of children_____

Why do you feel drawn to using the *Master's Flower Essences*? I am taking the Master's *(list specific name)* Essence:_____

❏ to develop the particular quality which it addresses
❏ because I am already strong in that quality and want to develop it even further
❏ to help me with a certain issue/test
❏ as a preventive healing
❏ to assist in a major life change
❏ for a physical health-related issue
❏ for clarifying mental/emotional issues
❏ for enhancing my personal growth
❏ for emergency use
❏ other_____

Please explain your choice(s) listed above:_____
_____
_____
_____
_____
_____

14618 Tyler-Foote Road ✦ Nevada City, California 95959 ✦ (916) 478-7655

©Copyright 1996

How often do/did you take the Master's Flower Essences?_____times daily

Please list exact times of the day:_____

Dates taken: From:_____to_____

Please describe your results in detail *(when you first experienced them, how you were affected)*:_____
_____
_____
_____
_____

State your reasons for attributing these results to the *Master's Flower Essences* and not to other causes:_____
_____
_____
_____
_____

Are you presently using other forms of treatment/supplements? *(please list)*:_____
_____
_____
_____

Please explain any significant events/changes/outlooks in your life which prompted you to take the *Master's Flower Essences*:
_____
_____
_____
_____

How you selected your *Master's Flower Essence(s)*:

- ❏ Flower Essence practitioner *(please list method of diagnosis)*:
- ❏ Consultation: ❏ other:_____
- ❏ muscle testing *(kinesiology)*
- ❏ radiesthesia *(dowsing)*
- ❏ intuitive selection
- ❏ study of the *Master's Flower Essences*
- ❏ other *(please list)*:_____

- ❏ Please keep the above information in strict confidence
- ❏ You may use the above evaluation,
    - ❏ with my name;
    - ❏ anonymously, for testimonials and upcoming literature

_____   _____   ©Copyright 1996
Signature   Date

Kapitel vierunddreissig

Blütenessenzen für Kinder

> »Ein kleines Kind,
> das leicht Atem schöpft,
> und Leben in allen Gliedern spürt,
> was weiß es schon vom Tod?«
> Wordsworth

Eine Energiebrücke

Es gibt eine Karikatur von einem Vater, der seinem Sohn das Fahrradfahren beibringt. Der Vater bittet den Sohn, der noch ganz unsicher auf seinem Rad sitzt, ihm nur zu vertrauen. »Dir vertrauen?« gibt der Kleine zurück. »Ich kenne dich doch erst seit sechs Jahren!« Es ist diese einfache Direktheit, die es Kindern ermöglicht, stets rasch auf Blütenessenzen zu reagieren. Schon mit einer einzigen Dosierung kann man ein lebenslanges Verhaltensmuster ändern. Wenn wir uns als Erwachsene und Bezugspersonen der Realität unserer Kinder bewußt sind — ihrer Bedürfnisse, ihrer Freuden und Leiden —, können wir ihnen durch das kostbare Geschenk der Natur in Form von Blütenessenzen wirksam beistehen.

Entwicklungsmäßig durchlaufen Kinder bis zum Erwachsensein vier Stufen. In jedem Stadium stellen sich dem Kind andere Herausforderungen. Von der Geburt bis zum Alter von sieben Jahren lernen Kinder die materielle Welt durch ihren Körper und ihre Sinne kennen. Von ungefähr sieben bis zwölf entwickeln sie ihre Gefühle und Emotionen und beginnen, die Welt auf einer subtileren Ebene zu begreifen. Von zwölf bis achtzehn lernen die Jugendlichen mit Macht und Willen umzugehen, weil sie nun die Suche nach ihrer Identität beginnen. Von achtzehn bis vierundzwanzig konzentrieren sie sich auf die Entwicklung des Verstandes.

Blütenessenzen wirken wie Katalysatoren, so daß die Kinder in jedem dieser Entwicklungsstadien besser ausreifen. Die Essenzen bieten auch eine ausgezeichnete Methode für uns, die Erwachsenen, mit irgendwelchen verborgenen Problemen des eigenen inneren Kindes in Kontakt zu treten, die nicht verheilt sind. Aus diesem Grund ist es eine gute Idee, wenn Kinder und Eltern Essenzen gemeinsam nehmen – meist handelt es sich um die gleichen. Wir betrachten dann die Familie als eine Einheit und gleichzeitig die Mitglieder, aus denen sie besteht, als Individuen.

Sehr oft agieren Kinder die Schwierigkeiten der Eltern aus und spiegeln sie. Die gemeinsame Einnahme von Essenzen baut so energetische Brücken zwischen Eltern und Kindern und bringt jedem einzelnen Klarheit, bereinigt aber auch die Beziehung zwischen den einzelnen Familienmitgliedern. Pfirsich ist zum Beispiel nützlich für ältere Kinder, wenn ein neues Geschwisterkind ankommt. Diese Essenz hilft, daß sie sich auch im sich verändernden Klima einer wachsenden Familie emotional sicher fühlen.

Die Dosierungsanweisungen sind für Kinder genau wie für Erwachsene. Geben Sie ihnen die Tropfen in Saft, Wasser oder im Fläschchen. Es kann vorkommen, daß Ihre Kinder Sie um die Essenzen bitten und Sie daran erinnern, sie ihnen pünktlich zu verabreichen.

KLEINE BLÜTENTYPEN

Es kann schwieriger sein als beim Erwachsenen, die Themenessenz eines Kindes zu bestimmen, aber oft ist es auch leichter. Kinder leben ihre Stärken und damit ihre Themen viel offener und auffallender aus. (Heißhunger auf bestimmte Speisen ist ein guter Hinweis.) Das Pfirsich-Kind zum Beispiel teilt schon sehr früh mit anderen das Spielzeug – oder verschenkt es sogar an weniger Begüterte. Das Weintraube-Kind zeichnet sich durch besonders liebevolle Umarmungen aus. Und das Avocado-Kind scheint kaum ein Kind zu sein, eher ein weiser alter Mann oder eine weise alte Frau – gleich von Geburt an!

Caroline, ein fünfjähriges Orangen-Kind, spricht ganz offen über sich selbst:

»Wenn meine Freunde unglücklich sind, mache ich etwas Lustiges. Wenn ich unglücklich bin, gehe ich auf die Schaukel oder schaue den Regenbogen an der Kinderzimmerwand an. Ich lächle viel, weil ich glücklich bin. Ich bin glücklich, weil ich ein Schütze bin. Skilaufen mit meinem Papa macht mich glücklich. Wenn es regnet, bin ich nicht froh, denn dann muß ich meinen Regenmantel anziehen, und das mag ich nicht, wenn meine Haare zum Pferdeschwanz gebunden sind. Wenn es schneit, finde ich das schön, denn dann habe ich meinen Schneeanzug an.

Orangen sind saftig. Ich stecke sie in den Mund. Ich mag Orangen und Orangensaft. Als kleines Baby habe ich keine Orangen gegessen. Ich habe nie aus der Flasche getrunken und erst gegessen, als ich schon sprechen konnte.«

Carolines Mutter sagt dazu:

»Sie ist ein sehr fröhliches Kind. Immer gut aufgelegt. So ist sie seit ihrer Geburt. Sie hat immer viel gelächelt und fand immer alles und jeden gut. Sie ist wie eine kleine Elfe. Nur wenn sie vor etwas Angst hat, weint sie vielleicht. Sie wird auch leicht müde, wenn ihr Blutzuckerspiegel absinkt, und dann weint sie auch. Sie weiß, daß es in Ordnung ist, zu weinen, aber auch, daß sie versuchen kann, ihre Stimmung zu ändern. Dazu zieht sie sich eine Weile in ihr Zimmer zurück. Und später kommt sie ganz fröhlich und glücklich wieder heraus.«

Vor ein paar Jahren teilte mir eine Mutter von zwei Kindern diese ungewöhnliche Geschichte über ihre Tochter mit, die ein Himbeer-Typ ist:

»Vom zweiten Monat der Schwangerschaft bis zur Geburt hatte ich ständig Heißhunger auf Himbeeren, wie ich es vorher und seitdem nie wieder erlebt habe. Ich kaufte immer alles, was Himbeeren enthielt, natürlich auch frische — ganz egal zu welchem Preis. Ich machte Himbeersoße zu gebratenem Hähnchen, aß Himbeerjoghurt, Himbeereis — alles!

Meine Tochter ist jetzt fünf und so ungefähr das freundlichste Kind, das man sich vorstellen kann. Sie spielt stundenlang mit ihren Puppen und sagt: ›Oh, Mama, ihnen ist zu heiß‹, oder: ›Sie frieren!‹ Und sie liebt Himbeeren! Ihr Zimmer ist himbeerrot gestrichen. Sie kleidet sich am liebsten in Rosa und hat den gleichen Heißhunger auf Himbeeren wie ich, als ich mit ihr schwanger war.«

Handlungsessenzen

Handlungsessenzen für Kinder sind sehr leicht zu erkennen. Man braucht nur Kindern zuzusehen, um ihre Bedürfnisse klar zu erkennen. Periphere Handlungsthemen tauchen auf in Form von Unfällen, Schulproblemen und als unvermeidliche Konflikte mit Geschwistern und Freunden. Kernthemen zeigen sich durch Verhaltensmuster schon von frühem Alter an.

Periphere Handlungsessenzen tauchen bei Kindern regelmäßig und häufig auf. »Wir setzen Ananas beim Fußballspielen ein«, sagt die Mutter des achtjährigen Alan. »Ich gebe auch immer Ananas-Essenz in das Trinkwasser, wenn wir eine Kanufahrt machen. Das gibt einem die Energie, alles zu schaffen. Unterwegs sagt Alan immer: ›Gib mir noch einen Schluck!‹ Er mag das sehr gern.«

Karl ist ein Avocado-Typ mit Pfirsich als Kernessenz. Er schildert sich selbst so:

»Ich zeichne gern. Schon mein ganzes Leben habe ich immer gern gezeichnet. Jetzt bin ich zehn. Es macht Spaß, denn man kann alles zeichnen, was man will. Ich schaue mich einfach im Zimmer um und finde dann etwas, das ich zeichnen kann: vielleicht ein Telefon, das aussieht wie eine Waffe oder wie ein Raumfahrer, wegen der Antenne. Ich zeichne gerne Pflanzen. Da gibt es viele Einzelheiten zu beachten und viele Schattierungen. Schattierungen mache ich gern.

Mein Lieblingsfach in der Schule ist Programmieren. Ich schreibe gerne Geschichten auf dem Computer. Ich habe ein gutes Gedächtnis. Ich kann mich immer an Telefonnummern erinnern, auch wenn ich sie erst ein- oder zweimal gesehen habe. Ich habe mal einen Gedächtnistest gemacht. Da schaut man so ein Bild an mit zwanzig Gegenständen und beantwortet ungefähr fünfzehn Fragen auf der Rückseite. Ich hatte nur eine einzige falsche Antwort.

Manchmal träume ich in den Tag hinein. Meine Mama sagt zum Beispiel: ›Mach jetzt dein Bett‹, und ich lege mich hin und lese, weil ich es sofort wieder vergesse. Ich hätte es gern, wenn Freunde, die ich mag, zu mir kommen.«

Karls Kernessenz Pfirsich drückt sich durch sein Bedürfnis aus, sensibler auf die Mutter zu reagieren. Sobald Pfirsich ihn gelehrt hat, die Wünsche anderer mehr zu berücksichtigen, kann er die Freunde anziehen, die er gerne hätte. Glücklicherweise hat Karls Vater Pfirsich als Unterthema, und die Beziehung zu ihm ist daher sehr hilfreich.

Deutungen für Kinder

Die folgende Liste gibt ein paar Richtlinien für die Anwendung der Essenz bei Kindern. Fügen Sie ruhig Ihre eigenen Beobachtungen hinzu.

Ananas — Selbstsicherheit; für sehr schüchterne Kinder; für Kinder, die wegen Größe, Aussehen oder anderer Besonderheiten von den Altersgenossen gehänselt werden; hilft, sich vom »Schürzenbändel« zu lösen

Apfel — Gesundheit; kann bei Krankheiten verabreicht werden oder wenn eine Krankheit sich abzeichnet, auch in Phasen von Entmutigung

Avocado — gutes Gedächtnis und Konzentrationsvermögen; für das Kind, das immer alles vergißt; hilft bei den Schularbeiten, beim Erlernen eines Musikinstruments und bei kreativen Beschäftigungen

Banane — Demut, Gelassenheit; für das Kind, das seine Aufmerksamkeit weniger auf sich selbst und mehr auf Familie und Freunde richten sollte

Birne — Notfall-Essenz; bei Unfällen, plötzlich auftretenden Krankheiten oder Krisen; für Kinder, die Lehrern oder Eltern nicht gut zuhören können, die unruhig und nervös sind; erleichtert das Erlernen positiver neuer Gewohnheiten; hilft bei der Sauberkeitserziehung

Brombeere — klare Gedanken; besänftigt Wutausbrüche im Trotzalter; für Kinder, die schädlichen Filmen und Fernsehprogrammen ausgesetzt waren

Dattel — Süße und Zärtlichkeit; für mürrische Kinder, die andere kritisieren und verurteilen oder an allem herumnörgeln, besonders an den Geschwistern; für weinerliche, klammernde Kinder

Erdbeere — Würde; für ein gutes Selbstwertgefühl und ein starkes Identitätsgefühl; für das Kind, das gern wieder Baby wäre; für Kinder, die die Scheidung der Eltern bewältigen müssen

Feige — Flexibilität; für das Kind, das zu hart mit sich ins Gericht geht, sich überfordert und auch mit guten Leistungen nicht zufrieden ist; für die Fähigkeit, auch die andere Seite zu sehen; bei Nägelkauen und Daumenlutschen

Himbeere — Freundlichkeit; für das Kind, das anderen weh tut oder selbst leicht verletzbar ist; bei Übersensibilität; fördert ein großzügiges Wesen

Kirsche — Fröhlichkeit; für das launische oder zurückgezogene Kind; bei Traurigkeit oder Enttäuschungen; bei Bettnässen; hilft das Trauma einer Scheidung zu bewältigen

Kokosnuß — Ermunterung; hilft einem Kind, mit Geschwisterrivalität fertig zu werden; bei Herausforderungen oder Kämpfen in der Schule oder in Gruppen; unterstützt die Fähigkeit, gute Lebensentscheidungen zu treffen, besonders in schwierigen Situationen

Mais — geistige Vitalität; für Neuanfänge: ein neues Schuljahr, Umzug, neue Freundschaften; zur Ermutigung und als Energieschub; für die Tiefs in der Schule und bei Reisekrankheit

Mandel — Selbstkontrolle, auch die Beherrschung der sexuellen Energien; Gelassenheit; hilfreich in der Vorpubertät

Orange — Freude; vertreibt Unzufriedenheit, Melancholie und depressive Stimmungen; hilft beim Zahnen; hilfreich bei emotionalen Problemen in Verbindung mit Kopfverletzungen

Pfirsich — Selbstlosigkeit; ausgezeichnet beim Abstillen; fördert das Gefühl für Teilen und Zusammenarbeit mit anderen Kindern sowie die Sorge um das Wohlergehen anderer

Salat — Gelassenheit; für Kinder, die keinen Salat mögen; für Kinder, die zu aufgedreht sind, um konstruktiv zu spielen; bei Schlaflosigkeit, vor Prüfungen und Proben

Spinat — Schlichtheit; für das altkluge oder ernsthafte Kind, das zu früh erwachsen ist; bei Streß, Erschöpfung, Überarbeitung; für Situationen, in denen sich das Kind verstört oder überwältigt fühlt

Tomate — Geistige Kraft, Tapferkeit; vertreibt Ängste; für Kinder, die an Alpträumen leiden; hilft Kindern, wenn sie ängstlich, nervös und unwillig sind, den nächsten Schritt zu machen

Weintraube — Liebe; ein Mittel für alle Haltungen und Einstellungen, die nicht liebevoll sind; bei Eigensinnigkeit und Wutausbrüchen; für Kinder, die andere schikanieren, prahlen oder petzen

... DAZU SPÄTER MEHR

Man kann über Kinder und Blütenessenzen so viel sagen, daß ich diesem Thema gern ein eigenes Buch widmen möchte.

Die kleinen Blüten, die uns anvertraut sind, sind ein heiliger Bestandteil unserer eigenen Lebensreise. Kinder sind unsere Gegenwart und unsere kostbare Zukunft. George Bernard Shaw hat dies hervorragend ausgedrückt: »Der wohl größte Dienst, den jemand seinem Land und der Menschheit erweisen kann, ist, Kinder großzuziehen.«

Kapitel fünfunddreissig

Blütenessenzen für unsere vierbeinigen Freunde

»Erheb dich aus dem Schlaf, du alte Katze,
streck dich und reck dich und gähne –
und dann schlendere hinaus, um zu lieben.«
Kobayashi Issa

»Mir ist neulich ein kleiner Vogel gegen das Haus geflogen. Weil unsere Glastüren so offen aussehen, schlug er dagegen und fiel benommen zu Boden. Ich gab ihm Quellwasser mit Birnen-Essenz, und nach einer Viertelstunde flog er wieder herum. Fast genau dasselbe geschah mit einem viel größeren Vogel. Dieser hatte einen schweren Schock. Nach ein paar Tropfen Birnen-Essenz verließ ihn die Benommenheit, und er fand sein Gleichgewicht wieder. Zwanzig Minuten später flog er weiter.«
M. L. B., *La Honda*

»Meine vierzehnjährige Katze Jasmin war von einem Hund angegriffen und schwer verletzt worden. Danach war sie sehr aggressiv. Sie wurde erst wieder freundlicher, als ich ihr Weintrauben-Essenz ins Wasser gab, und ist jetzt zum ersten Mal nach zwei Jahren wieder nach draußen gegangen. Diese Essenz macht sie sehr verschmust.«
S. R., *Santa Clara*

»Im Mai brachte meine Araberstute an einem dunklen kalten Abend draußen auf der Weide ein Fohlen zur Welt. Ich wurde durch ihr panisches Wiehern geweckt. Der kleine Hengst, der seine wackeligen Beine ausprobiert hatte, war unter dem Zaun durch auf die Nachbarweide gerollt. Ich habe beiden sofort Birnen-Essenz gegeben, um sie zu beruhigen, und das wirkte auch sehr schnell.«
R. R., *Reno*

»Meine sechs Jahre alte Katze Rusty war als Kätzchen ausgesetzt worden und braucht sehr viel Liebe. Sie hat auch eine Hautkrankheit aufgrund ihrer Nervosität. Mit Salat-Essenz im Trinkwasser nahm sie doppelt so viel Wasser zu sich wie sonst und war nach nur drei, vier Tagen viel ruhiger und nicht mehr so anhänglich.«
L. C., *Richmond*

Von Kaninchen bis Schimpansen

Wie sehr sich Tiere in unsere Umgangssprache eingeschlichen haben! Wir vergleichen uns oft mit unseren vierbeinigen Freunden und zeigen in Karikaturen und Witzen Tiere, denen man menschliche Eigenschaften zuschreibt — oder umgekehrt. Wir kennen zahlreiche Comics und Filme mit Tierhelden, sprechenden Schweinen, Kaninchen und Vögeln.

Das Tierreich ist eng mit dem Pflanzenreich verschwistert und nimmt in der Welt einen besonderen Platz ein. Ob Raubtier oder Haustier, sie sind Bestandteil unseres Lebens. Wir sehen sie im Zoo, führen sie an der Leine, erleben sie in Gefangenschaft und in der freien Wildbahn. Tiere sind wie Pflanzen und Menschen lebendige Wesen mit eigener Lebenskraft und eigenen Geheimnissen, die sie uns bereitwillig mitteilen. Eine junge ostindische Heilige, Bahina, sagte über ihre Kuh, sie könne »ihr Kalb genausogut verstehen, wie ein Kind die Sprache seines Haustiers versteht«.[15] Bahina weiß, wie auch George Washington Carver, daß alles seine Geheimnisse preisgibt, wenn man es nur genügend liebt. Und welch wertvolle Geheimnisse können wir von unseren Tierfreunden lernen!

Haustiere, unsere gezähmten Gefährten, öffnen uns das Herz und erweitern unser Bewußtsein. Und genau wie eine einzige direkte Erfahrung mit einer Blütenessenz uns die gesamte Welt der Essenzen eröffnen kann, so kann eine tiefe Bindung an ein einziges Tier uns Zugang zu ihrem Reich gewähren. Eine der schönsten Phasen meines Lebens war, als ich draußen auf dem Lande eine Herde Ziegen hütete. Bis heute erinnere ich mich in Dankbarkeit an die Tiere, mit denen ich vor zwanzig Jahren befreundet war. Sie haben mein Leben bereichert, mich die Natur schätzen gelehrt und meine Liebesfähigkeit vergrößert. Als direkte Verbindung zu den schlichten Rhythmen der Natur brachte mich die harmonische Tätigkeit des Melkens in Kontakt mit dem Puls des gesamten Tierreichs.

Interessanterweise erkannte die Wissenschaft erst nach Jane Goodalls Pionierarbeit mit Schimpansen Anfang der sechziger Jahre an, was Tierliebhaber schon immer gewußt haben: daß Tiere eine ganze Bandbreite von Gefühlen empfinden und ausdrücken können, unter anderem Freude, Hoffnung, Trauer und — wie man bei Bären festgestellt hat, die gedankenversunken auf den Hinterbacken sitzen und einen Sonnenuntergang betrachten — ein Gefühl für Schönheit. Die Freude von Delphinen, die Tricks vorführen und spontan mit neuen Varianten aufwarten, das traurige Weinen eines Zirkuselefanten, nachdem er für eine Übertretung bestraft wurde, die Gans, die mit Haltung und Stimme Sieg, Unsicherheit, Spannung und Aufmerksamkeit ausdrückt — wer würde Tiere da noch stumpfsinnig nennen? Ihre Weisheit besteht aus instinktiver, angeborener Intuition, einer Art intakter Nabelschnur zur Mutter Natur.

Dieser Reichtum an emotionalen Reaktionen erlaubt es auch Tieren, gut auf Blütenessenzen zu reagieren. Sicher, eine Konsultation, wie wir sie beschrieben haben, können wir bei Tieren nicht durchführen. Aber wer sensibel genug ist, kann erkennen, daß Tiere ständig mit Lauten, Gesten, Haltungen und Verhalten mit uns kommunizieren. Haustiere sind wie Kinder in ihrem psychischen und physischen Wohlergehen von uns abhängig. (Daher können die Blütenessenz-Deutungen aus dem Kapitel über Kinder auch auf Tiere angewendet werden.) Und wie bei Kindern und Eltern können Tiere und ihre Halter die gleiche Essenz einnehmen oder gleichzeitig ein Essenzen-Programm durchführen.

Unterschätzen wir auch nicht die instinktmäßige Intuition unserer Tierfreunde. Sie spüren unsere Nervosität und unsere Freude, oft sogar, ehe wir uns dessen bewußt sind. Mich rief kürzlich eine Frau an und bat um eine Essenz für ihren sechsjährigen Hund, der vor einem Jahr von einer Klapperschlange gebissen worden war. Seitdem litt der Hund an epileptischen Anfällen. Wir besprachen ein Programm für ihn — und gleichzeitig wurde klar, daß Birnen-Essenz für sie gut sein würde!

Der Tod eines geliebten Haustiers ist ein Thema für sich. Blütenessenzen können sowohl dem Tier helfen wie auch der Familie, die Trauer durchzuarbeiten und sich an ein Leben ohne den geliebten Gefährten zu gewöhnen. Bonnie erzählte mir mit Tränen in den Augen die folgende Geschichte:

»Gestern mußte unsere neunjährige Katze eingeschläfert werden. Sie war immer ausgesprochen wild gewesen. Diesmal war sie offensichtlich aufs Dach geklettert, heruntergefallen und hatte sich das Rückgrat gebrochen. Die Tierärztin rief an und sagte uns, sie müsse sie einschläfern. Wir waren natürlich sehr erschüttert. Meine ganze Familie und die Katze bis zu ihrem Tod haben Birnen-Essenz eingenommen. Ich kann Ihnen gar nicht sagen, wie sehr das geholfen hat. Wir konnten so mit diesem Schock viel besser umgehen.« (Anmerkung: Nachdem der unmittelbare Schock durch den Tod eines Haustiers abgeklungen ist, ist Weintraube die ideale Folgeessenz.)

Praktische Anwendung

Die Grundregel ist, vier Tropfen Konzentrat täglich in einer Tasse Wasser, sechzehn Tropfen auf einen Eimer Wasser für Pferde und andere große Tiere. In Notfällen gibt man die Tropfen auf die Fingerspitze und dem Tier direkt in den Mund. Es ist nicht nötig, ihnen die Tropfen hineinzuzwingen, und es ist vielleicht schwierig, die Wasserschüssel vom Fressen zu trennen. Doch machen Sie sich keine Sorgen. Da Tiere auf Essenzen sogar noch schneller reagieren als Kinder, reicht es, sie in den Wassernapf zu geben. Sie können auch das Fell oder den Schlafplatz besprühen (vier Tropfen Konzentrat auf einen Pflanzensprüher voll Wasser) oder verletzte Stellen sanft damit einreiben.

Wie der Herr, so's Gscherr

Tiere, die viel mit Menschen zusammen sind, entwickeln bald eine bestimmte Persönlichkeit. Viele Witze haben zum Thema, wie sehr Tiere ihren Herrchen und Frauchen ähneln. Wie Kinder spiegeln Tiere die Stärken und Schwächen ihrer Mitbewohner. Ein arroganter Hundebesitzer hat zum Beispiel meist ein hochnäsiges Tier, ein zärtlicher ein besonders anhängliches. Aus diesem Grund kann man die Besitzer oft gleichzeitig mit dem Tier behandeln. Ich kenne Tierärzte, die die Probleme ihrer Patienten häufig auf diejenigen ihrer Besitzer zurückführen konnten.

Zusätzlich zu den individuellen Unterschieden haben die einzelnen Arten ihre besonderen Eigenschaften. Katzen sind alle ein wenig arrogant, was der britische Autor P.G. Wodehouse mit trockenem Humor damit erklärt, daß sie einst in Ägypten als Gottheiten angebetet wurden. Hunde gelten in der Regel als »bester Freund des Menschen«. Kühe sind bedächtig und langsam, Ziegen hoffnungslos kapriziös. Es ist gut, diese Charakteristika bei der Auswahl der Blütenessenzen in Betracht zu ziehen. Bei Tieren wie Menschen wollen wir bestehende Stärken unterstützen und nicht versuchen, sie in etwas umzuwandeln, was sie nie gewesen sind. Denken Sie stets daran, daß Blütenessenzen die Persönlichkeit eines Tiers verstärken und nicht manipulieren oder kontrollieren.

Mit ein wenig Einfühlungsvermögen können wir herausfinden, ob ein Tier Kokosnuß-Essenz braucht, um sich an die neuen Katzen in einem Haushalt zu gewöhnen, oder eher Weintraube wählen, wenn ein alter Hamster die Jungen tyrannisiert. Weintraube hilft auch bei Tieren, die vor Einsamkeit jaulen — während ein Jaulen, das Aufmerksamkeit auf sich ziehen will, eher auf Pfirsich hindeutet. Birnen-Essenz ist gut bei Unfällen und Verletzungen, aber auch beim Transport eines Tieres in einem fremden Auto oder für Tiere, die nicht gern verreisen. Tomate schlägt sehr gut bei Katzen an, die gerade einen Umzug hinter sich haben, was für sie sehr verstörend sein kann. Um die Bedürfnisse eines Tiers festzustellen, kann man ein Pendel benutzen, Kinesiologie anwenden oder einfach »mit dem Herzen« zuhören. Jede freundliche Geste, jedes sanfte Wort, jedes liebevolle Streicheln wie auch der sensible Einsatz von Blütenessenzen beschleunigt ihren Weg zu mehr Freiheit und Freude.

Kapitel sechsunddreissig

Die Suche nach der Essenz des Lebens

»So wie die schwarzen Felder auf einem Schachbrett mit weißen abwechseln, so folgt auf jede Dunkelheit im Leben Helligkeit, auf jede Trauer Freude, auf jedes Scheitern ein Erfolg. Wechsel und Kontraste sind unvermeidlich und machen das große Spiel erst möglich. Betrachte sie ohne Leidenschaft und lasse nie zu, daß sie bestimmen, wer du innerlich bist.«
                                                    Paramahansa Yogananda

Das grosse Spiel

»Man muß ja sowieso irgendwie leben«, sagte Yogananda. »Warum also nicht gleich auf die richtige Weise?« Jede der folgenden Leitlinien für die richtige Lebensweise beschreibt eine der *Master's* Blütenessenzen.

1. Sei gelassen. Laß alle Gedanken, Worte und Handlungen aus einem ruhigen Ort in dir fließen. Laß deine Präsenz beruhigend auf andere wirken.
2. Wisse, daß jedes Problem seine eigene Lösung kennt. Die Antworten auf die Prüfungen des Lebens finden sich in der Fähigkeit, die Fragen zu erkennen. Lebe ein inspiriertes und inspirierendes Leben!
3. Sei glücklich! Entschließe dich innerlich, daß dir nichts und niemand dieses innere Glück nehmen kann.
4. Laß das Kind in dir zum Vorschein kommen und laß es spielen. Hüpfe, tanze und singe. Vor allem aber, nimm weder dich noch andere Menschen allzu ernst.
5. Reagiere sensibel auf die Bedürfnisse anderer. Gib aus dem vollen, liebe um der Liebe willen.

6. Gib Energie in alles, was du tust. Energie erzeugt Energie. Wisse, daß du mehr als genug Lebenskraft hast, um alle gestellten Aufgaben zu bewältigen.
7. Mache es dir zur Gewohnheit, aus deiner Stärke heraus zu handeln. Schöpfe Kraft durch den Gedanken, daß du größer bist als jede Prüfung und daher siegen wirst.
8. Erkenne dich selbst und wisse, daß du weißt. Das Leben ist dein Freund; begrüße es mit Offenheit und Vertrauen.
9. Sei demütig in deiner Größe und Güte. Sei stets bereit, aus dem Weg zu treten, und betrachte dich als ein vorübergehendes Ereignis, für das du aber voll verantwortlich bist.
10. Schwimme mit dem Strom. Sei flexibel in deinen Gewohnheiten und Einstellungen. Setze dir keine Grenzen, befreie dich vielmehr davon. Du mußt vielleicht lange mit dir leben, darum genieße deine eigene Gesellschaft.
11. Geh nach innen. Sei Herr deiner Sinne und Begierden, statt dich von ihnen beherrschen zu lassen. Das ist das Geheimnis eines harmonischen Nervensystems.
12. Bleibe auch unter den schwierigsten Umständen ruhig und gelassen. Werde zur Arznei statt zur Krankheit.
13. Wach auf! Nimm teil an deinem Leben, dem Leben anderer und am Leben selbst. Höre nie auf zu lernen, zu fragen und schöpferisch zu sein.
14. Sorge gut für dich selbst. Treib Sport, iß vernünftig und ruhe dich aus, wenn es nötig ist. Konzentriere dich auf positive, lebensbejahende Gedanken.
15. Lächle, und die Welt lächelt zurück. Vergiß alles, was dich jemals unglücklich gemacht hat. Nimm ihm die Macht.
16. Sieh dich selbst als einen makellosen, reinen, kristallklaren Spiegel. Stelle dir Licht vor, das von innen heraus strahlt. Identifiziere dich mit diesem Licht.
17. Betrachte bewußt alles um dich herum als gut. Geh auf andere Menschen zu und lasse zu, daß auch du von ihnen berührt wirst. Verurteile niemanden. Akzeptiere andere so, wie sie sind. Wir werden zu dem, was wir sehen.
18. Halte dich aufrecht. Sprich mit leiser Integrität. Erkenne, daß alles, was dir in der Vergangenheit geschah, ob gut oder schlecht, keinen Einfluß auf die Gegenwart hat. Übernimm die Verantwortung für alle deine Handlungen im gegenwärtigen Augenblick, und du änderst deine Zukunft.

19. Vergib denen, die dir Böses angetan haben. Vergib auch dir selbst. Handle aus deiner Ganzheit heraus, nicht aus deiner Verletztheit. Vor allem aber, sei freundlich.
20. Sei liebevoll, und du wirst liebenswert sein. Laß dein ganzes Sein von Liebe erfüllt werden.

DER ANFANG

Blütenessenzen stehen uns zur Verfügung, um Sorgen, Ängste und Zweifel zu vertreiben, die uns von Zeit zu Zeit auf unserer Reise zum wahren, echten Selbst befallen. Sie sagen uns, was wir in unserem höheren Selbst bereits genau wissen. Wir müssen es nur noch als Wahrheit erkennen.

Thoreau sagte: »Jeder Mensch ist sein eigenes Meisterwerk.« Mögen die Blütenessenzen als Hilfsmittel dienen, mit denen Sie Ihr Leben gestalten und die Ihnen in Ihrem Dienst an anderen beistehen. Das Leben ist ein Schachbrett, voll abwechselnder Phasen aus Hell und Dunkel, Armut und Reichtum, Gesundheit und Krankheit, Trauer und Freude. Mit Gelassenheit, Ruhe und Ausgeglichenheit finden wir unseren Platz darin.

Kapitel siebenunddreissig

Rezepte, die Spass machen

»Er erquickt mich mit Blumen und labt mich mit Äpfeln, denn ich bin krank vor Liebe.«
Hohelied Salomons

Die folgenden Kochrezepte stehen im Einklang mit der Natur der Blütenessenzen, sind überraschend köstlich und einfach zuzubereiten. Vielleicht möchten Sie in Verbindung mit den Essenzen mit ihnen experimentieren.

TL = Teelöffel
EL = Eßlöffel
Tasse = Tasse mit 250 ml Inhalt

Ananaspudding
1 frische Ananas, geschält und fein geschnitten
2 Tassen gekochter, abgekühlter Grießbrei
$1/2$ l geschlagene Sahne
1 TL Kardamompulver

Vermischen und kalt stellen. Gut zum Frühstück oder als Dessert.

Gebackene Äpfel
6 Äpfel
$1/2$ Tasse gehackte Walnüsse
$1/2$ Tasse Rosinen
1 EL Zimt
$1/2$ Tasse Honig

Verwenden Sie leicht säuerliche Kochäpfel, einen pro Person. Waschen und Kerngehäuse ausstechen. In einer kleinen Schüssel Walnüsse, Rosinen, Zimt und Honig miteinander vermischen. Mischung in die Äpfel füllen und auf einem gebutterten Backblech 35–40 Minuten backen.

Avocado-Dressing
1 reife Avocado
Saft einer halben Zitrone
1 Tasse Wasser
1 frische Knoblauchzehe
1 TL Korianderkörner
2 TL Olivenöl

Pürieren und zu Salat oder Rohkost reichen.

Gewürzbananen
Es gibt viele verschiedene Bananensorten. Für das folgende Rezept sind die Kochbananen besonders gut geeignet.

2 EL Butter oder Butterschmalz
$1/4$ TL frisch geriebene Muskatnuß
$1/2$ TL Zimt
$1/2$ TL Kardamom
$1/2$ Tasse Rosinen oder Korinthen
4 Bananen, in Scheiben oder Streifen geschnitten
Vollkornmüsli oder Vanilleeis

Butter oder Butterschmalz in einem schweren Topf bei niedriger Hitze schmelzen. Gewürze hinzufügen und fünf Minuten köcheln, bis die Rosinen aufquellen und die Gewürze aufnehmen. Bananen hinzufügen und eine Minute unter Rühren braten. Zu Müsli oder Eiskrem reichen.

Ingwerbirnen
4—6 reife, frische Birnen
1 TL geriebener frischer Ingwer
$1/2$ Tasse Honig
Vanilleeis

Birnen schälen und in Scheiben schneiden, fächerförmig in eine Glasbackform schichten. Mit Ingwer bestreuen und den Honig darüberträufeln. 20 Minuten bei 190° C backen. Mit Vanilleeis servieren.

Brombeerauflauf
Mürbeteig:
3/4 Tasse Vollkornmehl
3/4 Tasse Weißmehl
125 g kalte Butter
Backofen auf 190° C vorheizen. Zutaten in einer großen Schüssel mit dem Messerrücken verkneten. Langsam 1—3 EL kaltes Wasser einarbeiten, bis der Teig geschmeidig wird. In zwei Hälften teilen, eine Hälfte auf einem bemehlten Brett ausrollen. Eine Springform mit 20 cm Durchmesser damit auslegen.

Füllung:
4—5 Tassen frische Brombeeren
1 Tasse brauner Zucker oder 2/3 Tasse Honig
2 EL Mondamin (3 EL, falls Honig verwendet wird), in einer halben Tasse kaltem Wasser verrührt
Zimt zum Abschmecken

Zutaten vermengen. In die ungebackene Teigform geben. Mit Zimt bestäuben. Die zweite Hälfte ausrollen, ein Gitter ausschneiden und Auflauf damit verzieren. 30—40 Minunten bei 190° C backen.

Gefüllte Datteln
20 ganze Datteln
1/2 Tasse Frischkäse
20 Walnuß- oder Pekannußhälften
1/2 Tasse Kokosnußraspeln

Verwenden Sie ganze, frische Datteln. Aufschneiden und den Kern entfernen, aber die Hälften zusammenlassen. Mit Frischkäse und je einer Nußhälfte füllen. In Kokosraspeln wälzen und servieren.

Erdbeerkaltschale
500 g frische Erdbeeren
1 TL frische Zitronenschale
1 Tasse fettarmer Joghurt
1/2 Tasse alkoholfreier Sekt

Im Mixer vermischen, eine Erdbeere zur Garnierung zurückbehalten.

Frische Feigen mit Dip
20 frische Feigen
$1/2$ Tasse Ricotta
1 TL Honig
1 TL Kardamom
4–6 frische Minzeblättchen

Feigen auf einem Teller anrichten. Ricotta mit Honig und Kardamom verrühren. Mit Minzeblättchen garnieren. Als Dip für die frischen Feigen servieren.

Himbeerbutter
250 g Himbeeren
125 g Butter

Himbeeren waschen. Durch ein feines Sieb streichen, um die Samenkörner zu entfernen. Butter bei Raumtemperatur weich werden lassen. Himbeersauce zur Butter zufügen und gut vermischen. Kühlen. Zu Toast, Zwieback oder Waffeln servieren.

Kirschsauce
Die heitert wirklich jeden auf! Zu Sandkuchen, Eiskrem oder Obstsalat reichen.

1 kg frische, dunkle Süßkirschen
1 Tasse Kirschsaft
1 TL Zitronensaft
eine Prise Zimt
2 TL Mondamin, in einer $1/2$ Tasse kaltem Wasser angerührt

Kirschen entsteinen und beiseite stellen. Saft zum Kochen bringen, Zitronensaft, Zimt und Honig zufügen. Mondaminlösung beigeben und kräftig rühren. Wenn die Sauce dicklich wird, von der Feuerstelle nehmen, die Kirschen hinzufügen und servieren.

Kokosnuß-Reis
Zum Nachtisch oder Frühstück!

1 Tasse Kokosmilch aus der Dose oder eine halbe Tasse getrocknete Kokosraspeln in einer Tasse mit kochendem Wasser einweichen
1 Tasse Basmati-Reis
1 Tasse Wasser

Reis waschen, mit Wasser und Kokosmilch in einem Topf zum Kochen bringen, bei kleinster Hitze 20 Minuten zugedeckt köcheln, bis die Flüssigkeit absorbiert ist. Mit gerösteten Kokosraspeln garnieren.

Geröstete Maiskolben
Hüllblätter an den Kolben belassen, nur die Seide entfernen. 10 Minuten in Wasser einweichen und zubinden. In heißer Asche oder auf dem Holzkohlengrill braten, nach 5 Minuten wenden. Die Hüllen abziehen und jeden Kolben mit Limettensaft beträufeln. Falls gewünscht, eine Prise Cayenne zugeben (traditionelles karibisches Rezept).

Mandelpudding
1 Tasse Mandeln
1 l Milch
$1/2$ l Sahne
2–3 EL Grieß
$1/2$ Tasse brauner Zucker oder $1/3$ Tasse Honig
1 TL Mandelaroma

Mandeln mit kochendem Wasser übergießen und über Nacht einweichen. Die braune Haut entfernen, indem man sie mit einem sauberen Tuch abreibt. Anschließend mit der Milch zu einer glatten Masse pürieren und durchseihen. Dann die Sahne hinzufügen und in einem schweren Topf bei Mittelhitze zum Kochen bringen. Grieß und Zucker beifügen und leise köchelnd auf $2/3$ der Menge reduzieren. Mandelaroma zufügen, abkühlen lassen.

Orangensalat
2 Blutorangen
2 Tassen frisches junges Gemüse (Salatherzen, Babykarotten, Zuckerschoten etc.)
2 EL Olivenöl
1 EL Balsamessig

Orangen schälen, in Schnitze teilen. Gemüse kleinschneiden. Alles gut vermischen und gekühlt servieren.

Pfirsichauflauf
6–8 frische Pfirsiche
$1/2$ Tasse Honig
1 Tasse Butter
2 Tassen Mehl
1 Tasse Granola-Müsli
$1/2$ Tasse gehackte Mandeln

Die Pfirsiche schälen, in Scheiben schneiden und in Glasbackform schichten. Den Honig gleichmäßig darübergießen. Butter, Mehl, Müsli und Mandeln mischen und auf die Pfirsiche füllen. Eine Stunde bei 200 °C backen.

Frühlingsrollen in Salat
In frische Salatblätter eingerollte gekochte Frühlingsrollen sind eine delikate Angelegenheit.

Gehobelter frischer Salat, Kohl und Karotten
fein gehackter Staudensellerie
1 EL Öl
1 l Erdnußöl
fertig gekaufte Teigplatten zum Einwickeln
Salatblätter
süßsaure Sauce

Das Gemüse kurz in einem EL Öl mit frischem Ingwer anbräunen. In die Teighüllen wickeln und in Erdnußöl ausbacken, bis sie goldbraun sind. Einzeln in Salatblätter wickeln und mit süßsaurer Sauce servieren.

Spinatcremesuppe
500 g frische Spinatblätter
2 l Brühe
1 gewürfelte Karotte
1 Stengel Staudensellerie, fein gehackt
1 kleine gehackte Zwiebel
1 Zimtstange
4 Nelken
1 EL frischer, geraspelter Ingwer
1 Tasse weißer Basmati-Reis
$1/2$ l Sahne (oder halb Milch, halb Sahne)

Karotte, Sellerie, Zwiebel, Zimtstange und Nelken etwa eine Stunde lang in der Brühe köcheln lassen. Durchseihen. Zum Kochen bringen, Reis zufügen und weichkochen (ca. 15 Minuten). Spinat hinzufügen und nochmals eine Minute kochen. Pürieren. Sahne hinzufügen und sanft erhitzen.

Tomaten mit Mozzarella
2–4 große, reife Tomaten
250 g frischer Mozzarella
frisches Basilikum
Salz und Pfeffer
erstklassiges Olivenöl
frisches Stangenbrot

Tomaten und Käse in Scheiben schneiden und auf einer Platte anrichten. Salzen, pfeffern, mit Olivenöl beträufeln und mit Basilikumblättchen garnieren. Die Aromen sollten eine halbe Stunde vor dem Servieren Zeit haben, sich miteinander zu vermischen. Dazu frisches Stangenbrot reichen.

Eistrauben
Eins der allereinfachsten Rezepte — bitte mit viel Liebe zubereiten!

Kernlose Weintrauben waschen und eine Stunde ins Gefrierfach legen. Schmeckt phantastisch an heißen Sommertagen oder bei langen Autofahrten aus der Kühltasche.

REGISTER DER BLÜTENESSENZEN

»*Der Ochse ist langsam, doch die Erde ist geduldig.*«
Anonymus

Dieses Register bietet Fachleuten wie Laien einen raschen Überblick über die positiven und negativen Zustände und Eigenschaften der Blütenessenzen, sozusagen über die beiden Seiten der Medaille. Die Kokosnuß ist zum Beispiel unter den Stichwörtern Bereitwilligkeit und Unwilligkeit aufgeführt. Die aufgeführten negativen Eigenschaften stellen unsere Mängel dar beziehungsweise unsere unvollkommenen Versuche, das positive Gegenstück auszudrücken. Die positiven Eigenschaften stellen die Schwingungsbotschaft der Essenzen dar und wie wir selbst diese Eigenschaften ausdrücken.

Man kann das Register daher auf zwei Weisen benutzen: Man sagt etwa: »Ich hätte wirklich gern mehr Hoffnung«, worauf man dieses Stichwort nachschlägt, oder man sagt: »Heute bin ich wirklich schlecht gelaunt« und sieht unter »Launen« oder verwandten Begriffen wie »Gefühlsschwankungen« und »Unglücklichsein« nach. Wenn man die Essenz gefunden hat, schlägt man vielleicht im entsprechenden Essenz-Kapitel nach, um vollständigere Informationen zu bekommen.

Wenn sich eine bestimmte Eigenschaft oder ein Zustand hier nicht findet, suchen Sie unter einem vergleichbaren Stichwort. Es gibt mehrere Gründe, warum es sein kann, daß eine Eigenschaft nicht aufgenommen wurde:

1. Längere Zustände, wie zum Beispiel die Kindheit, auf die alle Essenzen anwendbar sind, sind nicht aufgeführt.

2. Prinzipiell sind keine körperlichen Zustände genannt, weil, wie bereits erwähnt, die Blütenessenzen sich mit psycho-emotionalen Themen befassen und nicht direkt mit der körperlichen Ebene.
3. In bestimmten Bereichen bin ich immer noch am Sammeln von Informationen.

Abdriften	Avocado	Erdbeere	
Abenteuer	Spinat		
Achtsamkeit	Avocado		
Achtung	Spinat		
Akzeptanz	Apfel	Dattel	
Alpträume	Tomate		
Altersängste	Erdbeere		
Alterslosigkeit	Erdbeere		
Altruismus	Pfirsich		
Ambivalenz	Erdbeere		
Analytisch	Spinat		
Anerkennung	Pfirsich	Spinat	
Anerkennung, Bedürfnis nach	Banane		
Angst	Apfel	Spinat	Tomate
Angst vor Krankheit	Apfel	Tomate	
Ängstlichkeit	Banane	Tomate	
Anmut	Erdbeere		
Anpassungsfähigkeit	Feige		
Anpassungsunfähigkeit	Feige		
Anspruchslosigkeit	Weintraube		
Anspruchsvoll	Weintraube		
Anteilnahme	Pfirsich		
Antriebsmangel	Mais		
Apathie	Orange		
Arbeitslosigkeit	Ananas		
Arbeitssucht	Mandel		
Ärger	Dattel		
Armutsbewußtsein	Ananas		
Arroganz	Banane		
Aufgeben	Tomate		
Aufmerksamkeit	Avocado		
Aufregung	Salat		
Aufrichtigkeit	Ananas	Brombeere	Spinat
Aura, Störungen der	Birne		
Ausbeutung	Pfirsich		
Ausdauer	Kokosnuß	Mais	Orange
Ausgewogenheit	Apfel	Birne	Mandel
Ausweichen	Brombeere		
Bedauern	Avocado		
Bedürftigkeit	Pfirsich	Weintraube	
Befriedigung	Spinat		

Begeisterung	Mais	Orange	Spinat
Begrenzungen	Ananas	Feige	Pfirsich
Belastbarkeit	Kokosnuß		
Belastungen	Orange	Spinat	
Beleidigungen	Brombeere		
Bereitwilligkeit	Avocado	Birne	Kokosnuß
	Mais	Tomate	
Berufliche Probleme	Ananas		
Bescheidenheit	Banane		
Beschränkungen	Ananas	Feige	
Besessenheit	Feige		
Besitzergreifend	Weintraube		
Besorgnis	Apfel	Spinat	
Betrug	Brombeere		
Bewußtsein	Avocado	Kokosnuß	
Beziehungen	Birne	Erdbeere	Mandel
	Salat	Weintraube	
Bindungen, negative	Banane		
Bissigkeit	Kirsche		
Bitterkeit	Himbeere		
Blockierte Energie	Mais		
Charakterstärke	Ananas		
Co-Abhängigkeit	s. Kapitel 32		
Defätismus	Kokosnuß	Tomate	
Demut	Banane		
Depressionen	Orange	Pfirsich	
Desinteresse	Orange	Pfirsich	
Desorganisiert	Avocado		
Direktheit	Brombeere		
Diskriminierung	Brombeere	Dattel	
Distanz	Banane		
Disziplin	Feige	Mandel	
Dogmatismus	Feige		
Düsternis	Kirsche		
Effizienz	Mandel		
Egoismus	Weintraube		
Egozentrik	Dattel	Pfirsich	
Ehre	Brombeere	Kokosnuß	
Ehrfurcht	Orange	Spinat	
Ehrgeizlosigkeit	Avocado		
Ehrlichkeit	Ananas	Brombeere	Spinat
Ehrlichkeit zu sich selbst	Brombeere	Tomate	
Eifer	Mais		
Eifersucht	Apfel	Weintraube	
Eigenwilligkeit	Kirsche		
Einfachheit	Spinat		
Einmischungen	Pfirsich		
Einsamkeit	Dattel	Pfirsich	Weintraube
Einsatz, Mangel an	Mais		

Einsicht	Brombeere		
Einstellungen, ungesunde	Apfel		
Einstimmung in andere	Dattel		
Eleganz	Erdbeere		
Emotionalität	Apfel	Himbeere	Orange
	Salat	Weintraube	
Emotionen, negative	Weintraube		
Empathie	Himbeere		
Empfänglichkeit	Dattel		
Empfindlichkeit	Himbeere		
Energie	Mais		
Engstirnigkeit	Brombeere		
Entflammbarkeit	Dattel		
Entfremdung	Weintraube		
Entschiedenheit	Erdbeere	Salat	
Entschlußkraft	Kokosnuß		
Entsetzen	Tomate		
Entspannung	Feige		
Entwurzelung	Erdbeere		
Erdverbundenheit	Birne	Erdbeere	
Erfinderisch	Mais		
Erfolg	Mais	Salat	Tomate
Ergebenheit	Weintraube		
Erhabenheit	Erdbeere		
Erinnerung	Avocado		
Ernst	Feige	Spinat	
Erregung	Banane	Salat	
Erschöpfung	Mais		
Erschütterung	Kokosnuß		
Erwartungen, unrealistische	Feige	Weintraube	
Eskapismus	Kokosnuß		
Expansion	Kokosnuß	Weintraube	
Exzesse	Mandel		
Fanatismus	Feige		
Fatalismus	Kokosnuß	Tomate	
Faulheit	Mais		
Fehler	Avocado		
Feigheit	Tomate		
Flexibilität	Feige		
Fokus	Avocado	Brombeere	
Frechheit	Feige		
Freiheit	Spinat		
Freisetzung	Himbeere		
Freude	Mais	Orange	Pfirsich
	Spinat		
Freundlichkeit	Brombeere	Himbeere	Pfirsich
	Spinat		
Freundschaft	Weintraube		
Frieden	Banane	Birne	Weintraube
Frigidität	Weintraube		
Fröhlichkeit	Kirsche		

Frugalität	Brombeere		
Frustration	Brombeere	Mandel	
Furcht	Apfel	Spinat	Tomate
Furchtlosigkeit	Apfel	Tomate	
Fürsorge	Apfel	Pfirsich	
Ganzheit	Apfel		
Gebrechlichkeit	Tomate		
Geburt	Birne		
Gedächtnis	Avocado		
Gedanken, dunkle	Brombeere		
Gedanken, Qualität von	Apfel		
Gedankenlosigkeit	Pfirsich		
Geduld	Kokosnuß	Salat	Weintraube
Gefühle, negative	Weintraube		
Gefühle, verletzte	Himbeere		
Gefühllosigkeit	Himbeere	Pfirsich	
Gegenwart, leben in der	Avocado	Birne	Mais
Geistesabwesenheit	Avocado		
Geistlosigkeit	Avocado		
Geiz	Brombeere	Himbeere	
Gelassenheit	Orange		
Geldangelegenheiten	Ananas		
Gemeinheit	Brombeere	Himbeere	
Genauigkeit	Avocado		
Gerissenheit	Spinat		
Geschmack, erlesener	Erdbeere		
Geschmeidigkeit	Feige	Pfirsich	
Geschwätzigkeit	Brombeere	Pfirsich	
Gesundheit	Apfel		
Gewissenhaftigkeit	Erdbeere		
Gewohnheitstier	Mandel		
Gier	Pfirsich	Weintraube	
Glauben an sich selbst	Tomate		
Gleichmut	Kirsche		
Glück	Apfel	Kirsche	
Glückseligkeit	Orange		
Grausamkeit	Brombeere	Himbeere	Weintraube
Grenzen	Feige		
Grobheit	Pfirsich		
Groll	Himbeere		
Größe, innere	Banane		
Großzügigkeit	Himbeere	Pfirsich	
Güte	Brombeere		
Gutmütigkeit	Himbeere		
Haltung	Birne	Erdbeere	
Harmonie	Birne		
Hartnäckigkeit	Banane	Kokosnuß	Orange
Hast	Birne		
Heimweh	Avocado		
Heiterkeit	Orange		

Hemmungen	Feige	Tomate	
Herausforderungen	Avocado	Kokosnuß	
Herrschsucht	Pfirsich		
Herz	Kirsche	Himbeere	Weintraube
Herzlichkeit	Dattel		
Hilfsbereitschaft	Himbeere	Pfirsich	
Hingabe	Banane	Weintraube	
Hoffnung	Apfel	Kirsche	Orange
	Tomate		
Hoffnungslosigkeit	Orange		
Höflichkeit	Erdbeere	Weintraube	
Humor	Brombeere	Feige	Spinat
Hypochondrie	Apfel	Feige	
Identitätsgefühl	Ananas		
Impotenz	Weintraube		
Initiative	Mais		
Innerlichkeit	Mandel		
Inspiration	Brombeere	Kirsche	Weintraube
Instabilität	Tomate		
Integration	Apfel	Orange	
Integrität	Erdbeere		
Intellekt	Spinat		
Interesse	Pfirsich	Spinat	
Interesse am Leben	Orange		
Interesselosigkeit	Orange	Pfirsich	
Intimität	Weintraube		
Intoleranz	Dattel		
Introspektion	Brombeere		
Introvertiert	Mandel		
Intuition	Feige		
Kampf	Orange		
Kindlichkeit	Kirsche	Spinat	
Klammern	Weintraube		
Klarheit	Ananas	Avocado	Banane
	Brombeere	Salat	
Kommunikation	Salat		
Kompetenz	Pfirsich		
Kompromißunfähigkeit	Birne	Feige	
Konflikte	Banane	Birne	Orange
Konfrontation	Brombeere		
Kontrolle, Mangel an	Kirsche	Mandel	
Konzentration	Avocado	Salat	
Körpergefühl	Erdbeere		
Kraft	Tomate		
Krankheit, Angst vor	Apfel	Tomate	
Krankheit, psychosomatische	Apfel		
Kreativität	Mais	Salat	
Krisen	Birne		
Kritik	Dattel	Feige	Weintraube
Kummer	Birne	Orange	Weintraube

Lächeln	Orange		
Lachen	Kirsche		
Lampenfieber	Salat		
Langeweile	Mais		
Launen	Kirsche		
Lebensbejahung	Mais		
Lebenskraft	Mais		
Lebhaftigkeit	Mais	Orange	
Leere	Weintraube		
Leichtigkeit	Feige	Kirsche	Orange
Leiden	Orange		
Leistung	Mais		
Lektionen lernen	Avocado		
Lethargie	Mais		
Liebe	Birne	Himbeere	Pfirsich
	Weintraube		
Lieblosigkeit	Weintraube		
Loslassen	Himbeere		
Lösungsorientierung	Kokosnuß		
Lust	Weintraube		
Macht	Ananas		
Magnetismus	Apfel	Dattel	Weintraube
Manipulation	Pfirsich		
Märtyrertum	Feige	Pfirsich	
Mäßigkeit	Mandel		
Melancholie	Orange		
Menopause	s. Kapitel 32		
Menschenfreundlichkeit	Birne		
Menschenmengen	Tomate		
Minderwertigkeitskomplex	Ananas		
Mißbrauch	Erdbeere	Orange	
Mißtrauen	Spinat		
Mitgefühl	Dattel	Himbeere	Pfirsich
Moral	Brombeere		
Mühsal	Orange		
Mürrisch	Kirsche		
Mut	Tomate		
Nachgiebigkeit	Mandel		
Nähren	Pfirsich	Weintraube	
Naturverbundenheit	Spinat		
Neckerei	Weintraube		
Negativität	Banane	Brombeere	Kirsche
	Orange		
Neid	Weintraube		
Nervosität	Banane	Birne	Mandel
	Salat		
Neugier	Spinat		
Nörgelei	Brombeere	Kirsche	
Notfall	Birne		

Objektivität	Banane		
Offenheit	Avocado	Dattel	Feige
	Tomate		
Öffentlichkeit, Umgang mit	Dattel		
Optimismus	Brombeere	Kirsche	
Organisation	Avocado		
Paranoia	Spinat		
Perfektionismus	Feige		
Perspektive, Verlust der	Banane		
Pessimismus	Brombeere	Kirsche	
Pioniergeist	Mais		
Positivität	Kirsche		
Potential	Kokosnuß		
Praktikabilität	Erdbeere		
Probleme, vergangene	Avocado		
Problemorientierung	Kokosnuß		
Projekte	Avocado		
Proportion, Gefühl für	Birne		
Psychosomatische Krankheiten	Apfel		
Querulantentum	Pfirsich		
Rastlosigkeit	Mandel	Salat	
Ratgebend	Pfirsich		
Rationalisierungen	Mais		
Ratsuchend	Salat		
Reaktionslosigkeit	Mais		
Reaktiv	Banane		
Realismus	Kokosnuß		
Rebellisch	Mandel		
Redegewandtheit	Brombeere	Feige	
Reibungen	Birne		
Reife	Brombeere	Erdbeere	Pfirsich
Reinheit	Brombeere	Pfirsich	Spinat
	Weintraube		
Reinigung	Apfel	Brombeere	
Reisen	Tomate		
Reizbarkeit	Dattel		
Resignation	Orange		
Respekt	Erdbeere	Spinat	Weintraube
Rhythmusgefühl	Birne		
Richtung	Avocado		
Rücksicht	Pfirsich	Weintraube	
Rücksichtslosigkeit	Birne	Pfirsich	
Ruhe	Banane	Erdbeere	Mandel
	Salat		
Ruhelosigkeit	Mandel	Salat	
Sanftheit	Banane	Brombeere	Pfirsich
Sarkasmus	Brombeere		
Säuerlichkeit	Dattel	Kirsche	

Schärfe	Brombeere		
Scharfsinnigkeit	Brombeere		
Scharfzüngigkeit	Avocado		
Scheidung	Weintraube		
Scheitern	Salat	Tomate	
Schlampigkeit	Avocado		
Schlechtigkeit	Himbeere		
Schlichtheit	Spinat		
Schmalspurigkeit	Dattel	Pfirsich	
Schmerz	Orange		
Schock	Birne		
Schönheitsliebe	Erdbeere		
Schreck	Tomate		
Schüchternheit	Ananas	Banane	Erdbeere
	Mandel	Tomate	
Schuld	Erdbeere	Pfirsich	
Schutz, seelischer	Tomate		
Schwäche	Tomate		
Schweigsamkeit	Banane	Mandel	
Schwere	Kirsche	Orange	
Schwierigkeiten	Kokosnuß		
Seelenfrieden	Birne		
Selbstakzeptanz	Feige		
Selbstbefreiung	Feige		
Selbstbeherrschung	Feige		
Selbstfürsorge	Apfel		
Selbstgenügsamkeit	Dattel		
Selbstkontrolle	Mandel		
Selbstkritik	Feige		
Selbstlosigkeit	Pfirsich		
Selbstmitleid	Kirsche	Orange	
Selbstprüfung	Brombeere		
Selbstrespekt	Erdbeere		
Selbstsicherheit	Ananas		
Selbstsucht	Pfirsich		
Selbstverleugnung	Feige		
Selbstvorwürfe	Brombeere	Erdbeere	
Selbstwertgefühl	Erdbeere		
Sensibilität	Dattel	Pfirsich	
Sexualität	Mandel	Weintraube	
Sicherheit	Pfirsich	Salat	
Sieg	Tomate		
Sinnlosigkeit	Avocado		
Solidität	Birne	Dattel	Erdbeere
Sorgen	Apfel	Pfirsich	Spinat
Sorglosigkeit	Spinat		
Spannung	Birne	Feige	Spinat
Spontaneität	Kirsche		
Stabilität	Birne	Kirsche	Tomate
Standhaftigkeit	Kokosnuß	Tomate	Weintraube
Stärke	Apfel	Banane	Birne
	Dattel	Kokosnuß	Tomate

Starrheit	Feige		
Staunen	Spinat		
Stetigkeit	Birne	Kokosnuß	
Stille	Banane	Mandel	Salat
Stolz	Ananas	Banane	Erdbeere
Streitsucht	Banane	Birne	
Strenge	Feige		
Streß	Mandel	Spinat	Tomate
Stumpfheit	Avocado		
Suchtverhalten	Mandel	Tomate	
Süße	Dattel		
Süßigkeiten, Heißhunger auf	Dattel		
Sympathie	Himbeere		
Synchronizität	Mandel		
Tagträumerei	Avocado		
Taktlosigkeit	Ananas	Brombeere	
Tapferkeit	Tomate		
Täuschung	Brombeere		
Tierliebe	Pfirsich	Spinat	
Tod, Trauer über	Weintraube		
Toleranz	Feige	Salat	
Trägheit	Mais		
Transzendenz	Orange	Weintraube	
Trauma	Birne		
Träume	Avocado		
Traurigkeit	Kirsche		
Trennungen	Erdbeere	Weintraube	
Trotz	Banane	Tomate	
Übellaunigkeit	Kirsche		
Überempfindlichkeit	Erdbeere		
Überfluß	Ananas	Dattel	
Überfürsorglichkeit	Apfel		
Übergewissenhaftigkeit	Erdbeere		
Überheblichkeit	Weintraube		
Überlastung	Spinat		
Überreaktion	Himbeere		
Überschwenglichkeit	Spinat		
Übersensibilität	Himbeere		
Übertreibung	Feige		
Überwältigung, Gefühl von	Ananas	Avocado	Spinat
	Weintraube		
Überzeugung, Mangel an	Tomate		
Umweltbewußtsein	Brombeere		
Unaufdringlichkeit	Erdbeere		
Unaufmerksamkeit	Avocado		
Unausgewogenheit	Birne	Feige	
Unbescheidenheit	Mandel		
Unbesiegbarkeit	Tomate		
Unehrlichkeit	Brombeere		
Unentschiedenheit	Apfel	Erdbeere	Salat

Unentschlossenheit	Orange		
Unerschrockenheit	Tomate		
Unfallneigung	Birne		
Unfreundlichkeit	Brombeere	Himbeere	
Ungeschicklichkeit	Erdbeere		
Unglücklich	Ananas	Kirsche	Spinat
Unruhe	Birne		
Unsauberkeit	Apfel	Brombeere	
Unschuld	Brombeere	Spinat	
Unsicherheit	Erdbeere		
Unterdrückung	Feige	Salat	
Unterscheidungsfähigkeit	Brombeere	Dattel	
Unterstützung	Pfirsich		
Unverantwortlichkeit	Erdbeere		
Unverbindlichkeit	Avocado	Kokosnuß	Weintraube
Unverblümtheit	Brombeere		
Unverschämtheit	Ananas	Brombeere	
Unverträglichkeit	Banane	Birne	
Unwilligkeit	Kokosnuß	Mais	
Unwirklichkeit	Feige		
Unwohlsein	Birne	Mandel	
Unzentriertheit	Birne	Erdbeere	
Unzufriedenheit	Ananas	Dattel	Mandel
	Spinat		
Urteilsfähigkeit	Banane	Brombeere	Dattel
	Feige		
Veränderungen	Mais	Tomate	
Verantwortlichkeit	Dattel	Erdbeere	Himbeere
Verantwortungslosigkeit	Erdbeere		
Verbindungslosigkeit	Weintraube		
Verdammung	Feige		
Verdrängung	Salat		
Vergangenheit	Avocado		
Vergebung	Himbeere		
Vergeßlichkeit	Avocado		
Vergleich mit anderen	Ananas	Erdbeere	
Vergnügen	Spinat		
Verkniffenheit	Banane		
Verlassenheitsgefühl	Erdbeere	Weintraube	
Verläßlichkeit	Erdbeere		
Verletzlichkeit	Apfel	Birne	Weintraube
Verletzung	Himbeere		
Verleugnung	Brombeere		
Verlorenheitsgefühl	Erdbeere		
Vermeidungsverhalten	Kokosnuß		
Verpflichtung	Erdbeere	Kokosnuß	Weintraube
Verschlossenheit	Banane		
Verschmitztheit	Spinat		
Versöhnung	Birne		
Verspieltheit	Spinat		
Verständnis	Himbeere	Pfirsich	

Vertrauen	Salat	Spinat	
Verurteilung	Feige		
Verwirrung	Avocado	Brombeere	
Verwöhnen	Mandel		
Verwundbarkeit	Apfel	Birne	Weintraube
Verwunderung	Spinat		
Verzeihen	Himbeere		
Verzweiflung	Orange		
Vitalität	Mais	Orange	
Vollendung	Kokosnuß		
Vorahnung	Tomate		
Vorsicht	Birne		
Vorurteile	Dattel	Feige	
Vorwände suchend	Kokosnuß		
Vorwurfsvoll	Himbeere	Weintraube	
Wahrheitsliebe	Brombeere		
Wankelmütigkeit	Kokosnuß	Salat	
Weichherzigkeit	Spinat		
Weisheit	Ananas	Dattel	Feige
	Himbeere		
Wertlosigkeit	Erdbeere		
Widerspenstigkeit	Ananas		
Widersprüchlichkeit	Kirsche		
Widerstandskraft	Orange		
Willensstärke	Mais	Tomate	
Wohlbefinden	Apfel	Mandel	
»Workaholic«	Mandel		
Würde	Banane	Erdbeere	
Wurzellosigkeit	Erdbeere		
Wut	Apfel	Mandel	Salat
Zärtlichkeit	Dattel		
Zentriertheit	Birne	Tomate	
Zerbrechlichkeit	Tomate		
Zerstreutheit	Salat		
Zögern	Kokosnuß	Mais	Tomate
Zufriedenheit	Ananas	Dattel	Kirsche
Zuhören können	Banane	Dattel	Himbeere
	Pfirsich		
Zurückgezogenheit	Salat	Tomate	
Zuverlässigkeit	Erdbeere		
Zwanghaftigkeit	Feige		
Zweifel	Apfel		
Zynismus	Brombeere		

Anmerkungen

1. Tompkins, Peter; Bird, Christopher: The Secret Life of Plants. Harper & Row, New York 1973, S. 97
2. Ebd., S. 103
3. Clark, Glenn: The Man Who Talks With the Flowers. Macalester Park Publishing Co., Saint Paul 1939, S. 22—23
4. Ebd., S. 42
5. Frawley, David; Lad, Vasant: The Yoga of Herbs. Lotus Press, Santa Fé 1986, S. 6.
6. Clark, a. a. O., S. 48
7. Yogananda, Paramahansa: Autobiography of a Yogi. The Philosophical Library, New York 1946, Nachdruck: Crystal & Clarity Publishers, Nevada City 1994, S. 348
8. Ebd., S. 377
9. Anderson, John E.: What Makes Olympic Champions? in: Reader's Digest, Februar 1994
10. Yogananda, a. a. O., S. 438
11. Ma, Ananda Moi: Matri Darshan. Mangalam-Verlag S. Schang 1983
12. Yogananda, a. a. O., S. 147
13. Hotchner, A. H.: Sophia. Living And Loving. William Morrow & Co., New York 1979, S. 251
14. Hendrix, Harville: Keeping the Love You Find. Simon & Schuster, New York 1992, S. 11
15. Stewart-Wallace, Sir John; Swami Ghanananda: Women Saints East & West. Vedanta Press, Hollywood 1955, S. 65

LITERATUR

Anderson, John E.: What Makes Olympic Champions? In: Reader's Digest, Februar 1994
Ashe, Arthur; Rampersad, Arnold: Days of Grace. Alfred A. Knopf, New York 1993
Ball, Ann: Modern Saints: Their Lives and Faces. Tan Books and Publishers, Rockford 1983
Barbach, Lonnie: Die dritte Weiblichkeit. Frauen in den Wechseljahren. Ullstein, Berlin 1995
Beattie, Melody: Mut zur Unabhängigkeit. Heyne, München 1992
Burbank, Luther: Plant Breeding. Volume I. P. F. Collier & Son, New York 1921
Canfield, Jack; Hansen, Mark V.: Hühnersuppe für die Seele. Goldmann, München 1996
Castro, Miranda: The Complete Homeopathy Handbook. St. Martin's Press, New York 1991
Clark, Glenn: Der Mann, der mit den Blumen spricht. Die Lebensgeschichte Dr. George Washington Carvers. Lorber & Turm Verlag, Bietigheim-Bissingen 1993
Hawking, Stephen W.: Eine kurze Geschichte der Zeit. Rowohlt, Reinbek 1988
Hendrix, Harville: Ohne Wenn und Aber. Die Liebe fürs Leben. Rowohlt, Reinbek 1993
Hotchner, A. H.: Sophia. Living and Loving. William Morrow & Co., New York 1979
Jensen, Dr. Bernard: Foods That Heal. Avery Publishing Group, Garden City Park 1988
Kadans, Joseph M.: Encyclopedia of Fruits, Vegetables, Nuts and Seeds for Healthful Living. Parker Publishing Co., New York 1973

Lad, Vasant; Frawley, David: Die Ayurweda Pflanzen-Heilkunde. Das Yoga der Kräuter. Windpferd, Aitrang 1995

Ma, Ananda Moi: Matri Darshan. Mangalam-Verlag, Westerkappeln 1983

Mair, Nancy; Rinzler, Bhakti: Simply Vegetarian. Dawn Publications, Nevada City 1985

Mohan-Mala: A Gandhian Rosary. Navajivan Publishing House, Ahmedabad 1949

Mukerji, Bithika: From the Life of Sri Anandamayi Ma. Shreeshree Ananda Mayee Charitable Society, Calcutta 1980

Norwood, Robin: Wenn Frauen zu sehr lieben. Rowohlt, Reinbek 1986

Ruffin, C. Bernard: Padre Pio: The True Story. Our Sunday Visitor, Huntington 1982

Smith, Penelope: Gespräche mit Tieren. Zweitausendeins, Frankfurt 1995

Stewart-Wallace, John; Swami Ghanananda: Women Saints East & West. Vedanta Press, Hollywood 1955

Swenson, Allan A.: Landscape You Can Eat. David McKay Company, New York 1977

Tompkins, Peter; Bird, Christopher: Das geheime Leben der Pflanzen. Fischer, Frankfurt 1977

Walters, J. Donald: Your Sun Sign as a Spiritual Guide. Crystal Clarity Publishers, Nevada City 1983

Yogananda, Paramahansa: Autobiographie eines Yogi. Scherz, Bern 1995

Yogananda, Paramahansa: Paramahansa Yogananda interpretiert die Rubaijat des Omar Chajjam. Knaur, München 1996

Produkte und Programme

Produkte

- Glasfläschchen mit Glaspipetten und Vierfarb-Designer-Etiketten mit Aquarellbild (15 ml oder 30 ml), zur Konzentrataufbewahrung
- Standardausstattung für Therapeuten: vollständiger Satz Blütenessenzen in 20 Konzentratfläschchen (15 ml) in zwei stabilen Kartonbehältern
- Superausstattung für Therapeuten: vollständiger Satz Blütenessenzen in 20 Konzentratfläschchen (30 ml) in zwei stabilen Kartonbehältern
- Vierfarbposter mit dem Blütenessenzen-Spektrum — für Heim und Praxis
- Musikkassetten von und mit Lila Devi (Gesang und Gitarre), mit Begleitung und Gastsängern
  - The Essence of Life: Spring and Summer: Einführungslied und musikalische Interpretation der zehn ersten Blütenessenzen mit Gesang, Instrumenten und Naturgeräuschen
  - The Essence of Life: Autumn and Fall: Einführungslied und musikalische Interpretation der restlichen zehn Essenzen
- Dosierfläschchen (30 ml) im Zehnerpack
- Fernkonsultation (dazu wird ein Fragebogen zugesandt) inklusive 5 Konzentratfläschchen (15 ml)
- Geschenkgutscheine

Informationen für Wiederverkäufer auf Anfrage

PROGRAMME

Fernlehrkurs: umfassender Kurs mit Anerkennungszertifikat in drei Stufen (Anfänger, Fortgeschrittene und Therapeuten), wobei das vorliegende Buch als Haupttext dient.

Zweimal jährlich findet ein fünftägiges Seminar in Nordkalifornien statt. Bitte Broschüre anfordern.

Weitere Informationen erhalten Sie unter folgender Anschrift:

Master's Flower Essences
14618 Tyler-Foote Road
Nevada City, CA 95959
USA
Tel.: 0 01-(5 30)-4 78-76 55
Fax: 0 01-(5 30)-4 78-76 52

BEZUGSQUELLEN

DEUTSCHLAND

Einhorn Apotheke
Wolfgang Mühl
Gräfenbergstraße 14
91054 Buckenhof
Tel.: 0 91 31/5 94 04
Fax: 0 91 31/5 19 49

Natura Med Verlag
Breslauerstraße 5
74172 Neckarsulm
Tel.: 0 71 32/98 64-13
Fax: 0 71 32/8 25 56

Weitere Informationen über die Master's Essenzen bei:
LF-Naturprodukte
Treenering 105
24852 Eggebek
Tel.: 0 46 09/91 02-0
Fax: 0 46 09/91 02-34

Österreich

St. Berthold Apotheke und Drogerie
St.-Berthold-Allee 23
A-4451 Garsten/Steyr
Tel.: 00 43/72 52/53 13 10
Fax: 00 43/72 52/53 13 16

Schweiz

Blütenessenzen
Rita Bitterli
Postfach 254
Dorfplatz 4
CH-4654 Lostorf
Tel.: 00 41/62/2 98 20 24
Fax: 00 41/62/2 98 28 81

Chrüter-Drogerie Egger
Unterstadt 28
CH-8200 Schaffhausen
Tel.: 00 41/52/6 24 50 30
Fax: 00 41/52/6 24 64 57

Italien

Ananda Assisi Cooperativa a.r.l.
»Inner Life« Products
v. Montecchio, 61
I-06020 Gaifana di Nocera Umbra (PG)
Tel./Fax: 00 39/75/90 90 13
Tel.: 00 39/75/90 90 91
e-mail: anandaco @tecnonet.it

Danksagung

Ich möchte an dieser Stelle meinen Dank an alle aussprechen, die zu diesem Buch beigetragen haben: Donald J. Walters, mein Freund und Leitstern, Cathy Parojinog für ihre unschätzbaren Dienste als Lektorin, Jon Caswell für die Bearbeitung und ständige Aufmunterung, Sara Cryer für das Logo, den Klappentext und ihre Inspiration, Bhakti Rinzler für ihre Liebe, Erdbeersuppe und andere gute Rezepte (siehe Kapitel 37), Bob Rinzler, der mich die Regeln des Verkaufs lehrte, George Beinhorn, der immer Zeit hatte, mir Anregungen zu geben, John Parkin für die Computer-Hektik der letzten Minuten, LeeAnn Brook für die sensible Buchgestaltung, Rob Froelick für die ansprechende Typographie, Karen White für die detaillierten Illustrationen, Merrily Beck für die Hilfe im Büro während des Schreibens, meinen wunderbaren Eltern, all meinen lieben Freunden und nicht zuletzt Paramahansa Yogananda, der mein Leben in einen duftenden Strauß verwandelt hat.

Body & Soul
Harmonie des Lebens

Erich Bauer/Uwe Karstädt
Das Tao der Küche
08/5186

Chao-Hsiu Chen
Feng Shui
08/5181

Laneta Gregory
Geoffrey Treissman
Das Aura-Handbuch
08/5183

Christopher S. Kilham
Lebendiger Yoga
08/5178

Ulrike M. Klemm
Reiki
08/5176

Anita Martiny
Fourou Turan
Aura-Soma
08/5175

Dr. med. H. W. Müller-Wohlfahrt
Dr. med. H. Kübler
Hundert Prozent fit und gesund
08/5179

Brigitte Neusiedl
Heilfasten
08/5180

Donald Norfolk
Denken Sie sich gesund!
08/5182

Magda Palmer
Die verborgene Kraft der Kristalle und der Edelsteine
08/5185

Susi Rieth
Die 7 Lotusblüten
08/5177

Dr. Vinod Verma
Ayurveda
08/5184

08/5181

Heyne-Taschenbücher